本书受国家自然科学基金项目"电商感官补偿机理及策略研究：概念隐喻理论视角（71962009）"、江西省社会科学规划项目"电商感官补偿的隐喻模式、作用机制及管理逻辑研究（19GL18）"、江西省教育科学规划课题重点项目"虚拟仿真实验系统教学效果的驱动因素、心理机制及管理逻辑研究（1103520002）"和华东交通大学教材（专著）基金联合资助

电商触觉补偿机制：产品隐喻展示对消费者学习效应的影响研究

冷雄辉 著

Dianshang Chujue Buchang Jizhi:
Chanpin Yinyu Zhanshi
Dui Xiaofeizhe Xuexi Xiaoying de Yingxiang Yanjiu

中国财经出版传媒集团
经济科学出版社
Economic Science Press

图书在版编目（CIP）数据

电商触觉补偿机制：产品隐喻展示对消费者学习效应的影响研究 / 冷雄辉著. —北京：经济科学出版社，2021.7

ISBN 978-7-5218-2485-8

Ⅰ. ①电… Ⅱ. ①冷… Ⅲ. ①电子商务-网络营销 Ⅳ. ①F713.365.2

中国版本图书馆 CIP 数据核字（2021）第 063591 号

责任编辑：周胜婷
责任校对：李 建
责任印制：王世伟

电商触觉补偿机制：产品隐喻展示对消费者学习效应的影响研究

冷雄辉 著

经济科学出版社出版、发行 新华书店经销

社址：北京市海淀区阜成路甲 28 号 邮编：100142

总编部电话：010-88191217 发行部电话：010-88191522

网址：www.esp.com.cn

电子邮箱：esp@esp.com.cn

天猫网店：经济科学出版社旗舰店

网址：http://jjkxcbs.tmall.com

北京季蜂印刷有限公司印装

710×1000 16 开 17 印张 320000 字

2021 年 7 月第 1 版 2021 年 7 月第 1 次印刷

ISBN 978-7-5218-2485-8 定价：79.00 元

（图书出现印装问题，本社负责调换。电话：010-88191510）

前　言

我国零售市场中，在线零售已成为主要业态，商超和网络零售合作愈发紧密，全行业进入线上线下融合新阶段。特别是2020年，疫情使得全球线下消费快速地向线上转移，线上消费习惯逐步形成，线上购物正在成为基本消费方式。疫情同样深远地影响了我国零售行业发展，无接触消费将逐步成为后疫情时代的消费形式，消费者将越来越青睐于从非接触媒体获取所需消费信息。

众所周知，感官营销战略已成为企业获取核心竞争力的重要战略之一。在此背景下，电商企业早就意识到在线感官营销战略的重要性。但是在线零售商实施感官营销策略却存在诸多困难。尽管网络购物因便捷、高质和低价而备受欢迎，但是消费者无法在网络商店环境中感受、触摸或尝试产品仍然是一个巨大障碍，因而在线购物中触觉刺激信息缺失状态导致消费者普遍存在触觉饥渴（touch hunger）现象。这种感官缺失对消费者行为产生消极影响。比如，传统零售中消费者触摸、信息获取、期望上升和购买产品的动机之间有着密切关系，但是在非接触式购物渠道（例如在线购物）中，由于消费者不能接触产品，这种关系就是有限的。这就直接导致在线零售商店的退换货率居高不下，消费者网络购物满意度、忠诚度和信任度下降，进而成为电商企业持续赢得客户的一个重大障碍。为缓解因消费者感官缺失所导致的负面后果，电商企业迫切希望实践中能探索应对策略和解决方法，学术界也力图从理论上探索如何有效替代消费者所缺失的触觉等感官体验。因此，触觉障碍情形（如电商环境）中的触觉补偿机制研究成为当前消费者行为研究领域、电子商务研究领域，特别是感官营销研究领域所关注的热点问题。

在此背景下，为理论上探索触觉障碍情形中的触觉补偿机制，并为电商企业缓解感官障碍所带来的负面效应提供有针对性的对策建议，本书围绕电子商务触觉补偿机制这一热门问题展开了研究。参照生理神经学、临床医学和认知心理学中对视觉损失和缺失补偿现象所界定的专业概念，本书将触觉不可及的弥补机制定义为感官补偿机制（sensory compensation mechanism）。感官补偿机制可分为知觉补偿机制和认知补偿机制两种类型。其中，认知补偿机制来源于一些高级认知技能，包括注意力、非视觉化记忆（心理意象）、记忆和词汇等领域发展出的卓越认知技能（配对联想学习）等，而感官缺失者熟练运用这些高级认知技能是实现感官补偿的本质原因和底层逻辑。基于认知补偿理论逻辑，本书探索非接触式购物渠道（例如在线购物）中的触觉补偿机制，探索可以替代直接身体接触的方法，即通过在线产品隐喻展示，充分发挥消费者高级认知技能在触觉补偿中的作用，特别是非视觉化记忆（从心理意象到感官意象，再到触觉意象）、记忆和词汇等领域卓越的认知技能（配对联想学习，如隐喻比较认知学习），从而积极影响消费者学习效应，即消费者认知效应、情感效应和意愿效应。具体而言，首先，电商企业应充分利用非视觉感官意象，如触觉意象（“内源性触觉感官”）来有效补偿消费所缺失的产品触觉体验。基于触觉与视觉、听觉及其他感官交互整合机制，借助视觉来辅助存在触觉障碍人群（网络消费者）感知触觉信息，利用触觉意象帮助视觉进行识别，通过“触觉转换”实现触觉补偿结果。其次，电商企业要充分利用可控营销因素，对在线产品展示页面中图片和文字组合进行有效设计，结合心象指示语等可控的一些视觉营销元素，采用基于隐喻比较表达方式的图文展示来诱发消费者产生触觉意象，从而产生认知补偿效应。

本书构建了触觉补偿机制理论模型，聚焦在线零售情境中商品硬度和质地等触觉体验补偿机制，即消费者在非感官模态信息（在线产品隐喻展示页面）刺激诱发下，启动心理模拟机制和触觉感官印痕重现机制，诱发产生触觉意象并有效替代实际触觉，进而积极影响消费者学习效应，如感知产品展示诊断性、产品态度和购买意愿。本书还探索了消费者个体差异，如个体结构需求在触觉意象机制中的调节作用，同时也探索了产品类型在产品展示隐喻效应中的边界机制。最后，本书进一步探索了产品隐喻展示所诱发的触觉意象如何影响全渠道购物背景下消费者决策判断和购买行为。

本书具有较高的学术研究水平，在以下理论领域进行了创新并做出了贡献。本书创新地将临床医学和生理神经学等领域的感官补偿理论应用于在线零售领域中产品不能触摸的补偿机制和策略研究，跨领域纵深推进隐喻理论研究，拓展了触觉意象理论在消费者行为研究领域的应用，进一步探索了在线非接触性触觉补偿策略与线下接触性触觉补偿策略整合机制及底层理论逻辑。

为了研究的需要，笔者亲自设计了本书各实验中的产品图文展示页面。对文中所有图片与文字，拥有版权。

本书研究成果还具有较好的实践价值，能为电商企业提出相应的管理对策。电商企业可以实施基于感官意象的在线感官营销策略，利用在线隐喻图文展示为消费者提供容易理解和感知的产品感官属性信息；大力培养电商感官体验设计师，有效实施在线感官营销的市场细分策略，实施线上与线下整合的触觉补偿策略。

本书不仅可以为市场营销学、消费者行为学以及电子商务领域的研究人员和理论爱好者提供参考学习，也能为广大电商企业管理者和从业人员有效实施在线感官营销策略提供理论依据和实践指导。

由于时间仓促和作者水平能力有限，书中难免存在一定的不足与问题，敬请广大读者朋友批评指正！

冷雄辉

2021 年 7 月 10 日于南昌

目　录

1 绪　　论

1.1 研究背景

基于线上线下融合的电商零售已成为主要零售业态。首先，在线零售已成为我国零售市场中主要业态。近年来，随着移动互联网智能终端广泛普及应用，商务模式和业态不断创新与发展，基于移动终端的购物 App、社交平台等多样化的在线销售渠道层出不穷，并且移动订单和移动支付逐步完善，越来越方便安全。随着新技术驱动商业模式不断创新和发展，我国电商发展迅猛并已经成为全球最大的电商市场。在线零售已经成为顾客和零售商交换各种价值的新平台（Hasan，2016）。根据美国斯泰提斯塔市场研究机构发布的 2014 ~2020 年全球在线零售额报告，2015 年全球在线零售额约为 1. 55 万亿美元，而这一数字到 2019 年底已经达到 3. 4 万亿美元。我国零售商超业态结构中，网络零售和大型商超占据零售商超市场的半壁江山。以 2017 年为例，网络零售和大型商超是目前我国零售市场上的主要业态，其中，网络零售额占零售总额的 23. 8%，大卖场和商超业态零售额占 22. 3%①。中国百货商业协会与冯氏集团利丰研究中心共同发布了《2020 2021 中国百货零售业发展报告》显示，从 2015 年至今，6 年时间实物商品网上零售额占社会消费品总额的比例从 10. 75% 上升到 24. 9%，占比增加 1 倍多，零售额总额增加了 2 倍。特别是 2020 年，新冠疫情使得全球线下消费快速地向线上转移，线上消费习惯逐步形成，线上购物正在成为基本消费方式。据 eMarketer 预测，2023 年全球的网络零售额将达到 6. 5 万亿美元②。

其次，线上线下融合成为商超零售行业发展的趋势。随着互联网、云计算、

① 参考京东、沃尔玛、京东到家和腾讯联合发布的《2018 中国零售商超全渠道融合发展年度报告》。

② 参考亿邦值智库的《2020 年跨境电商发展报告》。

大数据、移动互联等现代信息技术日新月异的发展，当前我国正在大力推进“互联网＋”战略。为迎合消费者新需求，线上线下融合成为商超行业发展的趋势。线上线下融合的驱动力是线上和线下优势互补，相互促进。线上渠道方便、快捷，流量巨大，不受地理位置及空间制约；但是线下体验及信赖度优势同样无法取代，线下环节可以直接与消费者进行面对面交互，用户可以实际触摸或体验商品，对商品质量更为信赖①。一方面，对于需要仔细研究和比较的产品来说，消费者尤其偏好在线购物，因为在网络上可以很容易地了解产品的关键特征（Grewal et al.，2004 年）。消费者通过网络可以高效便捷地搜寻产品相关信息。但是在虚拟网络环境中，消费者根本无法在购买前对产品进行物理观察，他们必须依赖在线零售商提供的信息（Overmars & Poels，2015）。因此，在线零售商的成功在很大程度上取决于他们是否有能力促进顾客对展示产品和网站的态度和满意度（Luan et al.，2016）。特别是，2020 年新冠疫情对我国零售行业发展而言，既是挑战也是机遇。一些传统行业受冲击较大，而智能制造、无人配送、在线消费、无接触消费、线上线下融合和医疗健康等新兴产业展现出强大成长潜力，并且非接触媒体类型数量仍在上升。其中，无接触消费将逐步成为后疫情时代主要的消费形式，并且消费者将越来越倾向于从非接触媒体获取所需商品相关信息。另一方面，对消费者而言，获取丰富的使用体验和感受是产品所提供的真正价值。从理论上讲，购买产品更应界定为一种消费体验，而不仅仅是一种物理产品。在许多方面，购买产品并不是购买一种物质商品本身，而是购买产品所提供的一种体验（Pine & Gilmore，1998），这是因为消费过程包含很多认知活动和情感活动。因此，消费者在做出购买决定之前，往往需要评估一种产品能够提供一种预期消费体验的可能性（Li et al.，2003）。零售商很多营销传播活动旨在为消费者提供这样的评估方法，例如从在山姆会员店免费品尝烤肉到在电视广告中演示一种新的洗衣粉。

因此，我国零售市场中商超和网络零售合作愈发紧密，全行业进入线上线下融合新阶段，其特点是数字化、全渠道以及更灵活的供应链三个维度相互融合。一份麦肯锡消费者调查研究报告显示，线上网络渠道和线下传统实体店销售渠道逐步融合，仅有 16% 的消费者只进行单纯传统实体店消费，而 79% 的消费者则通过全渠道研究式购买方式进行购物②。

电商企业逐步意识到在线感官营销的重要性和困难性。感官营销战略现已成为企业获取核心竞争力的重要战略之一。过去一些年，超过 30% 的世界顶级

①② 参考京东、沃尔玛、京东到家和腾讯联合发布的《2018 中国零售商超全渠道融合发展年度报告》。

品牌开始实施“感官品牌”战略（Johnson，2007）。一些大的品牌公司如星巴克、迪士尼乐园、苹果、新加坡航空等一直在推行感官营销战略，实施顾客感官管理，并在顾客心智中塑造了独一无二的“感官印记”（sensory signature），这些品牌得到大量消费者的青睐和追捧。企业感官营销战略力图为消费者提供丰富的多感官品牌体验，即激励消费者全方位利用五种感官参与品牌互动过程，激发消费者的感官反应（Hultén et al.，2011）。一个品牌提供的多感官体验越多，则品牌与消费者之间的关联度就越高（Spence & Vickers，2007）。以触觉感官为例，触摸产品的感觉能提供一种额外的方式来和竞争对手进行区分，触觉为未来创新品牌和营销提供了诸多机会。因此，在过去几十年内，越来越多的公司开始差异化设计其产品触摸体验，从而增加消费者对其产品的触摸体验（Spence & Gallace，2011）。

但是电子商务情境中，在线零售商实施在线感官营销策略天然存在诸多困难。尽管网络购物因便捷、高质和低价而备受欢迎，但是消费者无法在网络商店环境中感受、触摸或尝试产品，这仍然是电商发展的一个巨大障碍。在网络购物中，消费者做出购买决策前并不能实际触摸和体验产品，这种天然存在的购物困境导致消费者想要触摸产品的渴望不仅得不到满足，反而这种触摸渴望会更加强烈（Peck & Childers，2003b；Citrin et al.，2003），从而导致了消费者强烈的触觉饥渴（touch hunger）现象（Field，1998）。尤其是对于有形实体产品而言，因为实体产品的质量，如材料、质地、工艺和质量是消费者的重要评价标准，但通过网络渠道对产品这些属性进行评估是困难的，因为在线购物渠道缺乏实际产品试用的机会（Verhagen et al.，2014，2016）。互联网是虚拟性的，因而电子商务企业很难全面地刺激消费者的触觉、视觉、听觉、嗅觉和味觉等五种感官（Hoch，2002）。在线零售缺乏产品实体性，可能会给消费者带来一些负面的后果，如更大的评估难度、更多的感知处理努力、更高的风险感知和更低的客户参与度（Verhagen et al.，2014，2016）。尽管互联网已显示出传播产品和服务信息的强大能力，但当消费者希望“体验”一种产品时，在线商店仍很难带给消费者真正触摸、感受和试用产品的体验，尤其是实体产品的销售，更需要这样一种体验，而在线购买往往达不到预期效果。因此，消费者在线获得的体验并不像在传统商店那样丰富，比如体验商店氛围、与销售人员互动以及直接产品触摸等（Daugherty et al.，2008）。

在线零售中的感官缺失对消费者行为产生消极影响。首先，众所周知，在传统的零售购物中，触摸、信息获取、期望上升和购买产品的动机之间有着密切的关系（Peck & Childers，2003，2006）。但是，在非接触式购物渠道（例如在线购物）中，由于不能接触产品，这种关系是有限的。同样，与产品的直接接触已被证明是购物体验的一个重要方面，缺乏这种接触可能会减少消费者的享受（Childers et al.，2001）。（感官）产品信息被认为是在线零售企业获取业绩成功的最重要决定因素之一（Dennis et al.，2010）。一些消费者可能会因为他们无法获得这些信息而变得沮丧，导致他们放弃某些非接触的购物环境（如在线购物）（Peck & Childers，2003）。一项消费者调查结果显示，在使用目录销售和在线商店的受试者中，约76%的人表示有不愉快的经历。不满意原因排列顺序是“尺寸不合适”“质地出乎意料”“超薄”。这是因为消费者在线购买中不能试穿衣服，而且也不能从计算机显示器上看到织物的精确图像（Kazuya et al.，2004），因此导致了在线零售的服装产品退换货率始终保持高位，消费者在线购物满意度和忠诚度逐年降低（Bell et al.，2004）。因此，超过半数消费者在浏览购物网站之后放弃购买，这是因为他们不能直接检验商品①。其次，已有研究进一步指出，在线零售往往和缺乏消费者信任有关，而缺乏消费者信任是获取客户的一个重大障碍（Schlosse et al.，2006；Benedicktus et al.，2010）。施洛瑟等（Schlosser et al.，1999）认为，信任在网络上变得更加重要，在网络上对可信度的评估很大程度上依赖于媒介沟通。同样，麦柯和帕尔默（McCole & Palmer，2002）强调了网络信任的重要性，因为没有面对面的接触和其他有形线索，使得消费者在参与电子商务活动时犹豫不决。虽然大型老牌零售商至少可以通过品牌建设或建立一个更密集的实体店网络来部分克服网上不信任，但是还是有60%的美国互联网用户非常担心与网上购物有关的诈骗和欺诈行为，这一数字比两年前增加了6%，这突显了网络零售商在建立网络信任方面所面临的挑战（Benedicktus et al.，2010）。

为缓解电子商务天然存在的感官缺失所导致的负面后果，电商企业迫切希望能从实践上探索相关解决方法和应对策略。具体而言，就是了解如何利用这种知识将在线零售中缺乏触摸而存在的潜在负面影响降至最低，并找到克服这一缺陷的方法，特别是在非标产品方面，如服装类商品，因为触觉探索在产品评估中扮演着关键角色（Peck et al.，2013），消费者对服装类产品的触摸可能会直接影响消费者决策（Dholakia & Zhao，2010）。因此，很多学者呼吁对网络环境中消费者触觉进行研究，特别是研究直接身体接触的替代方法（Elder et al.，2010），这是因为在线购物等非触觉媒体快速增长。

综上所述，电商情境下在线零售商如何有效地实施感官营销策略成为当前学界关注的热点。尽管在线购买的便利性和低价促销驱使着大量消费者放弃

① Forrester Retailer. More than a quarter of consumers who go online still won't buy there [EB/OL]. http://www.internetretailer.com/print article.asp? id = 14686. 2005, 4 - 18.

购物过程中的感官体验，但是消费者在线购买中存在触觉、嗅觉和味觉等感官天然缺失的障碍和困境却是不争事实。这也是导致消费者信任度不高的关键原因，进而成为制约电商的发展瓶颈。因此，互联网情境中找到可以替代身体接触的触觉和嗅觉等直接感官体验的方法无疑具有重要的实践意义；有效补偿消费者在线购买过程中所缺失的感官体验成为破解在线感官营销困境的关键瓶颈。针对如何克服在线购买中感官缺失的天然障碍和困境，找到替代消费者实际缺失感官体验的方法和策略，鼓励消费者在线购买行为是当前消费者行为研究领域，特别是感官营销领域和触觉研究领域所关注的热点问题。

1.2　研究意义

感官营销是消费者行为研究的重要领域，电商或在线平台相对实体店而言缺失了非常重要的感官刺激，如触觉等感官体验。电子商务是当代最重要的商业模式之一，而关于电子商务缺乏感官体验的问题是该领域学界公认的关键问题。本书选择电商触觉补偿机制作为研究主题，具有重要的理论意义和实践价值，具有前沿创新意义。

1.2.1　理论意义

第一，感官营销研究领域，拓展了触觉障碍情境中，如互联网虚拟情境下，消费者缺失感官线索与体验的补偿机制与策略，探索了在线感官营销机制与策略，是对感官营销的一种全新维度思考，具有较好的科学严谨性。感官营销战略是当前企业创建多感官品牌并获取核心竞争力的重要战略。但是，电商企业如何在互联网情境中实施感官营销战略，鲜有研究涉足此领域，在线感官补偿机制与策略成为感官营销研究亟须填充的理论空白领域。本书基于相似空间理论中的隐喻理论，探索将触觉高显著性产品的触觉属性进行隐喻比较描述与表现，通过科学设计产品隐喻图文展示页面，实现消费者对产品触觉属性感知与体验，从而实现对消费者在线购买中所缺失的触觉信息补偿。本书还结合心理学领域中的具身认知理论、社会学领域中的心理距离理论等多学科相关理论，进一步分析这种感官补偿机制与策略，即电商企业的在线感官营销机制与策略。本书不仅将感官营销理论拓展到互联网情境中在线感官营销领域，还推进了在线产品触摸不可及的弥补机制研究。

第二，进一步纵深拓展基础隐喻理论研究，探索该理论在在线产品展示研究领域的应用。当前隐喻研究仍然停留在理论框架和核心概念的内省和思辨阶段，大规模实验和统计类实证研究尚未出现。在市场营销领域，已有隐喻相关的研究主要聚焦于隐喻广告。众所周知，电商产品展示页面与传统广告媒介在很多方面存在巨大差异，隐喻广告已有的相关研究结论是否可以适用并推广到电商情境？遗憾的是，鲜有研究探讨在线零售领域产品详情展示页面这一传播媒介中的隐喻表现机制。本书采用实验法和数理统计方法，实证研究在线产品展示的隐喻比较机制对消费者行为的影响，明确了在线产品展示的隐喻效应、模态隐喻效应以及多模态组合效应及其作用机制，实证研究了隐喻机制在在线产品展示研究领域的效应、机制和边界条件。不仅进一步佐证了隐喻广告中的相关研究结论，而且进一步扩充了隐喻理论研究框架，纵深推进了隐喻机制的研究内容。本书还探索了个体结构需求这一人格特征在消费者行为领域的应用，通过实验法进行实证研究，基于个体结构需求探索隐喻思维的个体差异性。

第三，进一步推进心理意象理论，特别是多感官意象理论的研究，探索在线产品触觉不可及的弥补机制是发挥触觉意象作为“内源性触觉感官”产生外源性真实产品触摸的体验。心理意象与在线产品展示作为新兴内容，较少人进行系统深入的研究。感官意象属于心理意象中的重要形式，在心理学领域和神经生理学领域的研究比较多，研究过程比较成熟，主要是聚焦于不同类型的心理意象形成和发挥功能的生理神经学的依据和基础。市场营销领域和消费者行为研究领域，感官意象的研究处于初始引入阶段，相关研究更多是停留在概念的辨析阶段，缺乏大量可靠实证的研究；而具体至触觉意象，心理学领域的已有研究仅仅是停留在触觉意象是否存在的争论阶段，而消费者行为研究领域更是鲜有相关研究出现，更不用说大规模的实证研究。正是因为对感官意象和触觉意象的核心概念和基础理论理解不够深入，才导致了市场营销领域和消费者行为研究领域中的在线感官补偿相关研究对补偿的理论机制判断过于武断，仅仅是宽泛简单地界定所谓的“虚拟触觉”等非学术性概念和术语。

综合电商感官补偿理论和感官意象理论研究的紧迫性和可行性，本书探索了感官意象，特别是触觉意象的诱发前因、作用机制和影响效果，探索通过将产品触觉属性进行隐喻表达，从而更有效地诱发消费者产生生动性触觉意象，证实了触觉意象等多感官意象的确存在并在消费者行为中发挥重要影响；并从心理距离理论和解释水平理论视角进一步佐证了感官意象与真实感官一样，存在远近之分，并对消费者产生差异化影响。另外，本书基于正式商务情境采用实际产品作为实验刺激材料进一步验证感官提前曝光效应，这有助于弥补已有研究中仅是基于实验室人为操控实验刺激材料得到结论的遗憾。这些研究有助丰富心理意象理论，特别是多感官心象理论在消费者行为研究中的应用。

第四，对产品类别理论进行了新的探索。产品类别理论虽然有对产品从不同视角进行分类，但是已有研究均未具体针对触觉研究领域进行相应的区分。本书基于产品显著属性理论，将产品区分为触觉高显著性产品和触觉低显著性产品。这为消费者行为领域触觉研究提供了一种适宜有效的产品分类，有助于针对性地对触觉诊断性产品进行深入研究。

1.2.2 实践价值

第一，有助于指导电商企业有效实施在线感官营销策略，通过在线触觉补偿策略，有的放矢地诱发消费者的感官体验认知并采取积极的购买行为。在营销管理上，本书对电商企业在线营销和存在触觉障碍的企业直接营销有重要的实践启示。在电子商务环境中，由于没有触觉体验，消费者可能会体验到更大的不确定性，因而会导致消极营销效果。特别是，本书明确指出，在互联网情境下，顾客的触觉意象认知与感官经验的体验能帮助企业更好地获得信任并赢得认可。本书系统深入地研究了心理意象与网上产品展示等新兴内容，拓展了网上产品展示研究内容和领域，同时也为电商的感官补偿问题提供了有价值的解决策略。本书的发现能够指导和帮助电商企业科学地对产品详情展示页面等细微管理环节流程进行优化，依据消费者个体特征，如个体结构需求和产品类型等变量，制定有效的市场细分策略，从而产生“以小博大”的放大心理效应，促进消费者产生更为积极的学习效应。

第二，有助于指导电商企业培养和教育具有高度感官敏感度和审美敏感性的产品设计师和网页设计师。能够深入洞悉产品使用的感官体验并具有丰富的感官经验的设计师，是在线零售商成功实施在线感官营销策略的前提。本书的研究能够指导和帮助电商企业如何设置系统性的感官体验培训课程来教育培养设计师，指导企业探索成熟的触觉教育的工具与方法，编制嵌入个体实际感官体验的《触觉体验指南》手册和组建触觉体验个性化数据库，从而全面地介绍特定感觉领域的感官、感知和体验方面的知识，并通过系统性的思想框架结构来引导设计师亲自完成这些工作。

1.3 研究目标与内容

1.3.1 研究目标

本书构建了电商触觉补偿理论模型，研究消费者学习效应和触觉意象的前置影响因素、调节因素和作用机制，重点研究在线产品隐喻图文展示多种效应、作用机制和边界条件，还提出了可操作性的在线产品隐喻展示模式和在线感官营销策略。据此，本书力图实现如下目标。

（1）在线产品隐喻图文展示模式是什么（What）？基于基础隐喻理论新视角，探讨在线零售感官缺失背景下，电商企业在线产品展示中应该呈现什么样的内容信息，采取何种表现手法能补偿消费者所缺失的触觉信息，即回答如何系统地将缺失的触觉等抽象感官信息通过隐喻比较机制进行展示和传递。具体而言，首先要回答在线产品展示的隐喻效应、隐喻展示的模态效应、多模态隐喻组合展示效应分别是什么。

（2）在线产品隐喻图文展示模式为什么能产生触觉补偿效应（Why）？本书力图回答在线产品隐喻图文展示为什么能产生触觉补偿效应和积极消费者学习效应，进一步研究在线产品隐喻展示模式实现感官补偿的消费者心理作用机制。

（3）在线产品隐喻图文展示模式适合于哪些类别的产品，对哪些消费者是有效的（Which）？本书回答消费者个体特征不一样时，如个体结构需求水平存在高低，这一变量会调节在线产品隐喻图文展示诱发消费者产生触觉意象的效果。另外，本书进一步回答产品展示的隐喻效应并非适用于所有的产品，而是仅适用于特定的产品类型。

（4）如何构建在线产品隐喻展示模式和制定在线感官营销策略（How）？营销实践方面，本书基于理论分析和实证研究的结果，力图为电商企业如何实施感官补偿营销策略提供对策建议，并提供具体可操作性方法。

1.3.2 研究思路

本书按照“感官缺失前因—感官补偿刺激输入—消费者补偿心理加工—输出感官补偿结果—提升营销绩效”的理论逻辑，构建在线零售感官补偿机制的理论模型，如图 1 - 1 所示。电商企业实施感官补偿策略，首先输入以隐喻比较手法呈现的多感官线索信息（如隐喻图片和隐喻文字的组合），通过诱发消费者心理模拟过程，对相关产品的触觉属性和信息进行加工处理，输出感官补偿的结果——形成感官意象，从而有效提升消费者学习效应。

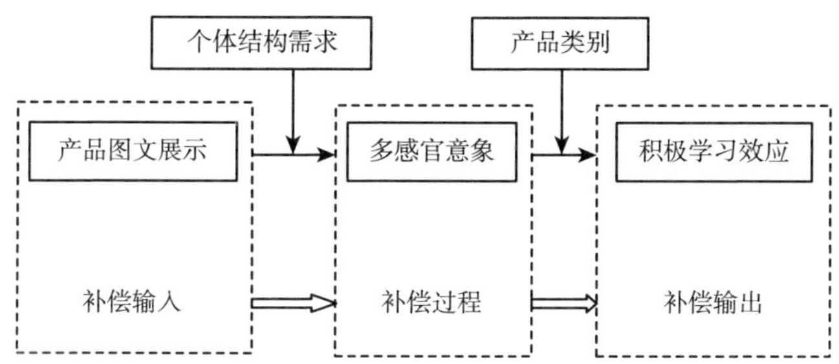

图 1－1 基于隐喻理论的在线感官补偿机制的理论逻辑

具体而言，本书按照“问题提出—文献梳理—理论基础—假设推演—实验验证—对策建议”的研究思路。首先在文献综述中梳理触觉与消费行为、电商感官补偿机制及策略、在线产品展示、心理意象（特别是感官意象）的相关研究，并分析挖掘电商触觉补偿研究的不足和未来研究空间，总结提出了隐喻理论、具身认知理论和心理距离理论作为后续研究的理论基础。然后，基于前述文献梳理和理论基础，经过严密的理论推演提出了“产品隐喻展示能促进积极的消费者学习效应”等 9 个理论假设。本书用 5 章的篇幅来验证上述理论假设。其中，第 4 章研究产品展示方式的隐喻效应，细分为三个子研究，分别为产品展示视觉隐喻效应研究、产品展示文字隐喻效应研究和产品展示图文模态组合效应研究。第 5 章研究产品展示模式隐喻效应的中介作用机制，即验证触觉意象为产品展示方式隐喻效应的中介机制，并排除其他可能的中介解释，并从不同理论视角强化这一解释机制。第 6 章研究个体结构需求和产品类型在产品展示方式隐喻效应的调节机制。第 7 章设计为真实田野实验，基于知名网购 App 平台上架目标销售产品，并检验上述理论研究发现在实际电商情境中的运用情况。第 8 章探索线上非接触性触觉补偿策略与线下接触性触觉补偿策略的整合。这 5 章一共设计了 9 个实验（其中包含 1 个真实田野实验），对理论假设进行逐一反复验证。最后，对每个实验数据结果进行讨论，并概括提炼出本书的理论创新与管理启示。

其中，在线产品图文展示区分为产品直白图文展示和产品隐喻图文展示两种模式。其中，产品隐喻展示从模态上可以分为文字隐喻和视觉隐喻，具体可以分解为隐喻效应机制、隐喻模态机制和多模态组合隐喻机制，具体如图 1－2 所示。

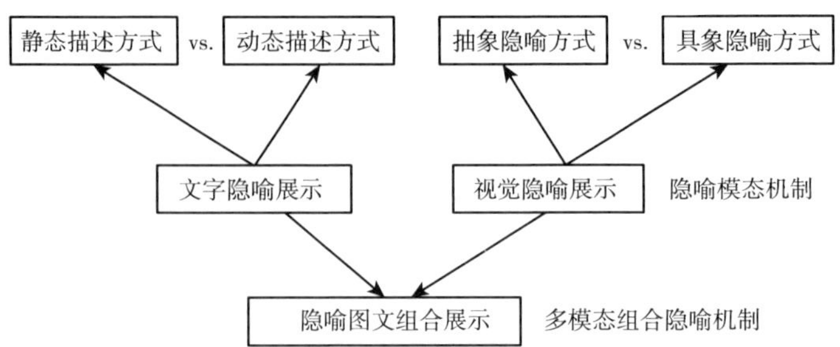

图 1-2　在线产品隐喻图文展示模式图解

1.3.3　研究内容框架

本书共 9 章。

第 1 章是绪论。在阐述相关的研究背景基础上，提出理论上和实践中亟须研究的问题，归纳阐述本研究的理论意义和实践价值，总结研究的创新点；其次，简要概况本书的研究目标、研究思路、研究内容框架以及研究方法。

第 2 章为文献综述。本章主要基于海量的国内外相关文献进行文献研究分析，梳理并综述了触觉与消费行为、电商感官补偿机制及策略、在线产品展示、心理意象和感官意象与消费者行为等主题的相关研究，总结电商触觉补偿机制研究的不足和未来研究的空间，挖掘可能的理论缺口和空白点。

第 3 章为理论基础。本章在文献研究的基础上，结合可能的理论研究方向，总结提出了隐喻理论、具身认知理论和解释水平理论，作为后续研究的理论基础，具体阐述了隐喻理论中的相似空间理论、LOC 相似空间理论、隐喻效果解释机制及认知效果，阐述了认知心理学领域的具身认知理论，阐述社会学领域的心理距离理论与解释水平理论等。

第 4 章为电商在线产品隐喻展示对消费者学习效应影响的主效应研究。本章聚焦于电商情境中，基于产品显著属性理论视角，将研究产品区分为触觉高显著性产品和触觉低显著性产品两种类型。本章主要是研究产品展示方式的隐喻效应，经过严密地理论推演提出理论假设，即触觉高显著性产品情境下，相较于在线产品直白展示，在线产品隐喻展示更能对消费者学习效应，即感知产品展示诊断性、产品态度和购买意愿，产生积极影响。本章分为 3 个子研究，分别为产品展示视觉隐喻效应研究、产品展示文字隐喻效应研究和产品展示图文模态组合效应研究，并分别提出 3 个研究的理论假设。每一个子研究的实证检验部分都设计一个预实验加一个正式实验，同时汇报和讨论各个实验的数据分析结果，以分别验证 3 个子研究的理论假设。

第 5 章为电商在线产品隐喻展示对消费者学习效应影响的中介作用机制研究。本章探索产品展示方式对消费者学习效应的作用机制，并排除可能的中介解释。本章设计了 2 个实验来验证本章所提出的 3 个理论假设，即相较于在线产品直白展示，产品隐喻展示能够更好地诱发消费者产生更生动的多感官意象，在本书中主要是触觉意象，同时消费者所诱发的触觉意象水平越高，则会产生更积极的学习效应，即触觉意象为产品展示隐喻效应的中介机制。本章还通过 2 个实验发现，一旦消费者的触觉意象诱发过程被有意识地抑制，那么消费者积极学习效应也会相应地受到影响；另外，还排除了消费者理解产品隐喻展示页面后的愉悦成就感是可能的中介作用机制。

第 6 章为个体结构需求与产品类型对产品隐喻展示积极效应的调节机制研究。本章的目的主要是探索消费者个体结构需求和产品类型在产品展示方式方面对消费者学习效应影响的调节机制，因此设计了 2 个实验分别进行验证。本章包括 2 个理论假设，即：消费者个体结构需求是产品隐喻展示方式诱发触觉意象的调节机制；触觉高显著性产品情境下，相较于在线产品直白展示，在线产品隐喻展示更能对消费者感知产品展示诊断性、产品态度和购买意愿产生积极影响。

第 7 章为基于真实网络购买田野实验的理论验证。本章的目的是在真实的电商商务情境中检验前述各章的研究发现，重点检验在线隐喻图文展示方式是否比直白图文展示方式能产生更好的营销效果，如商品访客数、商品浏览量、支付件数、支付转化率和好评率等。本章设计了一个真实田野实验，基于某 App 平台上架目标销售产品，并检验上述研究发现在实际电商情境中的应用情况。通过预实验和正式实验，汇总实验数据结果，并对实验结果进行讨论。

第 8 章为线上与线下触觉补偿整合策略效应研究。本章的目的是进一步探索电商如何有效地将在线非触觉性补偿策略与线下触觉性补偿策略进行整合，以更好地满足消费者触觉体验需求，从而进一步提升消费者的积极学习效应。因此本章设计了 1 个实验来验证理论假设，即：触觉高显著性产品情境下，线上和线下触觉补偿整合策略对消费者感知产品展示诊断性、产品态度和购买意愿产生的积极影响中，在线图文隐喻展示 + 线下触摸体验整合策略最优，在线隐喻展示 + 线下视觉观察整合策略次之，而在线直白展示 + 线下视觉观察整合策略再次之。

第 9 章为研究结论与展望。本章对第 4 ~ 8 章的研究过程和研究问题进行回顾，总结本书的研究结论，详细阐明本书的理论贡献，提出相应的管理启示，总结研究不足并展望未来研究方向。

综上所述，本书的研究技术路线如图 1-3 所示。

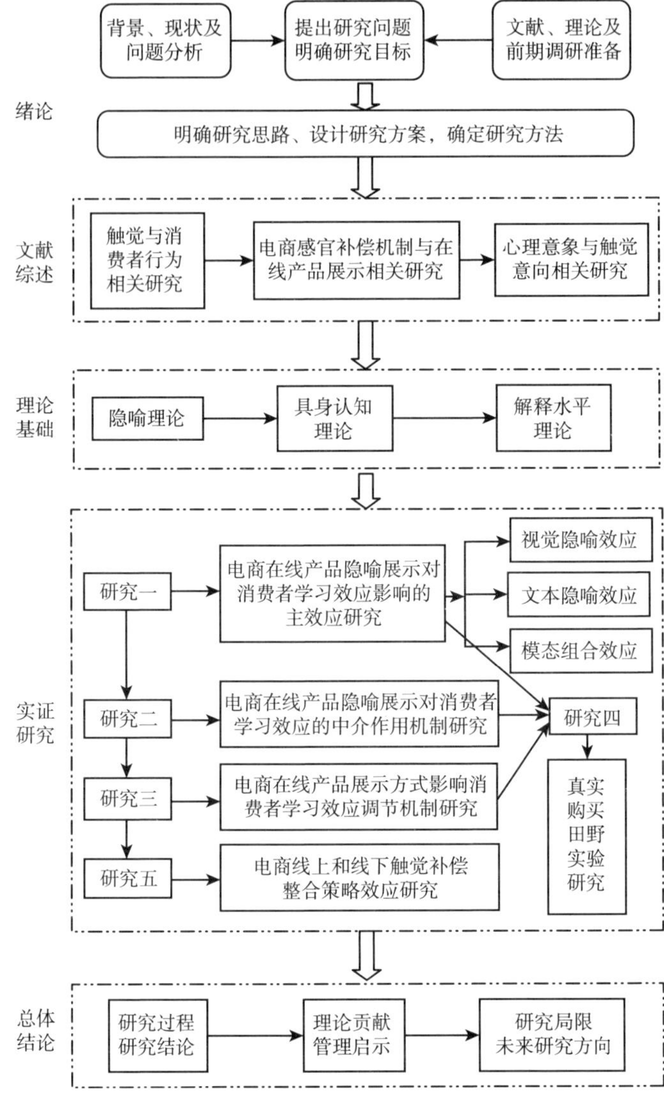

图 1-3　本书研究思路框架

1.4　研究创新点

第一是创新与探索了基于高级认知技能补偿方式的电商触觉补偿机制与策略。本书进一步拓展了消费者行为领域触觉研究的重要分支——线上产品不能触摸的弥补策略研究领域的研究深度，从更深层次的理论基础洞悉实现在线触觉弥补效应的诱发前因、作用机制及影响结果。尽管没有一个学界都公认的触觉信息的替代和补偿机制模型，但是本书在构建电商触觉补偿机制模型上进行了创新与探索。基于生理神经科学、临床医学、认知心理学和消费者行为学等多学科文献和理论研究，本书创新地将生理神经学和临床医学领域的感官补偿理论应用到在线零售领域的产品无法被触摸的补偿机制和策略研究。通过实证研究发现，在促进消费者学习效应方面，感官补偿中的认知补偿方式相对于知觉补偿方式更具有优势效应。本书发现，在线产品展示中的隐喻比较机制，比如借鉴广告学领域的视觉隐喻、临床医学心理治疗领域的经验比较识解动态隐喻语句等，可以有效地实现感官补偿理论的认知补偿结果，即可以教育消费者使用更多的高级认知技能，如提升注意力、使用非视觉化记忆（触觉意象）、记忆和词汇等领域的卓越的认知技能（配对联想学习）等，从而实现在线触觉补偿效果，即更有助于提升消费者学习效应，除了能提升消费者购买意愿，还可以提升消费者感知产品展示诊断性（提供丰富的产品知识）和产品态度。

第二是跨领域纵深推进隐喻理论的研究。以隐喻理论为基础探究个体感知觉体验对社会认知的作用，已成为过去十几年社会心理学实证研究的重要研究方向。本书将隐喻理论引入消费者行为领域和在线零售的产品展示领域，采用实证方法研究基础隐喻对消费者行为的影响机制。

首先，纵深推进隐喻理论研究深度。本书纵深推进了隐喻理论中隐喻模态效应、隐喻视觉对象的表征方式和视觉场景、文本隐喻的静态和动态描述方式、同模态以及跨模态隐喻等问题。不仅是依据传统研究方法，即将隐喻表现和无隐喻表现对比后评判隐喻的优势效果，而且本书还进一步实证研究一种隐喻相对于另一种隐喻的优势。例如，本书不仅比较隐喻展示相对于直白展示的优势效应，还探索了隐喻展示中不同类型的隐喻程度所产生的差异化效果，例如，不同概念张力的视觉隐喻比较、静态和动态表达的文本隐喻比较，以及不同的隐喻图文组合对消费者学习效应的影响。

其次，采用实验和统计类实证研究方法研究多模态隐喻。现在多模态隐喻研究还处于起步阶段，仍然处在概念思辨阶段，在研究方法上大多局限于定性研究，缺少大规模的实验和统计类实证研究。

最后，拓展了隐喻理论的应用领域。现有市场营销领域的隐喻研究主要集中在广告领域的隐喻广告研究，本书探索将成熟的隐喻理论应用于新的研究领域，即网络情境中在线零售领域的产品展示内容。

第三是拓展了触觉意象理论在消费者行为研究领域的应用。心理意象与网上产品展示作为新兴内容，较少人进行系统深入的研究。特别是感官意象的研究还是停留在概念辨析阶段，缺乏大量可靠的实证研究；而具体至触觉意象，现有生理神经学领域的研究则仅仅停留在触觉意象是否存在的争论阶段，消费者行为研究领域则更是鲜有相关实证研究出现。

找到替代身体接触的方法具有重要的实践意义，如触觉意象是否可以替代真实接触？本书探索性研究了感官意象，特别是触觉意象的诱发前因、作用机制和影响效果，发现通过在线产品展示的隐喻机制，可以更有效地诱发消费者产生生动性触觉意象，丰富了心理意象理论，特别是多感官心象理论在消费者行为研究中的应用。本书进一步探索了诱发消费者触觉意象来实现电商触觉补偿的可能性，证实了触觉意象的真实存在，而且作为“内源性触觉感官”能发挥外源性真实触觉（外源性触觉感官）的功能和作用。

第四是进一步探索了在线非接触性触觉补偿策略与线下接触性触觉补偿策略整合机制及底层理论逻辑。本书发现电商在线非接触性触觉补偿策略与线下接触性触觉补偿策略整合机制可以产生更为积极的消费者学习效应。因此，线上与线下触觉补偿策略有机整合将成为电商实现感官补偿的重要战略。另外，这从消费者行为领域触觉研究视角洞悉了全渠道背景下展示厅效应的驱动因素的底层理论逻辑，并从商务实践情境中进一步验证了提前感官曝光效应。

1.5 研究方法

本书主要采用规范研究和实证研究两种研究方法。首先，在文献综述和理论基础两章中，采用文献研究的规范研究方法，对国内外的感官营销、在线产品展示、触觉与消费者行为、个体结构需求、隐喻理论、具身认知理论和解释水平理论等主题相关研究文献进行回顾、评述和总结，保证本研究的选题、立意、理论和方法处于理论研究的前沿。

其次，第4~8章的五个实证研究中采用实验法进行研究。具体而言，实证研究部分采用情境模拟实验法、真实田野实验法、问卷调查法、深度访谈法和消费者主观报告等方法。其中情境模拟实验法设计为在线购买情境，实验研究样本选择高校的MBA学员、在校商学院大学生以及大众消费者等样本，并采用相关数理统计方法检验相关假设。

第4章、第5章、第6章和第8章4个实证研究均采用在线购买情境模拟实验方法，使用统计软件SPSS22.0对实验数据进行统计分析，为验证4个实证研究所提出的理论假设提供实验数据支持。特别是，为提高实验的内部效度，第5章设计了两个实验来进一步强化触觉意象作为产品展示方式影响消费者学习效应的中介解释机制，同时通过实验方法进一步排除了其他可能的中介解释机制。为提供实验的外部效度，本书共设计了4组不同的触觉高显著性产品和1组触觉低显著性产品，在不同的研究和实验中，有意识地更换使用不同的实验产品类型。为进一步提高实验效度，所有实验都采用双盲控制的流程，以确保所有被试和实验人员均不了解实验的真正意图；同时，为进一步提高实验被试样本代表性，本书的实验所选择的被试分布在江西省3所高校、湖南省1所高校和安徽省1所高校等多所高校。另外，第7章采用了真实在线购买田野实验以验证本书的理论发现，基于某App平台网店上架实际销售研究产品，检验上述理论发现在实际电商情境中的应用情况。

最后，本书的研究结论与展望部分采用诠释法，通过阐释性研究方法对本书所发现的研究成果进行总结、概化和解释。

2 文献综述

2.1 触觉与消费者行为相关研究

2.1.1 触觉的内涵及类型

2.1.1.1 触觉的定义

触觉（sense of touch）是人类最基本的五种感觉之一，它以多种形式存在，指分布于全身皮肤上的神经细胞对外界温度、湿度、压力、振动等的反应（Robles et al.，2006）。触觉是一种或多种接触感觉，包括本体感受的反馈、人体主动接触触觉以及基于各种驱动技术产生的被动接触感知（Schneider et al.，2017）。人体皮肤是触觉的最主要的感官，由三种类型的感觉受体组成：温度感受器（对热和冷的反应）、疼痛感受器（对疼痛和强烈压力的反应）和机械感受器（对压力的反应）（Bamarouf & Smith，2009 年）。因此，触摸（touch）是一个具有多种感觉的复杂系统，包括痛觉、温觉、本体觉、运动觉和触感等（Fernandes & Albuquerque，2012）。

在与触摸相关（touch-related）的英文文献中，“tactile”“haptic”“tactual”三个名词都用于表达触觉或触感的概念，经常被作为同义词提出。鲁米斯和莱德曼（Loomis & Lederman，1986）将这些术语定义区分为不同的概念。触感（tactile perception）只来自皮肤的变化（Loomis & Lederman，1986），并且与被动触摸的情况有关，是指当刺激物按压在皮肤上时所接受到的刺激感受；感受者保持他们的手或手指不动，一般是指被动探索物体，主要是指从刺激物中提取材料属性，如纹理（Lederman & Klatzky，2009）。触觉感知（haptic perception）是指通过触摸产生的感觉，它通过皮肤和运动线索的组合提取外界刺激性质，而这种组合的结果不仅仅是运动和触觉输入的总和，而且只有通过这些线索的复杂整合，才允许感受者感知空间中的物体彼此之间的关系（Loomis & Lederman，1986）。因此，触觉感知由神经系统中连接手与大脑的感知、运动和认知机制组成，强调通过双手研究和收集信息所涉及的系统（Srinivasan & Basdogan，1997），因此是最自然的触觉感知形式，与自由的探索过程关系更大。最后，触觉感受（tactual perception）是一个更一般的概念，指所有类型的感知源自皮肤（触觉）和运动（运动）的线索，用来描述通过触摸的整体感知，可以被认为是触摸的同义词（Fernandes & Albuquerque，2012）。本书所指的触觉并未将三个概念进行严格区分，而是将消费者通过手部等身体部位对产品进行探索和体验的触摸，统称为触觉。

2.1.1.2 触觉相比较其他感觉的重要作用

公元前4世纪，亚里士多德的感觉理论指出人的五种感觉是按等级顺序排列的，触觉在最上面，其他的感觉则只是增加触觉的敏感度。触觉是人类发育的第一感觉，婴儿最先发展的认知能力就是对粗糙和柔软等触感的感知能力；同时触觉也是人类衰老后最晚退化的感觉，老年人在其他感觉退化后也只能主要依赖触摸感知周围环境（Ackerman et al.，2010；Krishna，2011）。

触摸对于人们认识外界世界具有十分重要的意义。人们在与物质世界进行身体互动的过程中，一般通过体验来学习和成长。人们通常通过触摸来了解和理解各类物品（Lakoff & Johnson，1999）。通过以触摸形式进行身体体验而获得的了解不同于通过思维演绎从理论中获得的了解（Sonneveld，2007）。这种基于身体接触的体验经验是形成个体自我意识的基础，是物质世界知识、人类感觉和情感的基础，也是人们情感交流的基本渠道（Sonneveld，2007）。

2.1.1.3 触觉的类型

触觉对包括消费者行为在内的人类行为有不同的影响。根据不同维度、不同对象、不同形式，触觉具体可划分为：人际直接触觉（人—人）、人际间接触觉（人—物—人）、产品触觉（人—产品）、环境触觉（人—环境）几种类型（柳武妹等，2014；钟科等，2016）。例如，“人际触碰”（人—人）研究消费者与实体店销售人员之间触碰互动对消费者积极行为的影响（Hornik，1992）。“人际间接触觉”（人—物—人）主要关注“消费者传染”（consumer contamination）现象，主要研究消费者对先前他人已接触过的产品的评价及后续的消费意愿和行为的变化（Argo et al.，2006）。“产品触觉”（人—产品）重点探讨哪些因素会影响触摸对产品评价和购买的影响（Peck & Childers，2003a）。“环境触觉”（人—环境）关注触摸的“具身效应”（embodiment effect of touch），主要研究环境中的触觉线索如何对消费者认知和判断产生影响（Ackerman et al.，2010）。

本书主要关注“产品触觉”（人—产品）这种触觉形式。在人与物体的交互中，吉布森（Gibson，1996）将人们的触摸区分为触摸物体和被物体触摸，即主动触觉和被动触觉。其中，主动触觉是指人们通过手等部位的主动探索性触摸行为所感受到外部触觉刺激（赵璐等，2018），通过主动探索物体对象各种客观属性产生对被触摸对象的感知（Sonneveld，2007）。被动触觉是指人们没有主动探索，而是被动地接受外部的触觉刺激，被动地接触同一物体（被物体触摸）会产生一种内在的感觉：即体验身体的自然感觉和物体对身体所产生的影响（Sonneveld，2007）。主动触摸和被动触摸之间的区别不仅仅是注意力集中程度，还有主动和被动的区别（Bolanowski，2004）。两者参与互动的身体部位也存在区别，因为不同身体部位的皮肤对主动或被动触摸的适应性不同。手掌的皮肤和脚底的皮肤似乎特别适合主动触摸，而覆盖身体其余部分的有毛皮肤则更好地反应触摸身体的刺激轨迹，适合于被动触摸（Bolanowski，2004）。

2.1.2 触觉感知机理相关研究

2.1.2.1 触觉感知

人们大脑的中枢神经系统整合人体皮肤上的机械感受器所接受到的外部刺激信号，自然生成触觉（Saal & Bensmaia，2014）。人们通过触觉获取相关的环境信息，通过不同的触觉探索性活动，准确获知物体材质特征和种类，并有效识别和分析物体的形状与纹理（赵璐等，2018）。触觉可以表征物体的材质属性（Baumgartner et al.，2015）和物体的空间属性（Kappers & Tiest，2013）。触觉感知是对来自多个子系统（包括皮肤、肌肉、腱和关节的子系统）的相关刺激输入进行感知处理（Wolfe et al.，2006）。认知神经科学相关研究结果显示，不同相对独立的次要感官通道在触摸认知中发挥不同作用（如压力、温度、动感、愉悦和疼痛等）（Sonneveld & Schifferstein，2008）。通过手掌操控物体，这些不同的感觉整合形成一种独立的格塔式认知（形容一种物体具有多维度差异性的特征）（Gallace & Spence，2009）。因此，这种感知结果不仅仅是某一部分皮肤触觉接收器活动的结果，也是不同类型的触觉接收器协同活动产生的结果，这也是克拉茨基（Klatzky，1989）所谓的“触觉混合”。比如，人们对湿度的感知，不仅仅是观察湿度存在触觉接收器活动的结果，也是负责观察温度和压力等触觉接收器合并接收信号的结果。

在触觉理解及识别物体和材料的过程中，手有目的地探索是触觉感知的主要方式（Klatzky et al.，1991）。莱德曼和克拉茨基（Lederman & Klatzky，1987）称手的运动是触觉物体处理的“窗口”。这是因为人体不同部位的触觉敏感性是不同的，其中手是触觉感知最为敏感的部位之一。麦格隆等（McGlone et al.，2014）将人类的触觉区分为辨别性触觉（discriminative touch）和情感性触觉（affective touch）。其中，由分布于无毛皮肤（如手掌）下的触觉神经纤维发挥输入辨别性信息的功能，而有毛皮肤（如手背或躯干）下的触觉神经纤维则为大脑输入情感性刺激信息。人体各个身体部位中，指尖和嘴唇每平方毫米包含最多的触觉传感器（Stevens，1990）。而在触觉神经元的分布广度方面，嘴唇和手掌覆盖的面积最大，而背部和小腿覆盖的面积相对较小（Sonneveld & Schifferstein，2008）。因此，为了评价产品的温度、柔软度或者质量等（Underhill，1999），人们通常把想要购买的原料或衣服接触脸颊，这是因为脸颊是身体中触觉最为灵敏的一部分（Weistein，1968）。据此，彭菲尔德（Penfield）所定义的触觉侏儒（homunculus）（如图 2－1 所示）形象地反映了人体不同的身体部位敏感度上的差异（Sekuler & Blake，1994）。可以看出，人们主要采用手掌对产品进行主动触摸，从而实现对产品的准确辨别和观察。例如，盲人和蒙住眼睛的正常受试者都具有相对精细周密的触觉辨别能力（Magee & Kennedy，1980）。总之，继眼睛之后，手是获取认可的第一感官。本书重点研究消费者通过主动触摸产品进行评估过程中的手部触摸探索动作。

图 2－1　彭菲尔德所定义的触觉侏儒

资料来源：Sekuler R，Blake R. Perception［M］. New York：McGraw-Hill. 1994.

2.1.2.2　触觉记忆印痕

触觉记忆印痕在触觉探索过程中发挥重要作用。记忆是大脑神经系统对于各种感觉信息的接受、分析和处理的过程。在工作记忆（working memory）中，感觉信息被短时存储、操作和维持在神经系统中（Patricia & Goldman，1995），并与之后的外界知觉信息进行整合，形成对外界环境和物体的整体表征（Yoshida et al.，2015）。

因为触觉信息具有可获性，触觉信息的有效性将增强实体物体的长期自由回忆能力，而且比感知和回忆更持久（Richardson et al.，1980）。这是因为触觉刺激可能会产生相对长期的非言语记忆痕迹（Gilson & Baddeley，1969）。人类记忆中的触觉编码不但能在刺激对象仅对触觉可用时使用，而且可以在刺激对象视觉化呈现时使用（Richardson et al.，1980）。由触觉刺激引起的记忆性能的改善是由长期记忆中的一种编码形式介导的，这种编码在本质上是一种特殊的触觉性，同时可导致任一触觉记忆痕迹不会迅速衰退（Richardson et al.，1980）。

2.1.3 触觉的探索方法

触觉通道是获取外界信息最重要的感官通道。克拉茨基和莱德曼（Klatzky & Lederman，1988）将手在物体表面目的性地移动定义为触觉的探索过程（exploratory procedures，EP）。例如，触觉系统在识别三维和熟悉的物体方面相当快速和准确。克拉茨基等（1985）证明，被蒙住眼睛的受试者在5秒内识别出96%的常见物体，在1~2秒内识别出94%的日用物体。

物体属性和用于提取物体属性的触觉探索过程存在密切联系。常见的触觉探索过程包括手指横向运动探索，对应探索物体的粗糙度特征；手部按压探索，对应探索物体的硬度特征；静态接触探索，对应探索物体的温度特征；提举探索，对应探索物体的重量特征；轮廓追踪和包裹探索，对应探索物体的大小与形状特征（Kalia et al.，2014）。

触觉系统探索物体的物质属性过程存在不同的路径和方式。触觉系统维持其独特的用于编码对象的专用路径，触觉输入所采用的编码途径主要用于对象原材料的编码（例如硬度、粗糙度和光滑度等），而不是用于触觉和视觉路径同样显著的对象形状中（Klatzky et al.，1987）。例如，人体皮肤内的触觉感接收器接收到物体的纹理空间变化刺激，从而形成所谓粗糙感的触觉感知。所以，霍林斯等（Hollins et al.，2000）采用软/硬、光滑/粗糙和黏滞/顺滑等相关触觉属性形容词来说明人们对物体纹理的触觉感受。但是并非所有身体部位都对物体表面的粗糙度有感知：嘴唇和手指最敏感，而脚跟、背部和大腿最不敏感（Stevens，1990）。此外，粗糙度感知取决于手的移动方式。例如，当施加的手指力增加时，粗糙感会变得更加强烈（Lederman，1974）。另外，当物体温度和皮肤温度之间的差异越大，人们对温度感知的准确性就越高（Tritsch，1998）。人们通过握住物体并上下提举物体来探索物体的重量；通过动态触摸、挥动和挥舞物体或试图将物体保持在特定位置来探索物体重量分布（Turvey，1996）。而通过手操纵物体是获取对象属性（例如纹理、形状、重量或体积等）的决定因素。在触摸物体时所做的动作与空间中的物体感知有关（Kaas et al.，2008），并且抓取也被证明是物体识别的一个关键阶段（Klatzky，1991），这些研究结果显示了主动操纵对触摸的相关性。

总的来说，物体的触觉属性与以下因素有关，如物质属性（即构成物体的材料：物体的硬度、弹性、可塑性、温度和重量等）、物体表面的纹理和图案、物体的结构与形状、物体的体积与重量分布等（Sonneveld，2007）。由于物质产品主要是通过触觉评估进行评价的，因此个体使用触觉作为一种主要的感觉方式，以获取相关信息来做出准确的产品判断（Balaji et al.，2011）。触觉系统尤其擅长对物体的物质属性进行编码——这些属性对应于质地、硬度、温度和重量信息（Klatzky & Lederman，1993；Lederman & Klatzky，2009）。因此，质地、硬度、温度和重量构成了商品的四大触觉属性。相对于其他的感官系统，触觉系统在评估一个物体的这四种属性上更有效。例如，在判断产品相关属性，如温度时（Bushnell et al.，1985），或者产品的微观特征，如表面纹理（Spence & Gallace，2008），触觉信息要远远比视觉信息重要。

消费者主要通过触觉来获取产品触觉属性相关信息，如重量和质地（McCabe & Nowlis，2003），触觉探索是消费者获取产品信息的重要来源（Peck & Wiggins，2006），而且触觉信息对消费者态度和购买意愿的影响大于视觉信息。触摸通常被认为是不会欺骗人的感觉方式，是人类感官中最可靠的感官（Spence & Gallace，2008）。因此人们可能会更有信心购买以前触碰过的东西，而不是仅仅看到过的东西（Grohmann et al.，2007）。这是因为触觉评价导致更积极的产品评价，因为触觉是获取材料产品相关信息的首选感官形式，并且触觉信息使消费者对产品做出更准确的判断，增加了产品性能的诊断性（Balaji et al.，2011）。如果一个产品类别对这些属性中的一个或多个具有诊断性的变化，消费者将更有动力在购买前触摸产品以确定特定的属性信息，通过触摸观察特定的工具性产品信息（Peck，2009）。在不同的产品类别中，材料的质地、硬度、温度或重量等触觉信息的诊断方式不同，因而更可能鼓励消费者接触。例如，消费者可以通过触摸织物来判断一件毛衣的质地——判断它的柔软度，或者挤压一个番茄来判断它的硬度（成熟度）。同样，消费者也可以在手掌上测试移动电话，以评估手机的重量（Peck & Wiggins，2006）。对于一种昂贵的珠宝或手表，人们能视觉上感知其美感，但是人们最终的购买决策通常是用手掂量触摸之后做出来的（Spence & Gallace，2011）。

触觉探索与情感体验也存在密切的关系。除了通过触摸观察特定的工具性产品信息外，触摸一个令人愉快的物体的积极体验可以影响说服，即使触摸元素没有提供关于产品的信息（Peck & Wiggins，2006）。不仅仅产品内在的感官属性可通过触摸来探索感知，如表面的地形和材料属性，同时，消费者情感上对产品的依恋也可通过触摸来实现（Atakan，2014；Peck & Wiggins，2006；Peck & Shu，2011）。个体在触觉体验中能够形成诸多情感性体验，如生理上的愉悦感、爱与恨的情感、信任和害怕受伤的脆弱感、紧张和放松的能力程度、趋近与回避的动作趋向（Sonneveld，2007）。

2.1.4 触觉的个体差异

关于消费者为什么表现出触摸渴望，柳武妹等（2014）基于已有相关文献总结为信息加工视角（消费者触摸产品是为了加工产品信息）、动机视角（消费者触摸物体是为了完成决策目标）、决策视角（消费者触摸物体是为了形成与物体相关的决策）以及先天观视角（一些消费者在任何情境下都会触摸物体）等几个研究视角，而不同视角可以总结为消费者进行触摸产品是希望通过加工并搜寻产品信息以完成购物决策目标。

佩克和奇尔德斯（Peck & Childers，2003b）综合并拓展上述观点，开发了触摸需求（need for touch，NFT）量表用于分析个体触摸需求与渴望。在概念上，NFT 被定义为对通过触觉系统获得的信息进行提取和利用的优先选择，并区分为工具型（instrumental）触摸和自发型（autotelic）触摸。消费者无论是作为问题解决者，还是仅仅只为寻求乐趣、幻想、觉醒、感官刺激和享受动机，都可以驱动这种对产品进行触觉检验的需求（Peck & Childers，2003b）。其中，享乐型触觉加工是更自动化和自发的，而工具性触觉加工是一个更可控和更有意识的过程。

工具型触摸指与购买动机驱动的触摸是以购买结果为目标导向的接触形式，消费者基于这种触摸实现对产品的评价并增强购买的信心。工具型触摸形式中包含了目标驱动的与消费者相关的评估结果（如判断产品的舒适性和确定性），以及目标产品相关特性（如产品质量或价值）。这些概念上的判断应该集中在与触觉应用相协调的特性上，这些特性反映了产品的质地、硬度、温度或重量等。这一类消费者形象是搜索信息和做出最终产品判断的问题解决者，他们主要是有意识地从事以目标为导向的活动（Peck & Childers，2003b）。自发型触摸是指与购买无关的触摸，消费者触摸产品的目的仅仅是获取触摸本身所带来的愉悦感。自发型触摸是一种以享乐为导向的反应，即寻求乐趣、觉醒、感官刺激和享受（Holbrook & Hirschman，1982）。

个体触觉需求存在差异并表现为不同的特征。NFT 水平高的人较之 NFT 水平低的人更容易接触到触觉信息，越有可能长期获取触觉信息，更容易形成包括记忆中的触觉特性的更丰富的心理产品表征，其中包括记忆中的触觉特性（Peck & Wiggins，2006；Krishna & Morrin，2008）。因此，那些 NFT 水平高的消费者被证明当他们能够触摸他们所评估的产品时，对他们的产品判断更有信心，而当他们不被允许触摸产品时，他们会更加沮丧（Peck & Childers，2003b）。另外，在不能触摸产品的前提下，产品的视觉提示或图片补偿了低水平 NFT 受试者的工具性触觉信息和一定程度上的享乐型触觉触摸。只是相对而言，享乐型触觉触摸的补偿难度更大一些。对于高 NFT 的消费者，不同的决策环境其购买决策判断信心差异显著；而对于低 NFT 的消费者，决策环境影响不显著（董伶俐，2017）。盛水杯子的坚固度作为触觉诊断性信息，会影响消费者对水本身的判断，但是仅限于 NFT 较低的消费者，NFT 水平高的消费者受此类非诊断性触觉提示的影响较小（Krishna & Morrin，2008）。

2.1.5 触觉与其他感官交互

2.1.5.1 多感官交互与整合

人们利用视觉、听觉、触觉、嗅觉、味觉等感官系统感知外界相关刺激并收集周围环境信息，然后对这些感官刺激信息进行处理，内化成抽象或前符号化的心理表征，最后储存在大脑的记忆系统中（Neisser，1976）。因此，人们是基于多种感官线索来感知外部世界的（Sergei，2003；文小辉等，2009）。

视觉、听觉、触觉、嗅觉、味觉等各个感官通道之间紧密联系并相互影响，不同感官之间普遍存在复杂的跨感官交互与整合现象。不同研究领域给出了多个意思类似的概念，如“联觉对应（synesthetic correspondence）”（Walker et al.，2012）、“跨通道对应（cross-modal correspondence）”（Spence，2011）、“多感觉整合（multisensory integration）”和“多感觉交互（multisensory interaction）”（Krishna，2012），这些概念均泛指某一感觉通道与另一感觉通道相互匹配和影响的倾向。其中，所谓的联觉对应是指一种感官的非自愿连接，其中一种感官的真实信息伴随着另一种感觉的（虚拟）感知。这种感觉不仅是无意识的，个体还认为这种额外的感知是真实的，通常是在身体之外，而不是在脑海中想象出来的（Cytowic，1989）。比奥卡等（Biocca et al.，2001）观察到用户在一种通道中使用感官线索（如视觉线索）来“填充”感知体验所“缺失”的成分（如触觉线索），并定义这种跨感官迁移的感知现象（cross-modal transfers）为感知幻觉（perceptual illusions）。多感官交互（multisensory interaction）是指将一种或多种感觉通道的信息传递给另一种或多种感觉通道的过程。个体生来就具有将一个感官系统的信息传递给另一个感官系统的能力，而不同感官系统信息的整合同样也可以进行传递（Meltzoff & Moore，2002）。多感官整合（multisensory integration）则是指将同一感官通道的不同信息或不同感官通道的信息有效地合并为统一知觉的过程，即不同感觉通道接收的信息相互融合，从而弥补单一感觉通道信息的匮乏，形成对事物统一的认知（Peck et al.，1995；Ernst，2004）。

多感官整合和交互有很多种表现形式。通道精确理论假设认为，不同条件下占主导地位的感官通道不同，在特定情况下某种感官通道的线索更精确更合适，感知活动就以该感官通道为主（Welch & Warren，1986）。比如“视觉捕获（vision capture）”现象，即指在空间任务中，视觉感官通道在所有感官系统中占据主导地位，因而更可能扭曲由其他感官处理的信息（Ernst，2004；Welch & Warren，1986）。最为典型的代表就是心理学中最为熟知的“腹语术效应”，即视觉感知改变声音来源定位（Ernst，2008；Alais & David，2004）。现实生活中也有很多视觉捕获的现象，如当消费者评价织物的手感时，视觉感知优于触觉感知（Ernst，2008）。消费者购买服装产品时，通常非常看重视觉和触觉信息，如织物的颜色、形状、纹理和加工。但是网络消费者不需要触摸物品，仅通过电脑屏幕上的视觉感受就可以来评估织物的质地和加工（Kazuya et al.，2004）。多感官整合现象还有共感现象，即一种无意识感觉可被另一种感觉诱导出来。比如，在一些特殊的情况下色觉可以诱导出触觉，如平滑、柔软与球形和较高的亮度及色度相联系（Ludwig & Simner，2013）。人们倾向于把丝绸的触感与白色相联系，而把针织品的触感与白色或灰色相联系（牟兵兵和宛小昂，2014）。

生理学和心理学领域使用人类生理特征解释多感觉交互现象（张全成等，2017）。如人类不同感觉间能够进行匹配整合，可能是处理不同感觉刺激的脑区在空间上很接近（Ramach et al.，2008），或者是源自先天遗传的神经系统的构建（Hanson-Vaux et al.，2013）。进化论观点则认为，人类通常基于贝叶斯理论模型建立起来的统计结果来感知外部世界，根据不同感官线索即时相对可靠性来调整并赋予重要性权重，并将不同感觉通道的线索以及同一感觉通道内部的不同线索进行合理的整合和处理（文小辉等，2009）。

2.1.5.2 触觉与视觉的感官交互与整合

触感是触觉、视觉、听觉等多个传感机制共同作用的结果。当手指在材质上触摸时，触觉通道和视觉通道共同影响手指感受到材质粗糙度的结果（赵璐等，2018）。人们的眼睛和手都提供了关于物体形状的相关线索（Sergei，2003），其中眼睛主要是根据双眼视差和视角投射等线索；而手则是根据触觉和本体感觉来提供物体形状的相关线索（文小辉等，2009）。

神经生理学科相关研究结果揭示了触觉与视觉存在某些"重合性"。触觉和视觉两种模态在对外界刺激进行表征时都有共同的神经基础（Amed et al.，2002；Sathian，2016）。比如斯诺等（Snow et al.，2015）发现个体利用触觉和视觉在表征物体空间特征和物体纹理特征时，中央后沟、内侧枕叶皮层和外侧枕叶皮层等相同的大脑皮层和区域都有参与。触觉和视觉可以对物体的某些属性进行相同的编码（Fiore & Jin，2003）。总之，个体对物体的触觉记忆与视觉记忆是并存的，视觉和触觉两个通道可以共同利用大脑中的相关记忆（Woods & Newell，2004）。

触觉与视觉之间可以进行信息转换和整合。**一方面，借助触觉可以弥补辅助视觉受损人群感知外界信息。**例如，视觉受损人群可以借助触觉二维图像一定程度上将视觉刺激信息转化为触觉刺激信息，从而感知外部世界（於文苑等，2019），其作用机制是依据"心理意象调节模型"（image-mediation model）理论，这些人群借助"视觉转换"的内在心理过程，实现利用触觉来识别二维图像，既视觉意象帮助触觉进行识别（Behrmann & Ewell，2003）。因此，触觉可以作为视觉的替代知觉，并且已有很多基于触觉的视觉替代性装置被投入使用（Segond et al.，2013）。**另一方面，视觉对触觉具有补偿作用**，视觉线索会很大程度上影响触觉感知（Ramach et al.，2008）。例如，拉马赫等（Ramach et al.，2008）研究发现，当残疾病人从镜子中看到在残肢上反射出另一只挥动的真肢，他们能真实地感知到他们失去的肢体。触觉与视觉信息交互与整合过程中，个体只需要运用视觉通道所感知到的信息就能提取相关的触觉记忆，并不需要通过触觉的直接体验（王立平和库逸轩，2009）。莱西等（Lacey et al.，2007）发现不管是知识驱动还是刺激驱动，丰富的视觉信息都可以帮助触觉的感知加工过程的进行。鲁内森等（Runeson et al.，2000）也发现个体在没有通过直接触觉感知获取任何触觉信息的前提下，可以仅凭观测到的物体的视觉信息和运动状态，就能准确感知并判断物体的重量（Runeson et al.，2000）。

视觉和触觉是消费者感知产品的主要感官体验，消费者通过触觉和视觉交互对产品进行更为有效的评价。希弗施泰因和克莱仁（Schifferstein & Cleiren，

2005）发现视觉与触觉感官体验较其他感官更加详细，使个体对自己的判断更加确定，并特别强调是视觉和触觉信息主导着产品体验，而不是嗅觉和声音等其他感官刺激。双重编码理论（Paivio，2007）也提出了不同的感觉系统可以独立地处理同一事件，从而导致用以激活或检索的记忆痕迹的增加。消费者在基于多感觉模态系统的多感官评价任务中，需要处理包括来自视觉和触觉输入的感觉信息，并且视觉线索与触觉信息相互作用，以评估产品的触觉诊断性能。在产品评价中，多重感官线索比单一感官信息更具有诊断性和准确性（Krishna et al.，2010）。另外，一种感官通道（如触觉）所感知到的产品享乐型属性能促进或减低对产品质量的评价以及通过其他感官通道所感知的产品愉悦，从而调节消费者对产品的总体评价（Spence & Gallace，2011）。仅凭视觉线索和双感官模态交互“视觉和触觉线索”（观察和触摸物体）可以产生伸长偏差效应（两个等体积物体中较高的物体会显得更大）（Krishna，2006）。因此，触觉与视觉之间交互共同实现了对产品的感官体验（朱国玮和吴雅丽，2015）。

2.1.6 触觉对消费者的影响

2.1.6.1 营销实践中的触觉营销

整个消费过程中触觉对各个主体都是至关重要的。消费者基于产品的触觉属性线索和触摸体验来做出产品判断与评价及其后续的购买决策，商家根据产品的触觉特征选择零售渠道，产品及包装等的成功设计也离不开触觉线索。因此，“鼓励触摸”已成为一种有效的营销策略（柳武妹等，2014）。任何可以用来增加消费者对产品触觉属性的接触和了解的措施，最终都可能会对产品评估和购买行为产生有益的影响（Spence & Gallace，2011）。例如，当某商店内几种品牌的厕纸拆除外包装，以便购物者可以感觉并比较厕纸的质地后，这些品牌的销量猛增并导致货架空间增加了50%（Ellison & White，2000）。所以，一般商店入口的桌子上放着毛衣和衬衫等充满质感的产品，以吸引顾客直接体验，并促进顾客享受服装令人愉悦的触觉属性（Underhill，1999）。而且产品包装中的触觉元素甚至可以促进产品的整体品牌形象。改变产品表面触摸的愉悦和产品包装都能对消费者情感性反应产生更为深远复杂的影响（Spence & Gallace，2011）。林斯特龙（Lindstrom，2005）认为，可口可乐使用怀旧玻璃瓶来强化其品牌形象，并暗示与品牌相关的是触感，即客户触摸手中瓶子的感觉。

2.1.6.2 触觉影响消费者对产品的评价和判断

消费者行为研究中，“触觉”或“触觉系统”一词一般是强调用手主动寻找和获取信息（Peck & Wiggins，2006）。在各种消费者行为中，触觉刺激增强了对外部刺激和触摸来源的积极感受和评价（Horni，1992）。格罗曼等（Grohmann et al.，2007）分析了在何种情况下，触觉信息输入会积极影响消费者对零售商产品的评价。触觉输入（特别是积极地通过手操控观察产品）能真正提高消费者产品评价，特别是必须通过触觉进行认真探索的产品属性，如柔软度、产品表面纹理等（Underhill，1999）。

触摸是一种有效的说服工具。触觉输入通过触觉探索获取的信息影响消费者的产品学习（Rahman，2012）。通过触摸，消费者可以获取该产品的质地、光滑度、重量和坚硬度等物体属性诊断性信息和享乐属性信息（Peck & Childers，2003a，2003b）。所以，触摸某产品可以为评价产品的认知过程提供大量可靠信息（Grohmann et al.，2007），从而提升消费者对该产品的评估信心（Peck & Childers，2003a）、提升产品估价和价格支付意愿（Peck & Shu，2009；Peck et al.，2013）、增加物体心理所有权感知（Peck & Childers，2009）、引起令人愉悦的情绪（Spence & Gallace，2011）、激发积极的情感反应（响应和共鸣）（Peck & Wiggins，2006），进而正向影响购买决策（董伶俐，2017）、增加产品购买意愿（McCabe & Nowlis，2003）和冲动购买（Peck & Childers，2006）。比如，当消费者看到贴在超市付费出口处的“感受新鲜”的宣传海报，就很有可能做出冲动性购买水果的消费行为（Peck & Childers，2006）。在植物园和慈善机构的宣传册上贴上触感舒适的羽毛（相对于粗糙的树杈），可以提升消费者对宣传册的评价，并能增强其捐赠意愿和做义工倾向（Peck & Childers，2006）。仅仅提供软触觉体验就可以让消费者对服务失败事件有更加容忍的态度（钟科等，2014）。

2.1.7 文献评析

触觉作为人类最为重要的感官之一已经得到了长时间深入的研究，是一个非常成熟的研究领域，触觉的内涵类型、生理神经机制、感知与探索方式和重要作用等方面都取得了共识性的理解。消费者行为领域，触觉也得到了特别的重视，并有大量可靠的研究结果揭示并证实了触觉在消费者心理过程和行为模式中的无可替代的重要作用。例如在市场营销领域，对触觉的研究可能会加深对如下方面的观察与认知：品牌判断、选择偏好、满意度、信息搜索、产品属性重要性以及对产品的欣赏和获取（Peck & Childers，2003）；在广告和其他营销传播中加入触觉信息可能是增加愉悦或体验方面的重要策略（Peck & Wiggins，2006）。

现有关于触觉的主流研究主要集中在生理学和心理学等领域，并已纵深拓展到非常成熟的阶段。尽管触觉对消费者行为产生非常巨大的影响，但是市场营销领域和消费者行为领域对触觉研究仍未得到足够的重视，相关研究成果的数量、深度、内容和方法仍然有待继续深入推进。因此，科瑞斯纳（Krishna，2012）和佩克等（Peck et al.，2013）呼吁，感官研究，特别是触觉研究，是未来消费者行为研究中必须进一步探索的研究领域。本书聚焦于消费者行为领域，总结了如下需要继续深入研究的方向和领域。

一是触觉与视觉、听觉及其他感官交互或整合机制有待继续深入探究。现有研究主要是聚焦视觉与听觉的交互，例如大量研究关注并揭示了视觉捕获现象的机制，但是触觉与视觉、听觉或其他感官的交互或整合研究相对较少，研究深度有待进一步拓展。例如，触觉与视觉两种感官存在一定程度的“重合”并可以进行信息转换和整合。基于“心理意象调节模型”理论，人们借助“视觉转换”的内在心理过程，可以实现借助触觉来识别二维图像，从而弥补辅助视觉受损人群感知外界信息。反之，借助视觉是否可以弥补存在辅助触觉障碍人群感知触觉信息呢？是否还可以假设，同样基于“心理意象调节模型”理论，人们通过“触觉转换”这一过程实现弥补辅助结果呢？即是否可以依赖触觉意象辅助视觉来识别触觉信息？前述文献研究发现，视觉对触觉具有补偿作用，个体仅仅依赖视觉信息，并且不需要直接的触觉体验就可以有效地提取大脑中相关的触觉记忆。因此，在电子商务时代以及老龄化社会等情境中，人们的触觉障碍和缺失已经成为一种普遍现象，研究触觉的弥补辅助机制具有十分重要的实践意义。尽管生理神经学和心理学等学科领域大量相关研究指出多感官整合现象的相关证据和依据，特别是这些研究揭示了视觉与听觉之间的相互影响机制，但目前为止，由于触觉与其他感官的整合现象与机制研究仍处于起步阶段，还缺乏大规模针对触觉障碍和缺失的弥补辅助机制的相关实证研究，触觉与视觉和听觉等的整合机制仍然还停留在起步阶段。另外，目前很少有研究人员解决了通过视觉和触觉评价的多感官交互作用的产品如何突出单一的感觉形态，特别是，鲜有研究人员关注如何通过触觉和视觉感官信息的多感官交互作用来评价具有触觉属性显著性产品。未来的研究方向可能会针对触觉与其他感官交互机制进行深入研究，特别是有必要进一步探索人们如何通过触觉与视觉感官信息等的多感官交互作用来评价触觉高显著性产品。

二是商品硬度和质地等触觉属性的感知机制未得到学界充分的重视。消费者行为研究领域的触觉研究还有待进一步深入。特别是，已有研究在探索物体的物质属性时，即商品质地、重量、硬度和温度等四种主要的触觉属性，多集中在商品的重量和温度方面，而鲜有研究涉及商品硬度和质地等触觉属性。因此，未来的研究可以进一步深入探讨视觉等其他感官如何影响消费者对商品硬度和质地触觉属性的感知。

三是网络环境下触觉仍然是最为值得关注并需要更为深入研究的领域。在线零售的电子商务业态已经成为当前零售行业的主要业态，消费者在线购买过程中不能触摸体验产品成为制约电商业态发展的重要原因。因此，非常有必要研究如何有效弥补在线产品不能触摸的劣势，而研究"在线产品不能触摸的弥补策略"属于消费者行为研究中触觉研究的人—物触摸研究领域的重要内容（柳武妹等，2014）。尽管生理神经学领域和心理学领域的触觉研究成果累累，触觉研究似乎已然是一个非常成熟的研究领域。但是在消费者行为研究领域，触觉相关研究仍然处于起步阶段，而涉及网络环境中的触觉研究更是屈指可数。更进一步，尽管这些为数不多的消费者行为研究领域的触觉研究初步探索了基于多感官整合作用，采用视觉等其他感官信息来弥补辅助触觉障碍，例如在线购买中消费者不能触摸产品，但目前为止，由于电商感官障碍和缺失的弥补策略研究仍处于起步阶段，还缺乏大规模针对电商感官补偿的实证研究。已有研究中的理论基础薄弱缺乏足够的说服力，并且相关核心概念界定过于草率，缺乏足够的严谨性，因而触觉障碍和缺失的补偿机制仍然停留在理论逻辑反省和概念辨析阶段。未来的研究方向可能会针对电商感官补偿机制与策略进行深入研究，可以将基于临床医学、生理神经学和心理学中成熟的触觉理论应用到市场营销研究领域和消费者行为研究领域。

四是进一步拓展商品类型与感官营销策略的交互作用研究。消费者行为研究领域已有研究指出，产品类型在市场营销策略，特别是在感官营销策略中发挥调节作用。但是在产品类别区分上，仅是简单地沿用惯用的分类，即从体验方式角度将产品分类为体验品、搜寻品与信任品（Chiang et al.，2003），其中体验品种聚焦于具有显著感官属性的产品类型。遗憾的是，已有研究虽然认识到产品感官属性在消费者产品评价和购买决策中的重要作用，但是鲜有研究将产品感官属性，如触觉属性作为产品类别的分类指标进行考量和研究。已有研究区分了触觉的类别，如辨别性触觉和情感性触觉（McGlone et al.，2014）、工具型触摸和自发型触摸（Peck & Childers，2003b）等，这些分类均强调触觉信息是重要的产品诊断性信息。据此，为进一步强化消费者行为研究领域人—物触摸研究的针对性和指向性，未来的研究方向可以从产品感官属性的诊断性类别进行产品分类，以进一步洞悉产品感官属性在消费者产品评价和购买决策中的作用。

2.2 电商触觉补偿与在线产品展示相关研究

2.2.1 感官营销相关研究

2.2.1.1 感官营销内涵

感觉和知觉是感官处理的不同的阶段。感觉（sensation）是当外界环境刺激物撞击感觉器官的受体细胞时，强调生理学和神经学的本质。知觉（perception）则是对感官信息的知晓或理解。视错觉可以作为一种典型的心理现象来理解感觉和知觉之间的区别（Krishna，2011；钟科等，2016）。

感官营销（sensory marketing）是指尽可能地融入消费者的五种感官体验，通过有意识地控制外部感官刺激来影响消费者的感知、判断和行为的营销方式（Krishna，2010，2012）；简单言之，就是科学研究并理解“通过五种感官所获得的感觉和知觉与消费者行为之间的关系”（Krishna，2012）。感官营销研究重点关注消费者的身体如何通过感官与外界进行交互，各种类型的基础感官感觉又如何影响后续高级的情绪和认知过程（钟科等，2016）。结合营销实践而言，感官营销就是一组由生产商和/或分销商控制的关键杠杆，通过关注销售渠道环境或产品环境以及产品本身的沟通或特性的方式，在产品或服务周围营造特殊的多感官氛围（Raz et al.，2008）。从管理学的角度来看，感官营销可以用来创造潜意识触发刺激，用以描述消费者对产品抽象概念（例如其复杂性或质量）的看法（Krishna，2012）。例如，感官营销可以定义消费者对产品的抽象概念的感知（如产品的复杂性、质量、优雅性、创新性、现代性、互动性），还可以用来影响产品抽象物体属性的感知质量，比如颜色、味道、气味或形状（Krishna，2011）。因此，相较于营销商平时直接向消费者发出各种明确的营销主张，潜意识的（subconscious）触发刺激更能打动消费者的基本感觉，也是更能吸引消费者的有效方式（Krishna，2011）。从学术研究角度来看，感觉营销意味着对感觉和知觉的理解，因此特别适用于研究消费者行为。从某种意义上说，感觉营销是将心理学研究中对感觉和知觉的理解应用于市场营销领域和消费者行为研究领域，力图探索消费者潜意识的感觉和知觉如何影响其感知、认知、情感、学习、偏好、选择或评价等心理过程（Krishna，2011）。

感官营销是营销学近年来快速发展的研究领域（钟科等，2016）。科瑞斯纳（Krishna，2012）认为卓越的品牌应当在消费者心智中烙下“感官印记”

（sensory signature），主张企业应当制定“感官转型”（sensory makeover）战略。在商业界和学术界，人们对如何通过五种感官来与消费者进行接触的关注更是呈指数级增长（Krishna，2012）。

2.2.1.2 产品感官线索在消费者购买决策中发挥重要作用

产品质量在消费者对产品的总体评价和最终购买选择中具有至关重要的意义（Jacoby et al.，1971）。而消费者是基于内在线索，如外观、味道、质地和形状，以及外部线索，如品牌名称、供应商声誉和价格，对产品质量和性能进行因果推断。产品的内在提示线索（如触觉、颜色或气味等）如果发生改变就会引起实际产品本身的变化，因此产品的感知质量比外部提示线索（例如价格、品牌名称或商店形象）更为重要。而且消费者对产品的情感反应，如欲望、满足和灵感，受产品感官特征的影响也比产品外部线索更大（Ng et al.，2013）。因此，比起产品的外在线索，如品牌名称、价格、商店图片等，产品的内在产品线索，如产品的颜色、气味、触感等，在消费者感知产品质量中发挥更为重要的作用（Underhill，1999）。

感官线索属于产品内在线索，是指产品本身或其包装的形状和大小，特别是所具有的气味、声音、质感等属性传递的感官信息（张全成等，2017）。产品感官线索会影响消费者对产品的高层次认知，如食物的气味影响其柔软感（Churchill et al.，2009）、咀嚼声影响其酥脆感（Spence & Shankar，2010）；触摸产品可提升消费者对产品的心理依附水平和心理所有权感知，进而产品能够增值，产生禀赋效应（Norton et al.，2012）；消费者触摸柔软物品后能提高其对服务失败的容忍程度（钟科等，2014）；消费者是否有机会在购买前触摸产品并体验愉快的感官反馈（如摩擦柔软的皮衣）会影响其对产品判断的信心和对产品的态度（Peck & Childers，2003）。因此，企业需要不断创新以保持市场领导地位，使用感官营销方法，采用多感官产品设计方法，通过改善产品的感官特征来创造差异性（Raz et al.，2008）。

产品的感官特性，如消费者对产品的看、闻、摸、听和尝等都会影响消费者对产品的评价，以及后续的行为（如冲动型购买、商场滞留更长的时间、注视商品更久的时间、花销更多等）（Peck & Childers，2003；Krishna & Schwarz，2014）。尤其是对感官属性显著的产品类型而言更是如此。例如，服装产品的视觉和触觉信息，如颜色、形状和质地等，在消费者购买决策过程被认为是非常重要的影响因素（Kazuya et al.，2004）。又如，生鲜农产品的感官属性非常显著，各种感官线索是影响消费者的认知、判断和行为的最重要的因素之一。沃森（Watson，1992）指出，食物的感官属性包括味道、质地、气味和外观等。

库皮耶克和雷维尔（Kupiec & Revell，2001）认为，产品（如食品等）的用途、外观和味道对消费者的质量判断、偏好形成和购买意愿产生重要影响，其中产品的外观和味道属于内在质量线索，而产品的价格和用途属于外在质量线索。罗宾（Robin et al.，2016）强调，消费者选择食物时的影响因素主要是食物的外观、质地或手感和味道。例如，在牛肉选购阶段，消费者会根据内在质量线索（颜色、形状大小、瘦肉含量）和外在质量线索（价格和商标）来推断牛肉的口感、韧性、含汁量、新鲜度、瘦肉含量、营养成分和健康度等。其中，味道、柔软度和含汁量是消费者最看重的三个产品属性。麦维文和布坎南（McIlveen & Buchanan，2001）也发现，消费者选购牛肉时，通常利用感官属性（产品的内在属性）来判断食物安全、新鲜以及总体质量，并结合其他外在的因素来预测和判断牛肉质量，其中，产品的感官属性是消费者在牛肉的选择、购买、储存和食用的全过程中最重要的标准。

多感官体验对消费者购买决策至关重要，特别是对体验式产品而言更是如此。产品属性会影响消费者的购买信息搜寻获取和购买决策（Levin et al.，2003）。对于某些产品来说，可能只有一种主导产品概念需要强调（如卫生纸的触摸，香水的气味），但对于多感官产品来说，感官营销同样重要（Elder et al.，2017）。如直接体验式产品，消费者通过物理或实际属性来直接体验产品（如直接和产品交互形成感官经验等），具有鲜明的感官属性（如服装的表面、香水的味道、食物的味道等），消费者需要一种或多种感官属性的使用来进行体验（Nelson，1975）。在线购买情境中，体验式产品均强调产品感官属性的重要性，消费者需要通过直接的感官体验来完成购买的信息决策过程（Li et al.，2003；Suh & Lee，2005）。因此，消费者认为在物理属性上没有差异的产品更有可能通过非接触媒体进行销售，如在互联网上销售得最好的产品包括金融服务、娱乐、旅游、个人电脑硬件和软件、书籍和音乐、活动门票以及服装和服饰（Peck & Wiggins，2006）。

2.2.1.3 在线购买情境中产品的多感官属性缺失相关研究

消费者多感官产品的购买决策中对触觉形成刚性需求。触觉饥渴（touch hunger）描述了现今社会很多人所报告的触觉刺激信息缺失状态（Field，1998）。消费者在购买一些特定的产品之前有强烈的触摸需求（Lindstiom，2005），如服装（Underhill，1999）；相反有一些并不需要触摸，如书籍、硬盘或者电子产品等。特别是新奇和创新的产品更需要消费者和产品的频繁触觉互动以熟练运用，这些产品中触觉属性在购买决策中发挥了极为重要的作用。麦克加贝和诺利斯（McCabe & Nowlis，2003）指出，消费者更喜欢去允许他们触摸产品的零售商店选购商品，特别是触觉属性在产品评价中起着重要作用的产品，如服装、手持电子产品等。

电商在线零售过程天然存在感官缺失的困境和障碍。在虚拟网络环境中，消费者通常只能获取有限且不连续的感官信息（Biocca et al.，2001）。这是因为网络虚拟环境不能完整地呈现触觉、嗅觉和味觉等感官信息，即便对听觉信息的呈现也十分有限（Held & Durlach，1992）。因此，消费者多感官体验与真实产品体验完全隔离开来（Spence，2008）。在线零售环境中，消费者通常根据视觉属性和/或其他产品的外在特征，包括价格、品牌和商店的可靠性，而不是产品的内在感官属性，来做出购买决策（Spence & Gallace，2011）。相对于男性而言，女性却更喜欢传统购物，而非在线购买，因为在线购买缺乏情感体验（Ng et al.，2013）。

互联网零售不足之处在于，消费者在购买决策过程中无法触摸产品，尤其是那些需要更多触觉提示线索进行评估的产品（Citrin et al.，2003）。比如，产品的触觉属性是消费者在购买服装、化妆品和体育器械等体验型商品时所要评估的重要产品感官指标（Overmars & Poel，2015）。缺乏触觉的探索可能会使消费者对网络产品体验的情感投入减少，这可能与某些产品未能在网络成功销售有关，这也能更好地解释在线零售商销售增长缓慢的原因（Overmars & Poel，2015）。因此，缺乏感官产品体验仍然是阻碍在线购买的主要因素（Yoo & Kim，2014）。在多感官体验有限的网络虚拟环境中，优化产品体验是当今许多在线零售环境设计者面临的挑战（Overmars & Poel，2015）。

2.2.2 感官补偿相关研究

临床医学和生理神经学等领域文献，总结出一种感官损坏或缺失后如何得到补偿的机制，这主要包括知觉补偿形式和认知补偿形式。

2.2.2.1 感官补偿的知觉补偿机制

已有感官补偿研究文献主要是面向失明个体展开的，主要研究在失去视觉后（不管是先天失明还是后天失明），盲人如何利用相应知觉补偿所失去或受损的视觉感官。漫长的人类历史进程中，古老神秘的观念认为失明的人会发展出非凡的感觉能力来补偿他们的视力损失（Wakefield et al.，2004）。最近，生理神经领域的研究发现，其实是跨感官重塑性（Hoover et al.，2012）解释了盲人非凡的感官能力的生理神经机制。在失去一种感官后，使用其他感官的方式也会因此发生变化。这种跨感官重塑性机制是，视觉缺失或受损的个体大脑中某些皮层可能进行了重组，所缺失或损失感官（如视觉）所在的大脑区域（通常认为是皮质脑区域）补充利于听觉处理的神经细胞；通过补充这些神经细胞，其他感觉系统（如听觉）可能发育并接管这些区域，并在剩余的完整感官系统中进行更高级的处理，从而改善失去视觉导致的负面后果，提高视觉感知执行的准确度（Hoover et al.，2012）。例如，早年失明的个体对定位声音的能力提高了（Lessard et al.，1998）。不仅先天失明的盲人比视力正常的人更善于并能较准确地定位声音，甚至早年失去一只眼睛的人在定位声音方面也比正常对照组更准确（Hoover et al.，2012）。还有，盲人的辨别能力并不比有视觉能力的人好（Hanninen，1972），但是他们通过触摸来识别物体和心理意象能力更好（Craig，1999）。这些视听觉交叉感官补偿的证据表明了跨感官重塑性。不仅是听觉，甚至是其他模式的信息，如言语相关手势，也能为个体在给定任务的认知资源不足时提供感官信息补偿（Schmalenbach et al.，2017）。这是因为失明可能是促使感觉系统产生各种变化的驱动力，从而导致跨感官重塑的可能性。从历史上看，失明通常是采用其他感官来补偿失去视力，即知觉补偿（Wakefield et al.，2004）。当视力缺失时，其他模式和更高级的认知功能可以通过一种称为感官补偿（sensory compensation mechanism）的机制变得高度发达（Pascual-Leone et al.，2005；Kupers & Ptito，2014；Agnieszka & Maciej，2017）。盲人之所以能在其他感官方式中表现得更好，是因为经过高强度的感知训练（Gagnon et al.，2015）以及大脑内各区域（如脑皮层）经过了重组，或者是这两种机制的结合（Röder & Rösler，2003）。

类似的现象也发生于动物，如鱼类。哈特玛和亚伯拉罕（Hartman & Abrahams，2000）通过改变动物（饥饿或饱食）或它们的环境（水浑浊度高低）来控制被捕食的风险，通过控制水的透明度来改变视觉信息的可用性（即操控有无视觉感知，类似于人类有无视力）。他们的实验研究结果发现，在鱼类没有视觉信息的情况下，当感知到被捕食的风险很高的时候，鱼类的感官补偿系统最可能对化学警报做出反应，而且鱼类启动感官报警响应所需的水的浑浊浓度也会随着视觉信息的减少而降低。

2.2.2.2 感官补偿的认知补偿机制

知觉补偿机制还不足以信服地解释感官补偿效应，已有感官补偿相关研究中也发现不同甚至是相反的研究结果。如布拉德利和约翰逊（Bradley & Johnson，1986）提出，在听觉、味觉、触觉和嗅觉的辨别能力方面，视力受损的学生并不比视力正常的学生更敏感。提高盲人的记忆能力一直是感官补偿研究的重点。在一些与记忆相关的嗅觉任务中，盲人的感觉补偿也被观察到。但是在非提示气味识别（即自由回忆气味名称），有视力障碍的被试并没有比没有视力障碍的被试表现得更好（Rosenbluth et al.，2000；Wakefield et al.，2004；Sorokowska，2016）。虽然失明可能是造成感觉系统各种变化的原因之一，但是阿格涅希卡和马切伊（Agnieszka & Maciej，2017）发现，气味记忆测试结果对于盲人和视力正常的人来说是非常相似，视觉障碍对嗅觉记忆并没有影响，也没有观察到感觉补偿。因此盲人被试推断气味记忆测试的表现取决于除了视觉损伤和感觉补偿之外的其他变量（Agnieszka & Maciej，2017）。

认知补偿（cognitive compensation）机制进一步解释了盲人被试所具备的显著感觉能力，更加全面地揭示了感官补偿相应机制。盲人在触觉任务中的表现比有视力的参与者更好，例如在需要匹配物体的几何形状和其截断点的任务中表现更快，而且盲人通过触摸感知物体方面比有视力的参与者有更多的经验，正是在这种常见刺激物的熟悉度的帮助下，盲人表现得更好（Sorokowska，2016）。因此，罗森布鲁斯等（Rosenbluth et al.，2000）推测盲童被试在气味命名任务上的优势可能根源于对失明的认知补偿（Rosenbluth et al.，2000）。这种认知补偿的机制来源于盲人所熟练运用的高级认知技能，而这些认知技能可能是盲人所具有的显著感觉技能的基础（Wakefield et al.，2004）。

这些高级认知技能包括注意力、非视觉化记忆（心理意象）、记忆和词汇等领域发展出的卓越的认知技能（配对联想学习）等。注意力技能方面，布拉德利和约翰逊（Bradleyh & Johnson，1986）发现，当视力受损的学生通过其他感官接收信息时，他们的注意力更集中，因此更能理解这些信息。盲人被试在触觉感知方面表面上具有优势，但是当有视力正常受试被指导使用盲人被试使用的认知策略后，盲人被试未在触觉识别任务表现得更好（Davidson & Whitson，1974）。因为这些认知任务需要定向注意力（directed attention）（一种认知技能），而不是感觉能力。另外，来自其他感官通道的很多研究证据表明，盲人对感官线索注意力的提高可能是某些任务表现出色的基础（Wakefield et al.，2004）。非视觉化记忆（心理意象）技能方面，与视力正常的被试一样，盲人对具有高意象特征的词条的记忆要好于低意象特征的词条，但如果意象仅仅是基于视觉属性，结果则不是如此（De et al.，1988）。韦克菲尔德等（Wakefield et al.，2004）也发现盲人比正常人回忆更多的高听觉意象，而对高视觉化的词语则相反。所以，盲童被试会利用相关单词引发的非视觉意象进行推理认知，例如单词“火”“风”“苹果”分别唤起触觉、听觉和嗅觉意象（Stevenson & Boakes，2003）。记忆和词汇等领域发展出卓越的认知技能（如配对联想学习）方面，艾兴鲍姆（Eichenbaum，1998）提出，气味识别和气味命名之间的联系是一种配对任务，类似于单词配对任务，因为两者都需要学习任意配对的两种刺激之间的联系。因为盲人非视觉感觉优势源于其卓越的认知能力，包括非语言形式的配对联结式学习（paired-associate learning across nonverbal modalities）技能、注意力和认知策略等，因此盲童充分发挥了配对联系记忆和非视觉记忆（心理意象）在认知过程中的优势（Wakefield et al.，2004）。

2.2.2.3 传统商务领域触觉补偿相关研究

1. 购物情境中的触摸障碍现象

传统购物环境中触摸障碍现象非常普遍。实体店中，零售展示柜这类触摸障碍能抑制触觉信息的运用，从而降低消费者对产品评估的期待和信心，同时加剧那些更愿意触摸产品的顾客的挫败（Peck & Wiggins，2006）。在大多数的广告媒体中（包括电视、广播、网络等）无法宣传触觉信息（Krishna et al.，2016），它们仅能通过眼睛和耳朵将信息传达到潜在的顾客（Johnson，2007）。

2. 非接触性补偿策略

触觉被认为是最复杂，也是最难以复制的一种感觉。因此对无法触摸产品的补偿（compensation for haptic information）机制进行研究是很重要的，这是消费者研究的一个重要领域（Peck & Childers，2003b）。已有研究总结了一些触觉补偿策略。如品牌名称、低廉价格或其他非触觉性的补偿机制可能意味着消费者在购买前放弃产品接触（Kirmani & Rao，2000）。心理策略上，抑制个人控制受威胁感这一负性认知体验可以导致消费者触摸渴望的减少（柳武妹等，2016）。

一是利用感官联觉来传递触觉信息。联觉是指给定的感觉模态中的刺激会自动地引起额外的感官体验（Baron-Cohen & Harrison，1997）。因此，不能直接刺激消费者皮肤并不意味着就不能触摸到消费者（通过其他的感官通道）（Spence & Gallace，2011）。如可以使用联觉广告，以使用更间接的手段来刺激无法直接刺激的感官，如触觉（Vickers & Spence，2007）。这种跨感官迁移（crossmodal transfers）可用于改善用户虚拟体验，特别是适当使用其他感官模式刺激（如触觉力量的视觉和听觉类似物）来补偿有限的感官刺激（如触觉显示）（Biocca et al.，2001）。例如，虚拟环境中，对用户操纵使用物理力（虚拟弹簧）的视觉模拟刺激，尽管界面不包含触觉显示，但被试仍感觉到“物理阻力”的触觉（Biocca et al.，2001）。

二是给消费者提供额外的触觉信息相关的文字描述。在一定条件下提供额外的信息来弥补他们无法通过触觉直接体验产品的缺陷是可能的（Petty et al.，1983）。比如，提供产品触觉信息的文字描述（比如毛衣的柔软度、成分，手机的重量等），可以一定程度上满足消费者对产品的触摸渴望（Peck & Childers，2003a）。书面描述的工具性触觉属性，如重量，将更有可能触发消费者过去的经验，从而弥补缺乏实际接触（Peck & Wiggins，2006）。广告中使用触觉相关的形容词或者定义产品，可以强调产品保证的触感属性（Spence & Gallace，2011）。

三是通过视觉内容来激发触感。近年来越来越多的公司在广告活动中采用图片或产品标签来唤醒（至少是提醒消费者）触觉感受，从而越来越多的营销商意识到触摸的潜在重要价值。特别是像特定类型的产品，如食物、饮料、衣物柔顺剂、保湿霜、衣服、家具等，在广告中都非常适合采用精心选择的图片来激发潜在消费者头脑中的触觉感觉（Spence & Gallace，2011）。

四是使用其他的感官线索。如在广告中运用产品的听觉线索来激发消费者触感。在电台或电视广告中播放巧克力碎裂的声响能提高消费者对巧克力包装材质的感知（Spence & Zampini，2006）。营销商通过视觉和听觉通道来唤醒消费者的触觉感知（Spence & Gallace，2011）。

2.2.3 基于在线产品展示的电商触觉补偿相关研究

产品的感官属性信息在消费者购买决策过程发挥重要作用，感官营销是市场营销领域非常重要的有效策略。但是很多情况下消费者必须面临多种感官体验缺失的情境。特别是网络购物过程中，这种感官缺失的现象最为明显，从而导致信任度较低，进而成为在线零售商销售增长缓慢的重要原因。因此，在线购物中，市场营销人员感兴趣的是如何补偿消费者的触摸，特别是消费者在不能触摸的前提下触觉信息如何得到补偿并产生积极后果，因此营销者开始琢磨如何在触摸不可用的情况下补偿消费者的利益（Peck & Childers，2007）。是针对触觉使用更重的刺激还是通过视觉、听觉等其他感官刺激来进行补偿呢（钟科等，2016）？电商着力实施的感官补偿营销策略成为破解在线销售天然困境的突破口，目前仅有零星研究涉猎感官补偿策略研究。网络虚拟环境中，消费者必须最大限度地获取并加工多种感官信息，以弥补某些重要感官信息的缺失（Biocca et al.，2001）。因此，电子商务企业在开展在线营销时，首当其冲的是重点考虑如何利用网站展示页面所提供的视觉和听觉线索来激发、促进并改变消费者的触觉感知，如何优化设计在线产品展示以吸引和说服消费者进行在线购买（Overmars & Poel，2015）。

2.2.3.1 数字化媒体背景下在线产品展示能够对消费者行为产生积极影响

在线产品展示是指电子商务企业在其网站页面对商品进行不同方式的详细

展示，呈现产品的规格、款式和颜色等所有详细信息，以便消费者能更直观地查看、了解和评价在线销售的产品（赵宏霞等，2014）。在线产品展示有很多种类型和模式。当前的在线产品展示通常是基于图片，试图使用生动的视觉效果来帮助消费者理解产品的性能，包括产品的外观、功能和在不同工作条件下的行为（Jiang & Benbasat，2007）。帕克（Park et al.，2005）将在线商品展示的方式分为大图片、小图片、动态展示和静态展示等。在线产品展示可视化技术有图片缩放、3D 视图和视频（Yoo & Kim，2014），比较常见的在线产品展示模式有图片、360 旋转和虚拟镜像（Verhagen et al.，2014，2016），经常使用的四种在线产品展示模式有静态图片、无旁白视频、具有旁白视频和虚拟产品体验（Jiang & Benbasat，2007）。当前视觉化技术不断进步，在线零售商可以利用 360 旋转、视频、虚拟镜像和增强现实等技术来展示产品以吸引消费者（Overmars & Poel，2015）。还有研究聚焦在线 3D 产品展示对消费者所产生的影响（Li et al.，2003；Kim et al.，2007；Algharabat et al.，2017）。尽管视觉化技术快速进步，但是这些视觉化技术在电子商务领域的大规模应用并实现普及，仍然存在很多的技术门槛需要跨越（Overmars & Poel，2015）。例如，复杂的可视化工具（如动画、3D 图像、虚拟现实）可能看起来令人兴奋，但是也可能减慢页面下载速度（Lohse & Spiller，1999）。消费者可能更喜欢高质量、适当大小的智能图像和高质量的文本信息，因此在线产品展示所提供的产品内容在适当的展示模式下传输得更为迅速和可行（Carlos，2010）。

1. *有效在线产品展示的关键是能突出并传递产品信息*

产品信息内容是在线零售网站一个关键的成功因素，是在线消费者的关键决定因素（Ranganathan & Ganapathy，2002），信息内容会影响在线消费者的感知和行为（Jarvenp et al.，1997；Huizingh，2000；Kim & Stoel，2004），影响消费者在线购买决策、网站满意度和在线购买意愿（Jahng et al.，2007）。因此，由于信息内容的显著性，在线产品展示需要仔细考虑（Lee et al.，2004）。消费者的信息搜索是购物决策过程的一个重要阶段，是一个典型的解决问题的过程。特别是对于高卷入、高成本或高风险的产品，消费者会进行深思熟虑的信息搜索和信息考虑（Hodkinson & Kiel，2003）。消费者首先需要获取足够的产品信息来做出购买决定（Kim & Lennon，2008），因此在线零售的产品信息展示必须有助于消费者获取和处理（Carlos，2010），向消费者提供的信息级别越大，其对在线展示的产品看法就越好（Kim et al.，2007）。特别是，在互联网上提供信息的不同方式会影响消费者进行搜索的方式，从而影响决策过程（Park，2006；Peck & Childers，2003）。在线零售公司通过提供更好的产品方案展示来提高产品信息的质量，从而更好地展开竞争（Flavián et al.，2009）。

2. 产品展示模式影响并决定消费者是否能够有效获取产品信息

如何克服网络购物渠道的无形性约束，关键在于产品的展示，这是因为产品展示模式可以帮助消费者做出决定（Verhagen et al.，2014，2016）。维西和加莱塔（Vessey & Galletta，1991）认为不同类型的产品展示模式对消费者认知学习的质量有显著影响。产品展示的细微调整会对使用者的认知造成重大影响，最终可能影响到他们的购买决策过程（Flavián et al.，2009）。例如，更为丰富、更具互动性的产品展示模式为消费者提供了有关产品功能的相关线索，并为消费者积极探索产品及其功能提供可能。在线产品展示形式有助于增进产品的有形化，有利于产品的评估以及帮助消费者做出更为明智的在线购买决定。消费者感知到产品的有形性，即体验到更多相关产品信息的感觉，能有助于消费者在线进行产品评估（Verhagen et al.，2014，2016）。

2.2.3.2 在线零售商力图通过优化在线产品展示来实现在线触觉补偿

在线产品展示是电商有效传递产品信息的主要渠道，而且能积极影响消费者行为。因此，在线零售商重点考虑如何基于可控的营销元素，即在线产品展示，来实现在线触觉补偿。

1. 基于知觉补偿的思路简单粗略地强调视觉化等产品展示对触觉进行视觉补偿

知觉补偿理论认为个体可以通过视觉、听觉等其他感官通道所获得的信息来补偿个体所缺失的触觉感官体验。电影提供的“触觉性视觉”能为观众创造出“触觉可视性（haptic visuality）”的心理体验，即通过视觉来唤起触觉上的感受，观众由此产生具备一定程度真实感的触觉（Laura，2000）。因此，基于视觉的触觉仿像（视觉化或者视听觉结合的表现）可以进行感官补偿建构（王妍和吴斯一，2011）。而在虚拟环境中，个人通过跨感官整合过程，可能会使用来自实际环境的相关提示线索（视觉或听觉等感官线索）来填充一个连贯的虚拟环境，其中包含着实际上并不存在的感官细节（如触觉信息），从而产生感官存在感并引起触觉幻觉（Biocca et al.，2001）。柳武妹等（2014）认为，提供产品图片、触觉信息文字描述、激发消费者的臆想等是弥补在线产品不能触摸的有效策略。宋晓晴等（2015）也提出“语言+图像”弥补、体验弥补和信任弥补三大网络消费触觉弥补策略。消费者在线购买过程中，对网站环境的视觉化和听觉化元素加以感知，形成对商品的虚拟触觉并加工处理获得虚拟触觉体验（刘晟楠，2011）。网店商家可以优化设计具有视觉冲击性的在线产品展示来为在线消费者创造良好的视觉体验，从而激发消费者虚拟触觉感知（赵宏霞和才智慧，2014）。营销实践中，淘宝商城和京东商城等国内外知名在线卖场均尽可能为消费者提供产品触觉特征的文字描述和高清产品图片来间接感受产品（柳武妹等，2014）。

2. 基于触觉信息文字描述和产品图片展示的在线触觉补偿机制实证研究

互联网在线环境中，文本触觉信息对消费者的感知和购买意愿有积极的影响，因此在线零售商可以通过提供文本触觉信息将无法触摸产品的影响降至最低（Rodrigues，2016）。麦克加贝和诺利斯（McGabe & Nowlis，2003）发现营销商为在线销售的产品（如衣物、地毯等）提供丰富的产品触觉信息时，在线消费者能够形成和线下购买相似的偏好。所以，网络服装零售商运用消费者视觉体验来弥补触觉感官的缺失，利用文字、图片或两者结合的方式，试图向消费者提供更多关于服装商品的触觉线索（王怀林等，2010）。另外，在线产品展示的模特视觉呈现方式，如模特面部表情、性别、体型等因素，对消费者感知服装这种触觉需求较高水平商品的保暖度、质地、软硬度和弹性等触觉因素产生重要影响（朱国玮和吴雅丽，2015）。

3. 在线产品展示中综合使用相对复杂的视觉化技术来实现触觉补偿

首先，基于网络视觉化技术的在线产品展示能够对消费者购买意愿产生积极影响。如3D产品演示技术可以使消费者在线操控产品模型，可以放大产品，拉近、拉远、旋转产品以及查看了解产品的功能和性能，并让消费者能够评估产品功能的优越性（Algharabat et al.，2017）。因此，消费者在检验3D交互产品时，由于互动性、生动性、个人关联性、享受性和临场感，更有可能感知到虚拟体验和虚拟存在感，比间接体验更丰富，更接近直接体验（Li et al.，2003），能帮助消费者获得更多有关商品的信息，提高消费者对商品的评价和购买意愿（Kill-Soo et al.，2005）。3D产品展示质量对在线展示产品的态度和网站态度产生重要影响，进而影响了用户的满意度（Algharabat et al.，2017）。相较于静态图像，产品的3D可视化效果可以增强消费者对产品的理解和降低感知风险（Jiang & Benbasat，2007），能与消费者进行交互并可以旋转产品的展示形式对消费者在远程环境中的存在感有积极影响（Fiore et al.，2005）。另外，蒋镇辉和本巴萨特（Jiang & Benbasat，2007）研究了静态图片、无旁白视频、具有旁白视频和虚拟产品体验（消费者可以在线虚拟地感受、触摸和尝试产品）四种产品展示模式对消费者理解产品的影响。还有学者认为，相较于360旋转模式和静态图片，虚拟镜像在为消费者提供产品有形感方面更有优势，进而积极而强烈地影响购买意愿（Verhagen et al.，2014，2016）。

其次，零星研究关注补偿具体的触觉信息或体验。比如，虚拟现实技术可以在一定程度上弥补由于不能直接触摸所带来的体验缺失（Klein，2003）。高质量的3D产品展示往往有提高消费者在电子网站上感受、触摸和尝试产品的能力（Li et al.，2003）。利用最新视觉化技术的优势，越来越多的在线服装零售商已开始采用创新的可视化工具（例如图片缩放、3D 视图、动态交互界面、视频、360 旋转、虚拟现实和增强现实等）来表现重要产品的经验属性（如感觉和性能等），从而满足消费者对产品感官体验的需求（Yoo & Kim，2014；Overmars & Poels，2015）。比如消费者在线购买中，使用 3D 虚拟触摸或虚拟陈列室等网站中的触觉评估元素来模仿触摸产品（Jin，2011；Zhou et al.，2007）。使用图像交互来模拟抚摸动作的界面会激发更多正面的情绪反应，特别是将模拟抚摸手势的视觉交互线索进行整合，可能会在心理上唤起在线商店环境中的触觉感知（Overmars & Poel，2015）。尽管如此，视觉化技术快速进步，某些程度确实能使在线产品体验更接近现实体验，但是在技术应用与普及方面存在很多的技术门槛仍然需要跨越（Overmars & Poel，2015）。

4. 顾客分享的使用经验和在线评论中的触觉信息有助于实现在线触觉补偿

其他顾客使用经验的分享和在线评论有助于消费者形成触觉意象并提升购买意愿。在线购买消费者只能借助“他人的感官体验”形成与产品的“间接互动”，通过推理已购消费者的使用经验来识别和判断产品，以此来补偿感官体验缺失引起的认知缺失（郭婷婷和李宝库，2009）。例如，当消费者得知其他实际接触过商品（例如一块布料）的消费者的描述时，消费者对商品会产生更好的感知并创造出更真实的触觉意象（Park，2006）。当值得信赖的个体提供了产品在手上触感的描述时，消费者在线购买服装的意图会有所增强（Rodrigues，2016）。在线评论中其他顾客使用经验中包含的正面触觉线索能显著提高消费者购买意愿（黄静等，2015）。在线评论中的触觉和视觉体验线索显著提升了消费者购买意愿（郭婷婷和李宝库，2019）。因此，在线销售服装零售应该将客户提供的文本触觉信息展示在其网站上以提高在线销售额。

2.2.4 基于线下真实或虚拟的触觉体验的电商触觉补偿相关研究

2.2.4.1 给消费者邮寄样品或鼓励消费者到实体店体验

首先，电商企业可以给潜在目标消费邮寄样品，预先进行产品触觉体验。其替代解决方案是客户能够更加方便地退回他们不需要的产品（Citrin et al.，2003）。

其次，采用线下实体商店触摸体验策略。某些消费者不太愿意放弃预购触摸，网络零售商可制定相应的营销策略允许鼓励消费者“买前先摸”（Underhill，1999），“线下实体商店”策略可让消费者在购买之前有机会直接体验产品

（Peck & Wiggins，2006）。这是因为越来越多的消费者为了体验产品的触摸属性，而进入线下零售商店亲自评估并体验预计购买的目标产品（Underhill，1999；Holton，2012），并将线下零售店仅仅视为是通过其他渠道购买前体验产品的地方（Holton，2012）。

2.2.4.2 远程应用触觉模拟与仿真再现技术进行在线触觉补偿

1. 触觉模拟仿真与再现技术发展迅速

技术可以提供手段来弥合与消费者建立联系并真正接触消费者方面所产生的差距（Spence & Gallace，2011）。如虚拟现实涉及通过人工手段创造多感官体验，能够在虚拟环境中通过触觉界面探索和操作对象，在医学、教育、娱乐和 CAD 等多个领域都有应用（Srinivasan & Basdogan，1997）。虚拟触觉仿真系统使用户和屏幕上的物体进行虚拟触觉交互已经成为可能（吴威和隋爱娜，2011）。因此，在有限的应用领域内，触觉在一定程度上是可能进行模拟和再现的，比如再现虚拟物体的外形、纹理和粗糙度等几何属性，以及弹性、湿度和黏滞性等物理属性（赵璐等，2018）。技术实现方面，一种方法是将触觉限制在由人类用户操纵的仪器的末端执行器上；另一种方法是将用户部分地置于受到机械控制的外骨骼的框架内，根据用户与虚拟环境中的物体交互方式来给用户施加力。例如，物体重量感可以通过这种方式传递给用户（Sanchez-Vives et al.，2005）。目前的触觉再现技术主要应用于教学训练、手术诊断、视障辅助、影音娱乐等领域（赵璐等，2018）。例如，日本厂商开发的支持触觉反馈的 VR 手套可以让人真实地感受到虚拟物体（罗锦莉，2017）；配备了多感官模式的人工皮肤的机械臂在学习新对象的详细物理特性时，能够主动传递先前的触觉探索性行动体验（Di et al.，2018）。目前市场上涌现了如计算机图形与人工智能技术、大规模数据场景建模技术、动态实时的立体视觉和听觉等生成技术、三维定位、方向跟踪、触觉反馈等传感技术、符合人类认知心理的三维自然交互技术、三维交互软件及系统集成技术以及人机接口技术等（赵璐等，2018），这些技术都有助于推动触觉再现技术的发展。

2. 触觉模拟仿真与再现技术仍然存在不足与问题

虽然在非触觉世界中最终可能会有触觉的替代品，但触觉的仿真模拟可能是最复杂的（Peck & Wiggins，2006）。尽管虚拟触摸技术在不断进步，但是要将零售店真实的产品触觉属性交互并传递到消费者，仍然有很长的路来实现商业化运作，而且还不清楚这些触觉再现设备是否能够传递出产品质感/质地上的细微差别，而这些细微差别是区别市场上不同的产品/品牌关键信息（Magnenat-Thalmann et al.，2007）。巴马鲁夫和史密斯（Bamarouf & Smith，2009）认为，那些能有效减少缺乏触觉带来的负面影响的技术仍然出现了许多问题，如设备之间的不兼容性、价格、建模困难、网络限制和所需硬件资源等问题，并且只有在长期的使用中，这些技术才能达到令人满意和广泛使用的效果。具体而言，目前触觉模拟、仿真和再现技术还存在触觉机理复杂、触觉数据难获取、触觉再现系统真实感低、触觉应用数量少等理论和技术上的困难和问题，现有触觉再现技术所呈现出的效果与真实触感依然相差较大，市场上尚未出现可以完美呈现多感官感知通道融合的虚拟现实平台，真正能模仿人类触觉感知的机器人尚待进一步研究（赵璐等，2018）。

综上所述，触觉模拟仿真与再现技术更多是停留在理论研究与技术试验的角度，已有少数成熟的相关技术也主要是应用于医疗培训等少数专业领域，这和商务环境中大规模推广应用的要求仍然有很大的差距。

2.2.5 基于线上线下融合的电商全渠道发展趋势相关研究

2.2.5.1 在线零售快速发展，但线下实体店仍然是最重要的零售渠道

在过去的几十年里，许多观察家认为技术和全球化使得地理距离在消费活动中的重要性降低（Joyce，2002）。因为低搜索成本、便利和竞争加剧，导致空间和时间在在线销售过程中变得无关紧要。因此，空间距离也正在成为消费者决策中越来越普遍的一个方面，随着在线购物的增加，从距离较远的销售者那里购买产品变得越来越普遍（Trope et al.，2007）。特别是，电子商务和移动商务似乎为缺乏实体店的零售商（即在线零售商）提供了大量的客户基础和扩展机会，同样也为混合零售商（同时具备具有线上销售渠道和线下实体店）提供了商务发展机会（Pauwels & Neslin，2015）。但是，互联网可以被描述为一个遥远的渠道，因为缺乏面对面的互动造成了信任的缺乏（Carter，2008）。事实上，在电子商务环境下，由于通过互联网进行的交易所涉及的不确定性和风险，人们认为对互联网的信任与消费者行为更相关（Pizzutti & Fernandes，2010）。

线下实体店仍然是最为重要不可或缺的零售渠道。线下实体店零售渠道互动是增加消费者信任的重要途径（Aguirre et al.，2015；Benedicktus et al.，2010）。实体店存在效应（the mere presence of a physical store）（Darke et al.，2016）也指出，线下实体店的存在可能意味着更高质量的零售商，这可以转化为消费者信任和增加其购买意愿（Edwards et al.，2009）。在线购物通常被认为是有风险的（Bodur et al.，2015），而访问实体店有助于缓解消费者的风险感知。线下实体店也意味着更大的公司规模，拥有更大的资源基础（Pauwels & Neslin，2015）。而

且，因为触觉获取的信息无法在非接触性媒体中得到真实再现，这对某些消费者和某些产品而言，传统零售购物仍无法轻易淘汰（Peck & Wiggins，2006）。事实上，很大一部分的消费者都倾向于进行线下行动，如在线浏览后，便前往当地的商店观察实物（Arbesman，2010）。

2.2.5.2 线上线下渠道不断融合且全渠道模式逐渐成为电商运营的主流模式

随着智能手机和移动通信设备等技术的发展，各种各样的商业模式层出不穷。尤其受智能手机的影响而形成的移动革命，创造了多种全新的交换交易模式（Stephen，2008）。在线零售已经彻底改变了客户与零售商互动的方式（Algharabat & Shatnawi，2014）。作为竞争需要，电商企业已将集成在线购物和在线零售电商平台与传统的实体店结合起来（Algharabat & Shatnawi，2014）。而依赖技术手段的消费者需要更积极的购物体验，由此形成了一种新的购物模式——全渠道购物，即多渠道营销的升级发展，消费者将所有销售渠道进行无缝衔接来获得更全面的客户体验（Groeger & Buttle，2014）。消费者可以并热衷于研究性购物，既在一个渠道进行产品信息搜索，但是在另一个渠道进行购买（Gensler et al.，2017）。例如，客户可以使用在线渠道进行产品研究，但在实体店购买（Verhoef et al.，2007），或者相反，使用线下实体商店进行研究但在线购买（Kucuk & Maddux，2010）。商家使用的编码越多（例如图片、声音、文字、触摸等），消费者记忆效果越好（Lukosius，2004）。所以，一方面，传统的零售企业不断组建电子商务平台，开展线上零售业务；另一方面，电子商务企业也开始收购或组建线下实体零售商店，以实现线上和线下渠道的融合，从而更好地满足消费者需求。

2.2.5.3 全渠道背景下展厅现象出现并越来越普遍

展厅现象是指消费者通常会在线下实体店评估产品，随后到在线零售商进行购买，以利用更低的价格（Mehra et al.，2013），比如电子产品和服装（Kim & Park，2019）。线上线下渠道整合成为促进展示厅现象出现的潜在原因，同时展示厅现象也反映了消费者为有效应对在线购买中触觉缺失所带来的感知风险的主动选择。这是因为消费者去线下实体店购买意愿产品的需求仍然普遍存在，尤其是对于那些难以甚至不可能通过感官属性或在线网站上提供的产品描述来评估的产品，例如家用电器和服装，这些都是需要直接观察体验的产品类别（Dahana et al.，2018）。进一步，尽管互联网提供了一些好处，如方便和更低的价格，但也给消费者带来了一定程度的不确定性（Dahana et al.，2018）。如与在线购物相关的风险包括产品性能、财务和时间/便利风险，相较于线下商店，消费者还是觉得来自互联网的风险更大（Lee，2003）。这些感知风险，如购买前不能触摸产品而带来的产品性能风险（Gensler et al.，2017），会对消费者使用互联网购物的意愿产生负面影响（Bhatnagar et al.，2000）。因而，线上和线下渠道整合会影响消费者对商店和互联网的感知质量和风险，最终导致消费者通过两个渠道搜索和购买的意愿增加（Herhausen et al.，2015），因此线下展示实体店无疑是明智之举（Dahana et al.，2018）。产品质量、搜索成本和服务观念推动着展示厅现象的发展（Gensler et al.，2017）。此外，预知性知识、感知风险、价格意识、互联网使用、访问设计使用和年龄也会影响消费者光临实体店的频率（Dahana et al.，2018）。

2.2.6 文献评析

感官营销战略已经成为企业获取核心竞争力的核心战略，企业越来越关注如何通过五种感官来与消费者进行接触。感觉营销意味着对人们感觉和知觉的理解，因此特别适用于研究消费者行为。因此，近些年感官营销相关的研究文献数量逐年增加，消费者行为研究的感官营销成为前沿和热门的研究领域，感官营销研究大部分细分研究领域都纵深推进并取得了丰富的研究成果。与此形成鲜明对比的是，感官补偿这一细分领域受到的关注程度却不高，缺乏大规模的实证研究，属于热门的感官营销研究领域中的冷门研究分支。综合并梳理本部分文献内容来看，感官营销研究的感官补偿研究分支仍然存在以下的不足和研究空间。

2.2.6.1 感官营销领域的感官补偿机制研究深度有待深入

感官营销领域现有研究中，相关概念零散，并未得到统一规范，均未能对感官障碍和缺失的弥补机制进行准确的界定。参照临床医学、生理神经学和心理学中对视觉损失和缺失的补偿现象机制的术语，即感官补偿机制，本书认为感官障碍和缺失这一弥补机制可定义为感官补偿机制。综合已有文献判断，感官补偿机制的研究目前仍然处于起步阶段，还是停留在概念界定和理论逻辑反省过程。首先，现有关于感官补偿机制的研究更多停留在现象解释层面，缺乏生理神经学和心理学相关基础理论的支持，相关研究的理论模型中，相关核心变量的概念定义界定过于武断，缺乏理论逻辑的严谨性。其次，已有研究在感官补偿这一核心概念不能得到明确界定的前提下，更不可能从更深层次的理论基础上将感官补偿方式区分为知觉补偿方式和认知补偿方式两种类型，故而不能从理论基础的底层逻辑深入洞悉感官补偿的内在本质，也就更不可能提出具体有针对性的补偿策略。韦克菲尔德等（Wakefield et al. 2004）指出，现有感官补偿的研究大多数是聚焦于知觉补偿，认知补偿未能引起足够的重视。特别是，知觉补偿机制还不足以信服地解释感官补偿效应，因为已有感官补偿相关研究中也发现不同甚至是相反的研究结果。已有研究指出，只有认知补偿机制能进一步解释盲人被试所具备的显著感觉能力，更加全面地揭示感官补偿相应机制。而这种认知补偿的机制来源于盲人所熟练运用的高级认知技能，包括注意力、非视觉化记忆（心理意象）、记忆和词汇等领域发展出卓越的认知技能（配对联想学习）等。消费者在线购买中所缺失的触觉体验有如盲人所缺失的视觉，两者分别涉及如何补偿其触觉和视觉信息。据此，可以将生理神经领域的感官补偿的研究结果借鉴应用到电商领域，除了采取知觉补偿的方式外，未来研究可以重点研究如何提高消费者的高级认知技能，重点研究如何通过认知补偿来更好地实现触觉补偿效应。

2.2.6.2 缺乏学界公认的感官补偿机制理论模型

首先，尽管现有研究已注意到消费者购买决策过程中存在多感官体验的刚性需求，但是仅是简单提及产品多感官属性在消费者购买决策中的重要作用，未能深究其中深层次的作用机理。其次，目前仅有零星的研究聚焦单一触觉感官的补偿机制研究，还没有一个学术界都公认的触觉信息的替代和补偿机制模型（朱国玮和吴雅丽，2015）。这就导致电商企业有效地传递和表达产品的内在感官属性信息仍然困难重重。一方面，电商产品展示页面中的静态图像通常不会转化为高度自我相关的体验（Serino et al.，2008）。因而，产品内在感官属性很少得到增强和优化，网站访问者更倾向于依赖理性的产品外在线索（Spence & Gallace，2011）来进行购买决策。另一方面，人们总体上对人类语言中如何表达感官知觉方面的了解仍然有限（程瑾涛和刘世生，2017），尤其是只能由个体直接感受的嗅觉、味觉和触觉等感官知觉体验，更不易准确地用语言文字进行描述，而要在指代意义上达成一致更是困难。另外，不仅仅是中文，世界范围内各民族的语言都表现出在感官知觉领域的词汇匮乏（Burenhult & Majid，2011）。因此，未来研究需要进一步探索通过何种有效的视觉和文字语言方式和内容来准确地传递和表达人们的感知觉体验和产品感官属性，从而构建触觉信息的替代和补偿机制理论模型。

2.2.6.3 电商情境中的触觉补偿机制和策略是感官补偿研究中的迫切拓展领域

消费者在线购买中触觉缺失是制约电商发展的天然困境，因此研究电商情境中触觉补偿具有十分重要的实践价值。尽管已有研究提出了相关的电商触觉补偿策略，但是这些策略仍然存在一定的不足。

第一，对电商企业而言，电商触觉补偿的前因过于宽泛，文字或图片设计缺乏实际操作性，应用价值具有局限性。如何解决在线传播产品内在感官属性这一核心问题，已有研究虽然强调了图片和文字信息弥补在线销售感官缺失的重要作用，强调尽可能地传递数量多且具体的多种感官线索，但是却仅止步于简单强调“有效的”在线展示信息（文字描述与图片等）、“尽可能具体的”信息。但是更进一步，在线展示信息应该重点阐述哪些内容，采用何种信息表现方式？本书通过对已有文献研判发现，在线零售商如何向消费者传递抽象复杂的产品感官属性信息这一问题目前仍未得到较好的解决。

第二，对电商企业而言，顾客使用经验的分享和在线评论某种程度上看是不可控的，电商企业在实际管理过程中较为被动，因而企业自身可控的产品展示等营销策略仍然值得进一步研究。

第三，先进的网络视觉化技术，如3D产品展示技术确实能够提高在线消费者购买意愿，但已有研究并未明确地发现消费者所缺失的触觉是否得到有效补偿，特别是视觉化技术在移动互联购物情境中的适应性仍值得商榷。因此，当前在线产品演示，即使是那些利用各种可视化技术的演示，也可能无法有效地促进虚拟产品体验（Yoo & Kim，2014）。

第四，尽管触觉模拟仿真与再现技术得到快速的发展，这些技术仍然存在不足与问题，这些技术的普及性、经济性和适应性仍然存在一定的门槛需要跨越。

第五，线上线下渠道不断融合且全渠道模式逐渐成为电商运营的主流模式，在此背景下展示厅现象成为普遍的消费行为现象。因此，在线零售商应考虑如何将在线产品展示策略与线下产品体验策略进行有机整合，从而更有效地实现在线触觉补偿。但是遗憾的是，鲜有研究从这方面进行更进一步地探索。

综上所述，已有研究所提出的这些电商触觉补偿策略，本质上看都属于感官补偿中的知觉补偿，其所能产生的补偿效应值得进一步商榷。从更为现实的可能性出发，未来研究应专注于电商企业可控性的营销因素，如产品详情展示页面的设计等，探索采用认知补偿方式来有效提高消费者触觉补偿效果。

2.3 心理意象与感官意象相关研究

2.3.1 心理意象相关研究

2.3.1.1 心理意象内涵

心理意象是指“涉及概念或关系可视化的心理事件”，是指对当前不存在的物体或事件的一种知识和心理表征，是以形象的方式储存在头脑中的信息，这些信息代表了个体各种经验和记忆（彭聃龄和张必隐，2004；Yoo & Kim，2014）。心理意象可以定义为一些准感官或准感性体验，即具有感官、感知情感或其他感知状态的所有表现与特征（Childers & Houston，1983）。具体而言，心理意象是个体在接触外界环境的客观刺激后，基于头脑中已有主观经验和知识在思维空间中所形成的客体形象，是各种感官所体验到的感知信息在心理上的表征（Schacter et al.，2007；Lee & Gretzel，2012）。心理意象是感官功能的心理表征（Schacter et al.，2007），范围从一些简单而模糊的意象到许多复杂而清晰的意象（Bone & Ellen，1992）。个体可以在工作记忆中展现感官信息（MacInnis & Price，1987），可以在没有直接体验某种感官刺激的前提下，将过去的感官体验重新进行呈现和展现，进而再实现真实的感官体验结果。

心理意象作为一种心理过程，也被称为意象处理（imagery processing）（Bolls & Muehling，2007）。心理意象处理是一种特殊的信息处理模式，其中包括工作记忆中的感觉表征（意象），它与外界刺激的感知以同样的方式和过程使用（Goossens，1995）。当个体尚未感知到外界真实感官刺激时，记录了外界刺激相关属性特征的知觉信息可以帮助个体在主观上形成对外界客观事件和物体的想象心理表征（Deeprose et al.，2011）。因此，心理意象是一种认知过程，在此过程中知觉信息表现为工作记忆。不同于感知过程中知觉信息表现为外界的感官刺激信息，心理意象处理过程是将所激活的工作记忆与个人经历相关的信念和情感进行整合加工（MacInnis & Price，1987）。心理意象是个体头脑中一个产生表征的复杂心理过程，而不仅仅是感知痕迹（Cornoldi et al.，1998）。如心理意象不需要仅仅来自对先前感知到的刺激或动作的准确回忆，还可以通过以新颖的方式组合和修改存储的感知信息来产生（Kosslyn et al.，2001）。心理意象在人的信息加工和讯息处理中有着重要作用（彭聃龄和张必隐，2004），被视为是意识体验的重要组成之一，在联想学习和记忆方面发挥着关键作用（Paivio，1986）。

心理意象具有一些鲜明的特点。首先，心理意象能够被感知，不同于语言加工涉及抽象的符号、词语和数字（MacInnis & Price，1987），意象编码成非语言的具体感官表征形式（Childers et al.，1985；Epstein，1994）。其次，意象不需要真正感官的刺激就可以形成。心理意象是一种感知过程，在特定的感觉模式中，它并不需要有任何相应的感觉刺激（Nanay，2017），可以根据储存在长期记忆中的信息自动生成多感官心理意象能力（Barsalou，1999）。例如，想象一个苹果通常并不需要伴随有任何真实的感觉。最后，意象还可以以类感官模式与各种感觉进行整合交互，形成多感官体验（Childers & Houston，1983；Berger & Ehrsson，2013）。

心理意象可以区分为不同的类型。意象不应是一个单独的概念，而是在同一个术语名称下的一个概念网络。基于意象的生动性和可控程度，可以将意象分为以下几种类型：后意象（after imagery）、遗觉意象（eidetic imagery）、想象意象（imagination imagery）和记忆意象（memory imagery）（Childers & Houston，1983）。其中，后意象比较鲜活生动，但是不可控。遗觉意象也比较鲜活生动但比后意象更可控。遗觉意象也被称为摄影记忆，是指对有关物体、图画和事件的一种非常清晰和逼真的记忆意象（顾明远，1998）。想象意象和遗觉意象具有相同的生动性，但是一般情况下，想象意象不如遗觉意象可控。记忆意象涉及过去感知的重建，不受感官意象存留的影响，它不如后意象和遗觉意象生动形象，但是更为可控。记忆意象涉及个体在头脑中想象过去经历过且仍然记得的事件的能力。根据过去经验中重新呈现的信息特质，记忆意象也不是一个单独的概念，可以是视觉的、触觉的、听觉的、味觉的和嗅觉的（Childers & Houston，1983）。如通常设计人员以记忆意象作为主要的创意来源，因为记忆力依赖于市场上现有的产品、客户所反馈的产品创意以及类似产品的先前经验（Dahl et al.，1999）。另外，按照心理意象处理的主体不同，达尔和霍夫勒（Dahl & Hoeffler，2004）将心理意象分为自我意象（self-related imagery）和他人意象（others-related imagery）。自我意象指消费者基于自我视角想象的画面，而他人意象指消费者基于他人视角想象的画面。

2.3.1.2 心理意象作用机制

心理意象作为内源性感官，能够发挥与外源性感官等效的作用。多感官相互作用是知觉的基础，个体将来自不同方式的感觉信息结合起，从而感知外部世界。感知只是个体依照周围的世界所建构起来的意象，而意象与外界有着密切的关系，但是可能因个人期望或需求的不同而产生差异（Childers & Houston，1983）。朗（Lang，1979）的心理意象生物信息学理论认为，心理意象和外部刺激以相似的方式参与情感信息处理系统，由外部刺激触发的情绪反应系统也可以由基于心理意象的表征直接激活。意象是一个认知过程，与感知使用相同的心智资源，这反映出意象和感知之间的等效结果（equivalence of effects）（Rao et al.，1996）。一方面，个体来自想象的刺激信号能够在感知上通过参与和真实感官刺激相同的整合机制获得真实的刺激（Berger & Ehrsson，2014）；另一方面，意象刺激产生的神经元信号可以与由不同感觉形态的真实刺激产生的信号相结合，从而产生复杂丰富的多感官知觉，从而诱发多感官体验（Berger & Ehrsson，2014）。简而言之，**意象可以代替多感官感知中的相关感觉**。贝格和埃尔森（Berger & Ehrsson，2014）将意象定义为内源性感官，其内源产生的感官信号不仅能够激活负责感知感官刺激的区域，并且实际上具有足够的质量和信号强度，能够完全与来自不同感官的外源性感官刺激整合并形成外部事件的连贯多感官表示方式。

内源性意象和外源性感觉事件能够进行整合并对知觉行为产生影响。如视听腹语术中，由想象中的视觉刺激产生的神经元信号与颞上沟中真实听觉刺激产生的信号相结合会有助于创建单个外部事件的连贯视听表现（Berger & Ehrsson，2014）。单一的意象实例可以对随后的意识知觉有明显的促进作用。即使在没有任何传入视觉信号的情况下，感知启动也可能会产生，意象会导致短期感觉印痕的形成，这可能会对未来的感知产生偏见，这表明支持想象力和记忆检索的高层次过程可能会形成低水平的感官表征（Pearson et al.，2018）。另外，大量证明意象的行为证据和神经证据最终使得意象被视为一种基础的认知机制（Kosslyn et al.，2005），因而意象系统和言语系统在很大程度上可以独立运行并进行相互作用来提高记忆力（Lwin et al.，2010）。

大量丰富的神经解剖科学领域证据证明了意象是一种内源性感官。意象和感知的功能在神经解剖学方面存在相似性，两者拥有相同的特殊的神经机制，意象过程采用了大多数作为类似感官感知活动基础的神经活动（Kosslyn et al.，2001；Berger & Ehrsson，2014）。新的神经成像技术，特别是正电子层析成像（PET）和功能磁共振成像（fMRI）相关研究证实，心理意象在同样的模式下采用许多与感知相同的神经机制，并会参与用于记忆、情绪和运动控制的机制（Kosslyn et al.，2001）。在心理意象和实际感知过程中所涉及的各个神经激活模式之间有着大量相同/相似的地方（Anema et al.，2012；Andrade et al.，2013）。如脑损伤患者在失明后丧失形成视觉心象的能力，意象过程也出现了类似的缺陷（Kosslyn et al.，2001）。而且意象涉及控制如心率和呼吸等生理过程的机制，其效果与相应的感知刺激的效果非常类似（Kosslyn et al.，2001）。如当实验对象看到了特定视觉刺激（如面部）与当实验对象想象这些刺激，一些细胞会有选择性地做出相同的反应（Kosslyn et al.，2001）。还有，弗加特等（Fallgatter et al.，1997）运用核磁共振成像观察结果显示，对单字母的意象及感知产生特定的内容影响，表现出意象和知觉的共同神经表征，其位置处于枕和颞后记录部位。尤等（Yoo et al.，2003）通过核磁共振成像研究触觉所包含的神经基质机制，实验中健康受试者在右手背侧进行触觉刺激的心理想象，结果与实际触觉刺激时的脑部激活区进行了比较，其研究结果也表明初级和次级躯体感觉区域在触觉意象中被激活，这和实际刺激感知所激活的神经基质存在部分重叠。

2.3.1.3 心理意象与心理模拟

心理模拟是消费者行为学研究中经常关注的一个变量，与心理意象密切相关。心理模拟被认为是对所描述事件的替代体验（vicarious experiencing）。泰勒和施耐德（Talor & Schneider，1989）认为心理模拟是指一些事件以及系列事件的功能或过程的想象表征。现有研究区分了基于过程和基于结果的心理模拟（Taylor et al.，1998；Escalas，2004；Oettingen & Mayer，2002）。过程模拟（即以过程为中心的意象）强调取得成果所必需的行动，强调通过一步一步的故事或叙事来鼓励计划的形成。而结果模拟（即注重结果的意象）强调人们想象实现目标的期待结果，如消费产品的积极利益。过程模拟负向影响消费者的冲动购买水平，反之，结果模拟正向提高消费者的冲动购买水平（韩德昌和王艳芝，2012）。

消费者行为研究领域也出现了很多心理模拟相关的研究。如消费愿景是一种心理意象类型，也被称为"叙述转移，涉及通过对未来事件的心理模拟来创造故事，关注目标、行为和期望的结果"（Green & Brock，2000；Walters et al.，2007）。在广告和零售领域，心理模拟技术有着广泛应用（Petia et al.，2005），如平面广告经常使用句子如"想象你自己"等。目标物体的语言或视觉描述表征会诱发产生的一种更潜意识自发的心理意象形式——心理模拟，诱发更多（或更少）心理模拟的视觉描述将导致更高（或更低）的购买意图（Elder，2011）。对食物消费的心理模拟足以引发饱足感（Morewedge et al.，2010）。将产品方向与消费者偏手性之间进行有效匹配可以帮助消费者进行触摸产品的心理模拟（Elder & Krishna，2012）。在线评论中的触觉线索也可以诱发消费者进行心理模拟（黄静等，2015）。

心理意象与心理模拟本质是一样的心理过程，很多研究情境中并未做严格区分，但是两者之间存在细微的差别。巴萨鲁（Barsalou，2008）认为心理意象是心理模拟的一种直接形式，是心理模拟机制中最明显的例证（Kosslyn，1994），两者的区别主要体现在深思熟虑和有意识思考的水平上（the level of deliberation and conscious）。具体来说，首先，心理意象通常基于工作记忆中的感官印痕构建意识表征，而其他的心理模拟不依赖工作记忆进行想象。其次，心理意象是有意识的，而心理模拟更多是无意识的、自发的。再其次，心理意象更加强调工作记忆中感官印痕的重现与感官信息感知性，心理模拟可能更加强调对事件过程、功能的想象。最后，心理模拟和消费者幻想这些心理过程更多强调消费者对面向未来事件的模拟，严格地说是前事实思维；虽然也是心理意象的一种，但是更多是与人的愿望相结合并指向未来的一种意象。而心理意象，如记忆意象更多的是对过去所经历过的物体或事件的简单再现，或是消费者过去感官体验的重现，属于后事实思维。

2.3.1.4 心理意象影响因素与作用机制

相比于真实的知觉，心理意象往往具有较低的强度，能有选择地被诱发和操纵（Fallgatter et al.，1997）。因此，心理意象被广泛应用于各种心理治疗方法，从系统脱敏疗法和行为方法，如满灌疗法，到催眠分析和格式塔疗法等心理动力学方法（Lang，1979）。在这些心理治疗中，个体被训练产生积极的心理意象，最典型的方法是对模糊线索的反应（Renne et al.，2016），这反映了积极的视觉刺激在心理治疗中的有效性潜在应用（Wilson et al.，2017）。意象让人们可以通过重现过去和模拟未来实现“在精神世界里进行时间旅行”，在激发积极性、解决问题以及维护并治疗临床疾病方面，意象都被认为有着功能性和关键的作用（Andrade et al.，2013）。

1. 心理意象判断标准

意象或者意象处理是一个多维过程或多维概念，是一个通过工作记忆将多感官信息呈现出来的过程（Bone & Ellen，1992；Roy & Phau，2014）。意象处理是一个连续体，从转瞬即逝、苍白的视觉展示、声音、气味和触觉，到非常丰富且引人入胜的“真实”体验（Bone & Ellen，1992）。意象可能在数量、生动性、情感基调和模态方面有所不同。其中，数量是指刺激和包含感知信息的激活记忆结构数量的指示（Paivio，1971）。意象生动性是指个人感受意象的清晰度，表明了激活的记忆结构的精细性和被激活的强度（Lang，1979）。**意象生动性是衡量意象体验和强度的重要指标**。生动性是指唤起清晰、色彩丰富、轮廓分明的心理意象的能力，心理意象越生动，就与实际的感知越相似（Barsalou，1999）。意象生动性并不是刺激的一部分，生动性是受试者对刺激的反应结果的体现（Bone & Ellen，1992）。意象的数量和生动性得到了大量实验证据的支持（Ellen & Bone，1991；Babin & Burns，1998）。

2. 心理意象诱发操控前因

大量实验证据发现诱发心理意象的刺激包括文本信息、具体的引导指令、图片和声音等。文本信息（如意象脚本、具体的文字、提供叙述性和数据性的信息、生动的描述性语言）、视觉图片、想象的指示（如广告文案中包含的引导消费者对产品进行自我想象的指示）、声音效果等几种基本形式的外部刺激均已被证明能够诱发生成心理意象（Lang，1979；Unnava et al.，1996；Miller et al.，2000；Bolls & Muehling，2007；Walters et al.，2007；Lien & Chen，2013；Roy & Phau，2014）。不仅对以前感知到的物体或事件的回忆可以激发心象，以新颖的方式组合并修改存储的感知信息也可以激发心理意象（Kosslyn et al.，2001）。图片、具体文字以及心象指示语等视觉和语言的外部刺激以及刺激组合能有效进行心象唤醒并进一步影响消费者的认知、情感和行为意愿的作用（Fennis et al.，2012）。这些意象会和广告中的其他信息一起被加工处理并整合在一起，之后被长期地储存在记忆库中（Rao et al.，1996）。

3. 意象效果的影响变量

首先是产品信息的生动性。生动性也可以定义为信息在情感上的趣味、具体和促进意象的程度，以及在感官、时间或空间上的接近程度（Nisbett & Ross，1980）。生动性信息，如品牌商标标志、电视和图片媒体、产品细节描述和具体场景、具有促发消费者臆想产品的优势（Kisielius & Sternthal，1984）。各种不同类型的刺激在唤起心理意象方面的有效性得到很多实验研究结果的支持。**促使意象机制发挥作用的前提条件是要为消费者提供足够的知识和具体线索**（Richardson，1983；Wright & Lynch，1995）。基于具体语言可以更好地刺激意象生成的前提（Macinnis & Price，1987），如使用具体的措辞或具有高视觉内容的词也被认为在诱导心理意象方面是有效的（Walters et al.，2007），具体的词语实际上可能比单独的具体图片更能有效地激发心理意象（Babin & Burns，1997），详细产品描述比专家评级更能诱发生动性产品意象（Petrova & Cialdini，2005）。产品展示的具体性（引起心理意象方面的难易程度）越高，例如指示物体或物质的词更具体，就更容易唤起视觉或其他感官体验（Yoo & Kim，2014）。虚拟线索（如高分辨率图片、3D 界面）影响意象处理水平（Schlosser，2003；Lee & Gretzel，2012）。另外，通过使用图片来控制信息的生动性研究进一步说明图片唤起意象（Bugelski，1983）和影响产品评价的能力（Childers & Houston，1984；Macinnis & Price，1987）。文字中的背景描述（具体描述与无描述）与消费背景图片（具体的消费背景与纯色背景）交互以激发心理意象（Yoo & Kim，2014）。

其次是认知负荷。当消费者进行意象处理时，添加数字评级、技术规格和产品属性等非经验信息不仅不能提高信息的说服力，而且还会削弱意象诉求的影响，因为增加了消费者认知负荷。因此，只有当生动的信息成为唯一考虑的信息时，意象指示才有可能产生效果（Andrade et al.，2013）。

再其次是自我相关意象与其他人相关意象。根据消费者是想象自己还是想象其他人，意象可能会对随后的评估和行为产生不同的影响。许多研究表明，如果涉及的是自我想象，而不是另一个人（Bone & Ellen，1992；West et al.，2004），那么意象化对个人意愿有更强烈的影响。当消费者想象自己使用产品而不是他人时，他们更有可能购买产品，这是因为当他们想象对一种产品的体验时，消费者更多依赖于自己对以往相似产品的体验（Petrova & Cialdini，2007）。由于心理意象是一种自我生成的认知过程，因此可以认为意象与个人更相关，它可能导致自我产生的说服和更强的态度（Escalas，2004）。消费者所想象的场景的焦点人物和合理性会影响该广告信息引起的意象生动程度（Bone & Ellen，1992）。

最后是个体生成心理意象的能力。个体产生生动的心理意象的能力已被证实是一种稳定的个性特征（Petrova & Cialdini，2007），个体在产生生动的情感心理意象的能力和对情感外部刺激做出强烈反应的倾向上存在差异（Wilson et al.，2017）。个体产生心理意象的能力也会影响意象指令的效果。个体具有构建生动的积极而非消极的心理意象的能力，可以预测其对积极的视觉刺激的积极情绪反应。个体构建生动的积极心理意象的能力越强，则对外部刺激表现出越强的反应（Wilson et al.，2017）。具有较强想象力的人比具有较低能力的人会唤起更强烈的意象（Bone & Ellen，1992）。对意象能力更强的个体而言，意象诉求增强了购买产品的态度和意愿。而意象能力较低的个体，理解心理意象的困难性降低了其对产品的评价（Petrova & Cialdini，2005）。

4. 意象生动性作用机制

有用性—有效性假说（availability-valence hypothesis）揭示了意象生动性作用机制。其中，信息的有用性（availability）指由刺激信息所能激活的相关其他信息的数量，信息的有效性（valence）指个体对某一有用信息的可凭借程度的判断（Kisielius & Sternthal，1984）。意象的生动性取决于被意象的概念或刺激所引起的感觉和情感、认知过程的可用性和能力以及个体差异（Andrade et al.，2013）。意象加工的信息被存储在感官代码和语义代码中，而且意象在记忆中具有多个链接（Childers & Houston，1984）。因此，比仅存储在语义代码中的信息更容易检索（Houston et al.，1987）。

还有一种解释是工作记忆作用机制。这种机制认为工作记忆框架被用于解释意象生动性的决定因素，且意象的生动性取决于人们能在多大程度上暂时储存和操控工作记忆中的感官细节（Andrade et al.，2013）。具体而言，生动的意象反映出工作记忆的丰富表现，尤其是工作记忆的从属系统。相对于长期记忆中几乎没有涉及相关感官信息、存在奇异场景的意象，工作记忆中更多存储了丰富的感觉信息，比如近期感知到的刺激意象，或者可能是从长期记忆中提取出来的感觉意象。这些丰富的感觉信息或熟悉场景的意象更生动，因为个体能知晓更多关于这些类型的信息（Baddeley & Andrade，2000）。意象的生动性还取决于任何存储系统中可用的信息量，特别是仅当工作记忆是维持意象材料的唯一方式时，工作记忆对于意象才是必要的。工作记忆的容量非常有限，通常包含三四个对象，因而能够更好地被提取（Baddeley & Andrade，2000）。最后，安德拉德等（Andrade et al.，2013）提出另外一种解释机制，当个人使用他们的心理意象处理产品信息时，并不太考虑所呈现信息的积极和消极方面，而是采取一种更全面的方法，将自己代入想象的场景中去。

2.3.1.5 心理意象与行为反应的联系

意象和知觉涉及相似的心理过程（Unnava et al.，1996），神经生理学研究还表明意象与行为之间的自动联系（Jeannerod，1997；Pulvermuller et al.，2001）。积极心理意象的处理过程和对积极刺激做出积极反应的倾向之间存在一种特定的关系（Lang，1979）。意象和行为可能具有相同的运动表征，这可能是在心理模拟以及行动准备、执行或观察过程中触发的。因此通过意象激活头脑中的意象，同时激活相应的动作（Petrova & Cialdini，2007）。个体意象生动性具有促进学习和保存记忆的特性（Childers & Houston，1983），对催眠、创造力和信息处理等心理过程都会产生影响（Petrova & Cialdini，2007）。心理意象也被认为有助于各种高层次的认知功能，包括记忆编码和检索、导航和空间规划，甚至社会交流和语言理解（Pearson et al.，2018）。具体而言，比起不试图促使意象的刺激，促进意象的刺激促成了更积极的态度（Babin & Burns，1997）。一个可同时表现多感官特征的动态意象极为可能提供具有相当进步价值的计划辅助（Baddeley & Andrade，2000）。甚至当无法接触到物品时，仅仅使用所有权意象就显著地增加感知所有权和对象价值（Peck & Childers，2009）。

2.3.2 消费者行为领域心理意象相关研究

联合利华针对其碧浪柔顺剂进行的营销活动，视觉意象（涉及人们触摸柔软的材料）被用来“唤起”使用该产品可获得的柔软度。宝洁旗下某品牌护发素进行广告宣传活动时，就使用了让人联想到柔软感觉的意象（例如蓬松的泰迪熊、趴在背后的婴儿和绿草等）（Spence & Gallace，2011）。在零售业中，心理意象影响着消费者的想象、回忆先前的意象经历以及改变其认知状态的能力（Yoo & Kim，2014）。

2.3.2.1 心理意象积极影响消费者偏好与行为

意象与品牌、行为意图和实际购买行为之间存在正向的直接关系（Gregory，2010）。米勒等（Miller et al.，2000）也指出意象往往关乎广告的认知和情感反应，包括对广告信息内容的回忆和情感、对广告和品牌的态度以及行为意图。具体而言，心理意象是广告引发感受和态度的主要中介，其生动性和数量/易用性对消费者的信息学习和消费者态度产生积极影响，可以提高信息处理的质量，增强产品评价，积极影响品牌和广告态度，增强消费者对广告的回忆（Bone & Ellen，1992；Rao et al.，1996；Bolls，2002；Miller & Stocia，2003）。通过对产品产生积极情感反应，意象不仅会影响外部事件发生的可能性，还会影响产品评估和购买意愿（Petrova & Cialdini，2005，2007；Zhao et al.，2007；Yoo & Kim，2014）。

2.3.2.2 心理意象在市场营销不同领域的应用研究

心理意象是对先前感官经验的再现，它与认知心理学和消费者行为中的意象构建类似（Elder，2011），是消费者重要的心理加工活动（彭聃龄和张必隐，2004），正在成为消费者行为研究的焦点（Bone & Ellen，1992）。消费者头脑中所产生的相关产品心理意象就是其购物决策的重要信息来源，尤其是在无形或体验式购买情境中（Schwarz，1984）。复杂的意象可以更有效地激发各种情感和认知体验，从而带来更具吸引力的购物体验（Yoo & Kim，2014）。

（1）广告研究领域。意象在说服性广告中起到积极作用，同时，广告应用的各种执行策略会影响意象及其伴随的正面效果（Miller et al.，2000）。广告和品牌沟通中涉及更大的合理性，即使用更可信的场景，如普通的日常情况而不是特殊的场景，也可以增强意象和广告态度，并直接影响态度变量（Bone & Ellen，1992）。将促进焦点（或预防焦点）与广告中的意象信息（或分析信息）相匹配，可提高广告效果，同时增加顾客的购买意愿（Roy & Phau，2014）。可以唤起消费者意象的广告能积极影响消费者对广告和产品的评价（Krishna，2012）。

（2）产品设计领域。奇安等（Cian et al.，2014）研究发现，静态视觉元素（如品牌标志）可引起动态感知，动态感知诱发的动感意象将影响消费者对静态视觉元素的参与度。达尔等（Dahl et al.，1999）阐明了视觉意象，强调了这种认知工具在新产品设计过程中的潜力，并且基于想象的意象比基于记忆的意象产生更多的原创设计。

（3）旅游购买领域。对未来消费的心理意象不仅有助于消费者理解旅游产品的属性，而且在满足消费者的最初旅行动机方面也成为潜在的促进因素，消费者的度假选择可能受到心理意象处理的显著影响（Miller & Stoica，2003）。消费者对旅游产品的心理意象可以成为增强预期和促进购买决策的主要信息来源（Walters et al.，2007）。消费者的准体验经验（quasi-trial experiences）能积极影响其旅游决策（Stamboulis & Skayannis，2003）。旅游网站这种目的地感官体验描述对旅游者进行心理意象的程度有积极影响，并且大量心理意象体验带来了更强的虚拟存在感，从而对目的地持有更强烈的态度（Lee et al.，2010）。

（4）网络购物领域。在虚拟环境中，由于无法与产品进行物理交互，因此心理意象成为消费者从物理产品交互中获得一些刺激的重要工具（MacInnis & Price，1987）。消费者可能会通过清晰生动的心理意象来对产品的表现做出反应——这种心理意象就好像是一个真实的体验（Bone & Ellen，1992）。心理意象可能是促进感官产品体验的关键因素，由意象交互引起的心理意象处理是在线体验价值感知的重要潜在来源（Overmars & Poels，2015）。如感官体验信息丰富的网站呈现的感官信息的适当组合，会促使用户形成产品或消费体验的心理意象（Schlosser，2003），并在消费者形成对产品的态度和行为意图方面起着重要作用，类似于在体验真实物体时消费者进行的认知过程（Miller et al.，2000；Branthwaite，2002）。在线商店购买情境下，当没有实物产品观察时，心理意象可以作为实际感官体验的代理（Overmars & Poels，2015）。因此，当消费者的心象体验越高，即使没有直接的产品体验，也能获取足够多信息来做出购买决策，可以使在线产品演示有效地促进虚拟产品体验（Yoo & Kim，2014）。如果消费在线购买产品时能真实想象再现触觉等感官体验，就可以实现与线下购物情境相同的效果（Peck & Barger，2008）。在线展示的文字和图片等会刺激消费者唤醒心象，心象进而会对消费者行为意愿产生影响（Fennis et al.，2012）。在线产品展示中，文字描述的感觉线索刺激消费者的心象唤醒，从而对消费者购买意愿产生正向的影响（苏晶蕾等，2016）。生成逼真的视觉意象的能力与在网络虚拟世界中呈现能力正相关，和虚拟存在感、生动性之间存在正相关的关系（Iachini et al.，2018）。在线评论中的触觉线索能引导消费者产生预先体验的心理意象，从而激发其产生虚拟触觉体验（郭婷婷和李宝库，2019）。网站展示页面上放置办公大楼的图片或呈现网店店主的名字和照片，可以激发消费者心理意象处理，从而提高消费者在线信任和购买意愿（Darke et al.，2016）。

2.3.3 感官意象相关研究

2.3.3.1 感官意象

1. 感官意象包括多种形态

心理意象是有意识心理活动的一种基本现象，可以以任何一种感觉形态存在（Fallgatter et al.，1997）。因此，当从记忆中获取感知信息时，心理意象就产生了，创造了“用心灵的眼睛看”和“用心灵的耳朵听”的体验（Kosslyn et al.，2001；MacInnis & Price，1987）。心理意象本质上是不需要视觉的，而是可以由其他感觉模式引起（Cornoldi et al.，1998）。意象可以是视觉的、听觉的、味觉的、嗅觉的或触觉的，也可以由这些感官刺激组合而成（Miller et al.，2000；Andrade et al.，2013；Nanay，2017）。意象的出现常常涉及多种感官，但是也有可能只会涉及一种感官体验，比如视觉、嗅觉、味觉和触觉（Roy & Phau，2014）。这些涉及个体感官体验的意象可以统称为感官意象。例如，儿童比成年人更依赖具体的感官意象来记忆相似的句子（Kosslyn，1974）。具体而言，感官意象可分为视觉意象、触觉意象、听觉意象、味觉意象、嗅觉意象和运动意象等（Childers & Houston，1983；彭聃龄和张必隐，2004）。麦凯勒（McKellar，1972）对成年人的调查结果显示，97%的人具有视觉意象，93%的人具有听觉意象，74%的人具有运动意象，70%的人具有触觉意象，67%的人具有味觉意象，66%的人具有嗅觉意象。感官意象的早期研究仅仅集中在视觉意象上（Bone & Ellen，1992）。现实生活中，大多数人主要呈现的是视觉意象和听觉意象（Miller et al.，2000）。但是非视觉感官意象具有适当种类的特殊感官内容（Gregory，2010）。另外，按照心理距离进行分类，味觉和触觉是较近的感觉体验，而听觉和视觉是较远的感觉体验。与实际感官经验一样，感官意象遵循类似的模式，味觉意象和触觉意象属于近端感官意象，而听觉意象和视觉意象属于远端感官意象。

神经科学研究表明，虽然在所有感知和想象的感官体验之间可能没有完全的神经重叠（Veldhuizen et al.，2007），但是感觉意象可以激活大脑中与感觉经验相对应的区域，从而进一步支持视觉意象之外的感觉意象的存在。感官的非视觉神经活动与非视觉感官意象的产生有关（Gregory，2010）。例如，视觉意象激活初级视觉皮层，来自不同类别对象的视觉意象选择性地激活与来自这些类别的感知对象相关联的视觉皮层的相应部位，在触觉意象、运动意象和听觉意象以及相应的感觉或运动皮层也有类似的发现（Berger & Ehrsson，2014）。另外，听觉意象方面，想象熟悉的音乐会导致听觉皮层的活动（Kosslyn et al.，2001；Kraemer et al.，2005），一个设计成功的音频作品能促使听众将基于生活的体验融入“心灵剧场”，并创造出个人的“电影”（Ferrington，1994）。其他感官意象方面，嗅觉意象激活用于嗅觉的大脑区域（Bensafi et al.，2003），想象手指弯曲和伸展或手部运动可以激活大脑中躯体和运动相关区域（Michelon et al.，2006）。对酒精依赖患者的研究发现，品尝和吞咽酒精的感官意象、观察饮酒和追求物质的视觉意象均与鲜明生动且时常发生的嗅觉意象和味觉意象相关联（Andrade et al.，2013）。

现有感官意象相关研究主要聚焦在视觉意象方面。营销人员经常在广告中使用不同的感官意象（Elder et al.，2017），其中绝大部分集中在视觉意象方面（Andrade et al.，2013；Elder & Krishna，2010）。视觉意象是指视觉信息在工作记忆中的表达过程，是一种功能性的准图形表征，其特殊性质会影响认知过程，通过空间表征实现信息的生成、解释和操作（MacInnis & Price，1987）。视觉意象处理能力不需要依赖于视觉感知经验，或者实际上不依赖于任何特定的感官加工方式，例如盲人和有视力的受试者在各种各样的意象任务中表现出惊人的相似之处（Nancy，1983）。视觉意象具有独特的视觉内容，即认为视觉化的能力取决于个体对视觉感受主观本质的欣赏能力，有利于将视觉化过程中所掌握的内容的特殊视觉性质与这些事件中的特殊视觉性质联系起来（Gregory，2010）。视觉意象非常有用，如果目标不存在于直接的物理环境中，人们仍然可以通过观察目标的心理表征或想象他们在消费时想到的意象来进行评估（Horowitz，1972）。市场营销、工程设计、艺术设计和建筑等研究领域均已意识到视觉意象的重要性。如达尔等（Dahl et al.，1999）阐明了视觉意象在设计中的作用，并强调这种认知工具在新产品设计过程中的潜力。如果网络消费者先前建立了衣服织物的视觉意象，那么可以借助织物意象的视觉感受来评价织物的手感（Kazuya et al.，2004）。也有研究涉及动感意象。动感意象是指观看者认为具有动态感的意象，使大脑生成运动对象表示的能力，有助于模拟想象信息的变换、旋转和重组（Cian et al.，2014）。

2. 多感官模式意象

心理意象即感官刺激在头脑中的内在表现，可以用不同的感官体验（Burns et al.，1993），也可引发集成多感官感知（Berger & Ehrsson，2014）。**想象的感官体验和实际的感官体验是一样的，也是多感官的**（Bone & Ellen，1992；Spence & Deroy，2013）。因此，心理意象一般都是多感官模式的，是两种或多种不同感官模式相互作用的产物。多感官模式强调并不是在某种感官模式下产生的，而是由其他感官模式的感觉刺激触发的心理意象（Nanay，2017）。多感官模式心理意象所构成的特殊感觉本身是单一模式的，比如说，它纯粹是一种视觉上的感受。但事实上，它是视觉和其他感官模式相互作用的结果（Nanay，2017）。例如，网络虚拟环境中，消费者可以通过模拟直接体验特性的多感官意象表征与对象和产品进行交互（Li et al.，2003）。

多感官模式意象中，个体可以比其他人更专注于一个感官体验（Belardinelli et al.，2009）。例如，个人能产生多种感官意象（例如，想象吃一个汉堡时，可能同时产生汉堡包闻起来和看起来相关的心理意象），其中某一种类型的感官意象会相对主导（例如，想象一个汉堡包的味道突出，味觉意象超过嗅觉意象和视觉意象）。意象和感知都存在模式特异性激活模式（Andrade et al.，2013）。当多感官意象出现时，个体可以将相对焦点指向特定的感官体验，产生与想象的感官体验的心理距离相一致的效果（Elder et al.，2017）。如欧德和科瑞斯纳（Elder & Krishna，2010）发现，食品的广告文案中包含对多种感官体验的文字描述会提升消费者对食物口感的评价。在实际营销实践中，营销传播可以引起消费者对于商品及其属性的多感官意象（如听觉、触觉），营销传播也从中受益颇多。比如，多感官广告将促进消费者在体验过程中产生更多的积极的感官思维，最终使产品得到了更高的评价（Elder，2011）。因此，意象的生动性取决于感官的激活，多感官意象的生动性不仅有助于理解个体在情绪状态、心理障碍、心智演练和动机上的差异，而且可以进一步加深对意象的基本神经及认知过程的理解（Andrade et al.，2013）。

2.3.3.2 触觉意象

已有心理意象相关研究中，视觉、听觉和运动（运动意象）领域的研究文献非常多，但是触觉意象相关的文献却鲜有出现（Helen et al.，2012）。

1. 触觉意象存在

彼德森和罗斯科斯·埃沃尔森（Peterson & Roskos-Ewoldsen，1989）发现，研究参与者耗费更长时间在脑海上想象描述较重的物品，重量是一种由触觉判断的产品属性。这表明意象和触觉之间可能存在某种关联。意象内容是在短期记忆的基础上产生的，即在意象分配之前出现的触觉刺激（Yoo et al.，2003）以及长期记忆，有通过口头指令激活的痕迹（Fallgatter et al.，1997）。用于唤醒触觉意象的刺激物包括简单的振动感觉、轻抚触觉测试套件和较为复杂的刺激（如纹理）等。因此，由各种各样的诱导方法引起的触觉意象，会诱发与处理实际躯体感觉刺激相关的神经过程的激活（Helen et al.，2012）。

神经科学领域的研究证实了触觉意象的存在与其作用。根据视觉意象和听觉意象与感知物理刺激的神经网络共享的理论，触觉意象似乎至少与真实感知的神经机制有部分重叠（Uhl et al.，1994；Fallgatter et al.，1997；Yoo et al.，2003）。观察物体（活动的或静止的）被触摸的行为可激活与触觉感知有关的大脑区域，就算观察者的身体没有受到直接的刺激（Serino et al.，2008）。尤等（Yoo et al.，2003）进一步阐述了这一发现，并观察到触觉意象激活了侧初级和次级躯体感觉皮质、左侧顶叶、左侧额下回、左侧背外侧前额叶区、左侧中央前回、左侧岛叶和内侧额回等区域。这种激活甚至会导致一种行为效应，即感受实际的触觉（Blakemore et al.，2005）。

总之，克拉茨基等（Klatzky et al.，1991）提出了触觉意象系统的两个一般性原则。首先，**触觉意象的作用应与实际触觉相似**。这可能包括意象和感知之间的功能等价性，以及清晰的触觉意象检索相关信息线索的可能性。其次，**触觉意象所传达的信息内容应与触觉所提取的信息相对应**。例如，显著的触觉属性包括柔软度、重量和质地，触觉意象应具有相似的属性。基于触觉意象系统一般性原则，佩克（Peck，2013）认为触觉意象在某种程度上可以直接替代实际触觉。

2. 触觉意象与其他感觉的交互

触觉与视觉意象之间能够发生交互影响。意象与知觉之间可以相互促进或抑制，在产生触觉意象之后，触觉刺激比听觉刺激反应更快（Helen et al.，2012）。视觉意象可以在触觉探索过程中调解视觉皮质区域的跨模式参与（Zhang et al.，2004）。例如，在触觉形状感知过程中，视觉意象却非常常见。触觉意象往往伴随着视觉意象出现，如在思考玻璃的平滑度这种属性时，个体既应用了触觉感知意象，同时又在脑海中观察到他的手触摸玻璃（Klatzky，1989）。而且，触觉探索行为与视觉意象的结合提供了对触觉可达对象属性信息的获取（Klatzky et al.，1991）。如被试对一个物体的粗糙度、硬度、温度、重量、大小或形状进行触觉探索，判断前四个维度的受试者中有相当大比例的人想象一只手做出适合于指定信息的探索性动作。而且，相对于物体的形状和尺寸的视觉显著特性，物体的质地、硬度、表观温度和重量等属性更倾向于利用心理意象来进行适当的触觉探索（Klatzky et al.，1991）。

另外，真实触觉刺激可以形成视觉意象。通常在涉及多感官模式的情况下，个体只通过一种感官模式来获取感觉刺激（如只有触觉）。以盲人作为被试，由感官替代仪器辅助（如在皮肤上施加的轻微刺痛）形成的视觉感知，这既不是视觉感知，也不是触觉感知，而是一种多感官心理意象，是由触觉感官刺激引起的视觉心理意象（Nanay，2017）。纳奈（Nanay，2017）将此定义为跨感官信息处理，通过不同感官的替代体现了感官的可塑性和适应性。

3. 消费者行为研究中的触觉意象相关研究

首先是触觉意象的作用结果研究。因为闭上眼睛比睁开眼睛更能产生生动的触觉意象，因此当一个人闭上眼睛的时候，触觉意象可以导致对物体控制的感知并增加所有权的感觉（Peck et al.，2013）。在临床医学上，触觉意象与精神分裂症患者的触觉幻觉（共感幻觉）以及截肢患者经常经历的幻肢现象密切相关。触觉意象也可能用于学习和使用盲文（Yoo et al.，2003）。

其次是触觉意象诱发机制研究。其一，含有丰富触觉信息的文本信息可以诱发形成触觉意象。当消费者接触到更丰富的触觉信息时，他们往往会基于记忆中的由类似产品提供的触觉信息，进入产生触觉意象的心理过程，这些信息与产品的纹理、柔软度或弹性有关，从而减少接触产品的需要，而且感知的触觉意象与消费者对产品质量的感知之间存在正相关（Klatzky et al.，1993；Park，2006）。其二，应用视觉刺激诱导产生触觉意象。如使用图像交互性来模拟产品的抚摸姿势的界面比静态的产品图像更能激发自发的触觉意象（Overmars & Poel，2015）。在无法触摸的情况下，视觉刺激能够引导人们对触摸元素的思考，从而促进形成触摸感觉（Anema et al.，2012）。例如，看到一个柔软的羊绒围巾的图像，消费者不仅会感知和编码围巾的外观，还会产生包含触觉的内部意象，这些触觉也可以被“体验”（Hirschman & Holbrook，1982）。

最后是网络环境中虚拟触觉相关研究。消费者在线购买时可以进行臆想，通过真实想象并在大脑中再现触觉感知和体验的具体细节，能够实现与线下真实购物情境下相同的效果（Peck & Barger，2008）。赵宏霞等（2014）将网络环境下的这种触觉体验称为虚拟触觉，即消费者在线购买过程中所产生的对商品触觉的虚拟体验（朱国玮和吴雅丽，2015）。刘晟楠等（2011）认为是感官的交互整合功能和网络环境所营造的临场感知促成了虚拟触觉的形成。因此，在线消费者所诱发的触觉意象或想象触摸能够发挥与实际触摸产品近似的感知效果，并能产生积极的消费者行为意向（Klein，2003）。

2.3.4 文献评析

心理意象作为认知心理学的核心概念，在生理神经学领域和心理学领域得到广泛的关注并取得丰富的研究成果。在市场营销研究领域和消费者行为学研究领域心理意象理论也得到广泛的运用，主要用于解释消费者购买决策过程中的心理机制和影响后果，特别是在网络购买旅游产品等情境中得到深入的研究。但是已有研究更多是将心理意象视为一个整体变量，重点研究心理意象的诱发前因和作用后果，但是并未深入探讨心理意象的复杂构成要素，也未有对心理意象类型进行更深一步的区别和分类。这就导致心理意象相关的研究结论过于普适性，缺乏明确的指向性和具体性。而与数量众多的心理意象研究数量相比，聚焦于感官意象，特别是某一特定的感官意象的研究鲜有出现，这一细分领域所受到的关注程度明显不高，大规模的实证研究尚未出现。本书梳理综合了本部分文献，并结合本书研究目的，发现心理意象研究领域以及感官意象分支研究领域仍然存在以下的不足和研究空间。

2.3.4.1 心理意象领域仍然存在有待继续研究的空间

探索替代直接身体接触的方法是未来必须关注的方向，（Elder et al.，2010），特别是考虑到非触摸媒体的增长，如在线零售和目录购物，这一领域有望成为未来触觉学研究的重点（Peck et al. , 2013）。确实，近年来在线零售的触觉补偿策略得到学界相当多的关注，但心理意象的影响机制未得到同等的重视和深入的研究。

首先，现有文献未能对心理意象进行严格区分。区分心理意象类型在学习、情绪和情感、神经心理学和解决问题等方面都很重要（Dahl et al. , 1999）。因为不同类型的意象有特定的适应性，如想象意象适用于新产品设计，而记忆意象是否适应于网络购物中的感官补偿？这是一个非常有意思的研究问题，未来研究可以基于电商情境研究记忆意象的机制和作用。

其次，未来研究应该明确对心理意象和心理模拟进行区分研究。已有研究使用心理模拟机制来解释消费者在线购买心理过程，但在在线零售的触觉补偿机制研究中，心理意象能够更好地解释消费者的触觉信息替代和补偿过程。前述文献梳理结果表明，心理意象属于心理模拟的一种类型；心理模拟是前事实思维，更强调事件的模拟，而心理意象是后事实思维，更适合解释消费者在线购买过程中的感官印痕重现机制，因此更适合于作为电商感官补偿机制的解释机制。未来研究应当以心理意象，特别是感官意象作为消费者在线购买过程的心理机制展开研究。

最后，消费者心理意象对其行为意向的影响仍然有待于深入研究。消费者购买决策过程中，消费者的心理加工活动会影响其行为意愿（Fennis et al. , 2012；Yoo & Kim，2014）。但是，在线零售中的心理意象与行为意图之间的关系在很大程度上是未知的（Yoo & Kim，2014）。未来的研究应该更多地揭示心理意象影响消费者判断和行为的过程（Petrova & Cidini，2007）。

2.3.4.2 感官意象的诱发机制需要进一步拓展

首先是非感官模态信息如何影响感知。到目前为止，还没有研究关注非感官模态信息如何影响嗅觉、触觉、听觉或视觉感知。品牌名称、成分、广告对嗅觉和触觉的影响如何？产品描述能使某些东西闻起来、感觉起来、听起来不同吗？因此，研究视觉图片和语言信息对感官知觉的影响有着巨大的需求。

其次，研究不同刺激物的组合对心理意象的影响作用。心理意象处理可以由各种外部广告刺激引起，这类研究大多集中在平面广告上，通常只包含一种刺激，不考虑交互效应的测试（Lee & Gretzcl，2012）。尽管“想象指令”已经被广泛测试用于唤起心理意象处理，但这些指令并没有在网络环境中测试过，因此可以作为未来研究的主题（Lee & Gretzel，2012）。而且，现有研究还没有调查不同类型的诱发刺激因素的组合使用及其组合的有效性，以唤起复杂和高质量旅游的消费愿景（Walters et al.，2007）。另外，已有研究仅是笼统表明文字和图片在感官意象诱发过程中的作用，但并没有深入去区分具体的文字信息和视觉图片内容和展示方式，文本和图片操控过于笼统和宽泛。现有研究中感觉线索过于笼统，未来研究可以细化为触觉线索、嗅觉线索等（苏晶蕾等，2016）。因此，未来除了需要研究网络情境中不同模态的刺激物组合对心理意象的诱发机制，如想象引导指令与不同类型的图文所组合形成的刺激材料对于诱发消费者感官意象的影响，还需要考虑诱发刺激材料的表达内容和表现方式是否对感官意象产生影响。

2.3.4.3 感官意象作用机制有待于进一步纵深推进

首先，现有研究对感官意象重视程度不够，仅提及感官意象的内涵和类型，鲜有实证性研究。特别是，鲜有研究聚焦感官意象，特别是触觉意象在网络购物中感官补偿的心理机制。广告商是否能利用非视觉感官的意象，基本上仍是一个未解答的问题（Rao et al.，1996）。消费者在线购买中所缺失的感官信息和体验是否能够通过一一对应的感官意象进行替代性补偿？进一步，一个特定的感官通道内，尚未解决某种心理意象是否能够导致多种感觉的整合（Berger & Ehrsson，2013）？因此，要解答这些理论问题，未来研究需要聚焦于具体的感官意象，如触觉意象等，并研究感官意象的作用机制，从而纵深推进对感官意象的研究。

其次，进一步探索触觉意象替代实际触觉的过程机制。心理意象是内源性感官，其本质发挥着与真实感官相同的功能和作用。鲜有研究深入了解心理意象对真实感官的替代作用。虽然有研究发现，触觉意象可以作为实际触觉替代物（Peck et al.，2013），但是这种情况只发生在一个人闭上眼睛的时候，而这一结论在商务实践中缺乏足够的推广性。

再其次，现有关于意象和触觉系统的研究是有限的，触觉意象的研究有助于进一步扩展感官研究的范围。一方面，触觉意象可以促进触觉领域的研究（Peck et al.，2013）。当触觉意象可以代替身体接触时，可以把研究设计为在线进行，或者在计算机实验室开展，这有利于进一步扩充触觉研究内容，探索新的研究方法。另一方面，随着对触觉意象效果的进一步了解，研究人员可以进一步明确触觉研究中的实验刺激程度操控（Peck et al.，2013）。另外，触觉意象的研究有助于探索触觉信息的生动性。某些类型的触觉信息天生就比其他类型更生动吗？例如，柔软的触觉属性可能比重量更容易想象。未来研究可以从上述方向进行进一步的探索。

最后，触觉意象能与其他感觉和感觉意象进行交互，未来的研究还应探讨视觉意象与触觉意象之间的关系。虽然对触觉意象的了解甚少，但有证据表明视觉意象包括触觉特征（Zhang et al.，2004）。例如，卡兹（Katz，1925）想象着窗玻璃的光滑，并注意到意象中有一只手的存在。由于意象的功能是对一种经验的再创造，而这种经验可能包含多种形式，因此不同类型的知觉意象之间的相互作用值得研究（Peck et al.，2013）。

2.3.4.4 产品类型在诱发感官意象中的调节作用仍有待进一步探索

已有研究考察心理意象对不同类型产品的影响，主要集中在具有体验元素的产品类别上，如汽车、啤酒、公寓、餐馆、照相机和度假等。但是也有证据表明心理意象对计算机等具有更大功能性成分的产品有影响（Zhao et al.，2007）。并且，还有必要考虑产品类别中过去经验的问题。如果一个物体是熟悉的，那么通过储存过去的经验，触觉意象可能会更容易，从而提高生动性，而与不熟悉的物体的触觉意象可能不会那么有效。因此，未来研究需要综合考虑产品的体验元素和产品熟悉程度等因素，并进行相应的产品类型区分，以进一步研究感官意象对不同类型产品可能产生的不同影响。

2.3.4.5 未来研究需要进一步探索消费者个体差异在心理意象机制中的调节作用

未来需要研究在何种情况下，想象产品的容易性或困难性可能会影响消费者判断。帕西尼和爱泼斯坦（Pacini & Epstein，1999）认为个人以经验或分析的方式处理信息的程度方面确定了稳定的个体差异。因为倾向于经验处理信息的个体对他们的直觉和主观经验很敏感（Danziger et al.，2006；Pacini & Epstein，1999），这表明这种类型的消费者将最受意象启发信息的影响。因此，未来研究应该关注与自我主观体验相关的其他变量的潜在调节作用，比如个体结构需求这一变量的潜在影响。

2.3.4.6 未来研究需要进一步探索心理意象处理的信息如何影响消费者的判断和购买

全渠道购物背景下，消费者可以并热衷于研究性购物，展厅现象出现并越来越普遍。因此，消费者热衷于开展线上和线下全渠道体验购物，未来研究需要进一步研究心理意象在此过程中的作用机制，应研究心理意象处理的信息如何影响消费者的判断和购买及其他的消费过程。例如，当网络购物体验产生触觉意象之后，实际的触摸会发生什么？想象的触觉体验可能比实际的触觉体验更好，也可能更差。如果存在差异，消费者将如何解释？逼真的触觉意象是否会因为后续实际接触的失望而对产品满意度产生负面影响？或者触觉体验本身会受到先前触觉意象的影响吗（Peck et al.，2013）？未来研究需要结合在线非接触式触觉补偿策略与线下真实触摸体验策略这两种策略，进一步考察触觉意象的作用机制。

2.4 消费者学习相关研究

2.4.1 消费者学习相关理论

学习是消费过程中不可缺少的一个环节，消费者的行为很大程度上是后天习得的（马瑟斯博和霍金斯，2016）。消费者学习是指长期记忆或行为在内容和结构上的变化，是信息处理的结果。其中，消费者的信息处理过程包括营销商提供的营销刺激物被消费者感知、转化为信息并存储在头脑中一系列的活动，包括刺激展露、注意、解释和记忆四个环节（Mothersbaugh & Hawkins，2016）。

心理学领域的学习理论包括行为学习理论和认知学习理论，形成行为主义观点和认知心理学观点两种理论观点。其中，行为主义观点认为经典性条件反射理论、操作性条件反射理论和观察学习理论可以解释个体的学习过程和结果的理论机制（符国群，2015）。而认知心理学观点则认为个体可以通过顿悟学习、潜伏学习、模仿学习、图标式机械学习、替代式学习、分析性推理等方式进行学习；学习是一个解决问题的过程，而不是在刺激与反射之间建立联系的过程，学习实际上是学习者头脑内部认知结构的变化（符国群，2015；禹杭，2019）。

消费者学习理论是心理学领域的学习理论在消费者行为领域的应用与延伸。依据行为学习理论，消费者接触到营销商施加的外在营销刺激时，每一个消费者的反应都存在差异（谢明慧，2013）。因此，消费者学习研究主要是通过观察营销刺激物对消费者所产生的差异性反应并对其过程剖析和解释。而认知学习理论则主要关注消费者的心理思考过程，聚焦于在消费者接触营销刺激物之前和之后的心理内部所进行的加工处理过程（Haskell，2001）。消费者行为领域，基于这两种理论观点的知识迁移（knowledge transfer）理论或者学习迁移（transfer of learning）理论普遍用于解释消费者的学习过程。具体而言，学习迁移理论认为，一种情境中获得的技能、知识和形成的态度对另一种情境中的技能、知识的获取或态度的形成产生影响（柳武妹等，2018），人们可以使用过去的经验来理解新事物（Haskell，2001）。因此，消费者既可以通过外在的消费信息来源（如广告、口碑、产品体验等）进行学习，也可以通过内在的知识迁移策略进行学习，即通过已存储的先验知识去认知理解新的知识（禹杭，2019）。

2.4.2 消费者学习效应相关研究

消费者学习可以产生积极的效果，如获得有关购买的产品信息、促发联想和影响消费者的态度和对购买的评价（符国群，2015）。因此帮助消费者学习已被证明是一个有效的营销沟通目标，因为这是许多公司获取长期利润的重要原因（Wernerfelt，1996）。消费者学习效应主要关注消费者通过学习过程所产生的结果。通常而言，消费者学习过程通常会产生三种类型的学习效果，即加强型学习、削弱性学习和重复型学习。其中，加强型学习是指消费者在产品信息搜集过程中或在产品体验后，消费者对该商品有关的知识和信息表现出更加浓厚的兴趣，对产品的好感和印象会由此得到加强（符国群，2015）。因此，有效的消费者学习，如帮助消费者实现加强型学习，被认为是消费的关键中介（Daugherty et al.，2008）。

消费者学习效应通常基于认知、情感和意愿等维度确定（Daugherty et al.，2008）。其中，消费者学习的认知效应，已有研究主要是评估实验参与者自我报告的产品知识（Smith & Park，1992；Biocca et al.，2001），即检验对产品的了解程度、做出购买决策所需的额外信息的数量，以及产品的质量判断（Daugherty et al.，2008）。消费者通过触摸体验产品，并积极影响后续的产品的评价和判断，产生积极的认知效应。例如，在各种消费者行为情况下，触觉刺激增强了对外部刺激和触摸来源的积极感受和评价（Horni，1992）。触摸是一种有效的说服工具，触觉输入通过触觉探索获取的信息影响消费者的产品学习（Rahman，2012）。在电子商务领域，加莱塔（Galletta，1991）认为不同类型的产品展示模式对消费者认知学习的质量有显著影响。已有消费者行为研究主要是评估实验参与者的感知网站诊断性，即消费者对特定网站在多大程度上有助于他们理解在线购物产品的感知（Jiang & Benbasat，2005），也就是消费者认为在线购物体验有助于产品评估的程度，因为这种体验是在线购物决策中的关键因素（Verhagen et al.，2014，2016），在线零售的产品信息展示有助于消费者获取和处理（Carlos，2010）。

消费者学习效应的情感维度，即消费者的情感效应，已有研究发现消费者学习能够产生积极的产品态度、广告态度和品牌态度（Biocca et al.，2001；Daugherty et al.，2008），即消费者对营销刺激材料产生积极的感受和情感。在已有触觉相关研究的实验中，触摸产品后情绪反应作为情感维度进行测量，即实验参与者在触摸实验产品后要求报告情绪反应的感受，如感兴趣的、感动的、自信的、高兴的、吸引的、满意的、有趣的等（Peck & Wiggins，2006）。消费者在触摸某产品后能引起令人愉悦的情绪（Spence & Gallace，2011）、激发积极的情感反应（响应和共鸣）（Peck & Wiggins，2006）。电子商务在线展示研究领域相关研究发现，良好的产品展示会导致消费者积极的购买行为反应。在线零售中，良好的产品展示不仅可以吸引消费者访问网站并诱发积极的情绪，还可以在没有直接产品体验的情况下影响消费者态度和购买意愿（Chau et al.，2000；Hong et al.，2004），进而导致积极购买行为反应和促进消费者的购买决策（Yoo & Kim，2014）。

消费者学习的意愿维度中，即消费者的意愿效应，购买意愿是一种常见的有效性度量方法，通常用于预测响应行为（Biocca et al.，2001；Daugherty et al.，2008）。触觉研究中发现，消费者通过触摸和体验产品后，提升产品估价和价格支付意愿（Peck & Shu，2009；Peck et al.，2013）、增加物体心理所有权感知（Peck & Childers，2009），进而正向影响购买决策（董伶俐，2017）、增加产品购买意愿（McCabe & Nowlis，2003）和冲动购买（Peck & Childers，2006）。在线产品展示是在线零售网站一个关键的成功因素，是在线消费者的关键决定因素（Ranganathan & Ganapathy，2002），会影响在线消费者的感知和行为（Jarvenp et al.，1997；Huizingh，2000；Kim 和 Stoel，2004），影响消费者在线购买决策、网站满意度和在线购买意愿（Jahng et al.，2007）。

2.4.3 文献评述

消费者学习是消费者行为研究的重要内容，消费者学习效应是检验营销商所提供的各类营销刺激产生的效果的关键变量。因此，消费者行为中触觉研究和在线零售领域中的在线产品展示相关研究中，均将消费者学习效应作为消费者行为结果变量进行考量，即关注不同的触觉刺激材料或者不同的产品展示方式所导致的不同的消费者学习效应。事实上，已有研究基本上聚焦于消费者学习效应其中的某一个维度，如仅检验消费者的认知效应是否有得到提升，特别是绝大多数研究仅仅检验消费者的意愿效应，即购买意愿，能否得到有效提升。但遗憾的是，鲜有研究能从全维度角度来研究不同营销刺激物对消费者学习效应所产生的影响，即将消费者学习效应的认知效应、情感效应和意愿效应三个维度同时纳入消费者行为研究理论模型的结果变量中。因而，这导致了现有研究只能简单直接检验消费者的意愿效应，而不能系统性、全局性和逻辑性地洞悉营销刺激对消费者行为所产生的复杂深远影响，约束了进一步打开消费者行为“黑箱”（心理机制）的相关研究的深度。因此，未来研究有必要进一步探索消费者学习效应全维度研究，特别是需要纵深探索在线零售中消费者在线购买行为的心理机制以及结果维度，从而进一步全面剖析消费者在线购买行为诱发机制的动因。

3 理论基础

3.1 隐喻理论

3.1.1 隐喻及隐喻理论内涵

3.1.1.1 隐喻理论发展过程

长期以来，隐喻一直是修辞学学者和文学学者的研究领域，修辞学学者主张隐喻的说服力，而文学学者则依赖于对隐喻和符号（以及许多其他元素）的分析，以获得对文本的意义和重要性的更深层次理解（Morgan & Reichert，1999）。例如，在认知语义学诸分支中，隐喻被定义为一种新颖的或诗意的语言表达，即一个概念的一个或多个词被用在其正常的传统意义之外来表达一个类似的概念（Lakoff，1992）。

后来隐喻理论突破认知语义学范围，延伸至更为广泛的范围（张松松，2016）。后续相关研究证明了隐喻无处不在，甚至存在于“日常”语言和思维之中。隐喻是两个不同自然事物之间的隐含比较，而这两个事物间有一些共同之处。隐喻用另一种事物来理解或感知某种事物，隐喻的实现机制是概念系统的结构映射，强调感知相似性在隐喻分类中的作用（Lakoff & Johnson，1980）。隐喻是使个体以另一种事物来体验某事物的语言描述和视觉图片（Ang et al.，2006）。

在认知心理学领域，隐喻理论认为在目标域和始源域之间具有某种概念层面的相似关联，其本质是指人们通常借助熟悉、具体的形象概念去表达陌生、抽象的概念（殷融等，2013）。隐喻基于具身认知思维方式，强调过往的感觉经验，是个人知识的构建基础。概念通常是建立在隐喻基础上的，因此也被称作概念隐喻理论（conceptual metaphor theory，CMT）（Lakoff & Johnson，1999；Lozada & Carro，2016）。拉科夫和约翰逊（Lakoff & Johnson，1980）认为隐喻是人们通常借助具体的、有形的、简单的始源域（source domain）概念（如温度、空间、动作等）来表达和理解抽象的、无形的、复杂的目标域（target domain）概念（如心理感受、社会关系、道德等），从而实现抽象思维。个体认知主要是基于其身体体验和相关活动而进行的（叶浩生，2010）。因而消费者熟知的实体概念很多是和身体的知觉体验密切相关，故概念隐喻的“源领域”的经验也多与此密切相关（殷融等，2013）。比如，隐喻涉及一些抽象的经验（如愤怒），似乎是根据完全不同的事件和更感性的经验（如身体温度上升或爆炸）概念化的语言表达（Brian，2012）。这些研究主要涉及空间隐喻、温度隐喻、洁净隐喻、触觉隐喻等（殷融等，2013）。

隐喻理论发展经历了融合隐喻理论、基本隐喻理论、隐喻神经理论、概念合成理论和神经隐喻理论等不同阶段（Grady et al.，1996；Fauconnier & Turner，1996；Narayanan，1997）。隐喻理论主张隐喻是人脑的一种自然神经处理机制，能使个体更容易学习和理解。个体的隐喻性表达和思维通常采用心理模拟模式进行，并在个体长期学习过程中得以巩固。其中，格雷迪等（Grady et al.，1996，2007）的基本隐喻理论假设常规隐喻（基本隐喻）是生活中最普遍的一种隐喻形式，主要来源于个体的身体体验，具有直接体验相关性、严格的映射单向性和跨语言的普遍存在性等三大特性，其功能是在认知层面的一些同等相似基本的概念建立链接。

3.1.1.2 隐喻分类

隐喻有不同的分类。拉科夫和约翰逊（Lakoff & Johnson，1980）将隐喻区分为结构隐喻、本体隐喻和方向隐喻三种类型。格雷迪（Grady，2007）依据隐喻操作复杂性，将隐喻分为基本隐喻与合成隐喻。其中，基本隐喻是指其始源域基于个体的日常体验和身体感觉的隐喻，如与同类的其他隐喻相结合，则生成合成隐喻。

根特纳（Gentner，1983）按照隐喻的发展阶段，将隐喻分为新奇隐喻（个体隐喻）与惯例隐喻（延伸隐喻）。其中，新奇隐喻或个体隐喻（individual metaphor，novel metapho）表示单个比喻短语（individual figurative phrase），通常是“X 是 Y”这种形式的名义隐喻。比较是驱动隐喻的基本过程，新奇隐喻只有通过比较才能理解（Gentner et al.，2001）。而惯例隐喻（global metaphor）、延伸隐喻（extended metaphor）或概念隐喻（conceptual metaphors）则表示两个域之间的扩展映射。人们使用来自熟悉的具体领域的类比和隐喻来讨论不太熟悉或抽象的领域（Gentner et al.，2001）。新奇隐喻与惯例隐喻属于隐喻发展生涯的不同阶段，新奇隐喻最开始被处理成具体的或字面上的始源域和目标域之间的结构连接，涉及某领域特定概念的基本术语，但尚未与领域一般范畴相关联。但随着反复比较，隐喻的意义逐渐被抽象出来，并与约定俗成的术语相联系，最终演化为惯例隐喻（Centner & Wolff，2000；Bowdle et al.，2005）。

从模态上，隐喻可以分为语言隐喻与视觉隐喻。其中，视觉隐喻将两个不太一样的图像进行类比，用以表明一个物体和另一个物体相似或相像（Lagerwerf et al.，2012；Phillips，2004）。不同于图像描述必须符合一定标准化的规范，图像隐喻勇于打破标准化规范，力图建立能被相应描述所决定并检验的有效创新点（Kennedy，1982）。斯科特（Scott，1994）则认为所有的图像其实都是比喻的。当前视觉隐喻是众多研究者比较关注的领域，当前多以物体简笔画、漫画及广告等方面的研究为主（胡学平等，2014）。个体在解读视觉隐喻时，通常将不同的物体进行对比，并且倾向于将存在知觉相似的物体归类到相似或相同的范畴，而不同的物体是否存在知觉相似则由物体的大小、形状、空间方位及颜色等属性特征决定（Schilperoord et al.，2009）。实物形状的知觉相似性有利于视觉隐喻的加工（胡学平等，2014）。本书主要探讨结构隐喻、基本隐喻和新奇隐喻类型的隐喻比较。

3.1.2 隐喻与相似空间理论

3.1.2.1 相似空间理论

相似观、早期经验观、身体构造观和进化观等理论可以解释隐喻映射建立机制（殷融等，2013）。其中，相似观得到学界的共识认可并在解释隐喻机制中占据主导地位。相似观主要认为，因为特定的始源域概念与目标域概念之间的具体内容与内在结构存在某种相似性，所以两者之间可以建立隐喻映射（Gentner，2013）。根特纳（Gentner，1983）提出，隐喻的结构映射机制是指两个不同域之间的映射，并对每个域进行配对。基于此机制，根特纳和史密斯（Gentner & Smith，2013）界定相似空间为：不同概念间“关系相似”程度和“属性相似”程度的维度比较提供的连续体二维空间。

在相似空间理论框架中，根据两种概念间匹配是关系结构还是属性结构，或者两者兼有，可以区分出不同类型的相似性，包括了类比、隐喻、文字相似和外形相似等几种不同的相似性类型（Gentner & Clement，1988）。其中，类比是指一个比较具有高度的关系相似度，但是属性相似度很低。外观相似是指对象间属性完全一致，但是却没有关系结构相似。文字相似性既保留关系结构相似同时也有属性结构相似。如果两个对象之间没有任何共同之处则属于异常。**而介于类比、异常、外观相似和文字相似之间的广大连续空间则定义为隐喻。**相似空间理论框架包含大量的隐喻，绝大部分的非文字相似性比较都可以被标记为类比或隐喻（或明喻）（Gentner，1983）。图 3－1 显示了始源域和目标域共享不同类型特征所形成的相似空间。

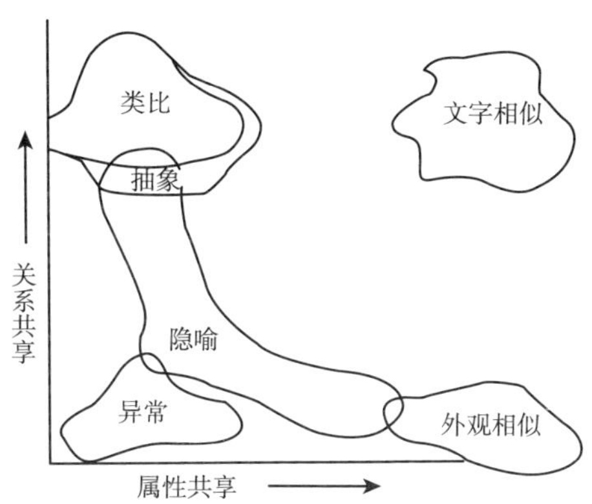

图 3－1　始源域和目标域所共有的特征种类所形成的相似空间

资料来源：Gentner，D. Structure-mapping：A theoretical framework for analogy［J］. Cognitive Science，1983（7）：155－170.

根特纳（Gentner，1983）将隐喻分为关系隐喻、属性隐喻以及两者的组合。关系隐喻表达了常见的关系结构，可以像类比一样进行分析。属性隐喻是一种外观匹配，关注的是常见的对象属性。还有一些是属性和关系的组合。心理学文献中研究的大多数隐喻主要是传达对象间的相关共性（即关系结构）。这种关系隐喻表达的是，无论对象本身是否具有内在属性的相似性，基本对象之间的关系系统也适用于目标对象之间。**隐喻理解中关系结构的中心地位已被大量研究证实。**例如，人们对隐喻的表达往往包含更多的关系，而不是简单的概念，关系隐喻是成人隐喻语言的一大特点（Centner & Clement，1988；Tourangeau & Rips，1991）。具体而言，隐喻表达或者隐喻思维是指一种将两个原本没有关联性或不具有相似性的物体进行比较的手法，通常采用“A”是“B”的形式进行表现（Sopory & Dillard，2002），如表 3－1 所示的一些示例。

表 3－1　相似空间中不同相似类型示例

序号	比较案例	相似类型
1	柠檬水就像白开水一样	文字相似
2	热就像水：它沿着温度梯度向下流动	类比

续表

序号	比较案例	相似类型
3	如果我们年轻时不储备知识，当我们老了的时候，那就没有乘凉的树荫	关系隐喻
4	机警的机智，就像锋利的刀子，常常会割破主人的手指	关系隐喻
5	她任由生命像自来水一样白白浪费	关系隐喻
6	天上的华灯，太阳	属性隐喻
7	咖啡就像一个太阳系	异常

如前所述，表3-1中，表述1是文字相似性比较，而表述7是异常比较。表述2为类比，表述3至表述5称为关系隐喻，而表述6属于属性隐喻。

其中，**隐喻与类比很多时候作为一个相似的概念进行表达**。隐喻与类比有着密切联系，两者都是以比较为基础的，又相互依赖、紧密联系。通过类比和联想进行的相似性替换过程就是隐喻的基本过程（王洪刚和杨忠，2003）。隐喻产生了类比，类比是以隐喻为基础的，或者说类比仅仅是对隐喻结果的一种描述（Way，1991）。类比的基本过程在隐喻中起作用（Gentner et al.，2001）。其中，类比映射涉及识别两种情况之间的共同关系系统，并在这些共同关系的指导下产生进一步的推论（Gentner，1983；Kokinov & French，2003）。一个熟悉的具体领域（基础或来源）可以作为一个模型，通过这个模型，人们可以理解和推断一个不太熟悉或抽象的领域（目标）（Gentner & Smith，2013）。人们常常通过类比熟悉的情况来了解新情况。对问题解决的研究表明，学生经常试图通过映射已知问题的解决方案来解决问题（Ross，1987）。即使没有指导，在日常生活中，人们也利用经验类比来形成对外界世界印象的心理模型（Gentner & Smith，2013）。隐喻和类比也有一些不同之处。首先，隐喻在结构上比类比更多变：隐喻可以是属性匹配、关系匹配，或者两者都是，有些甚至可以违反结构一致性（Centner et al.，1988）。其次，隐喻这个术语经常被用来描述新颖生动的非字面比较（Ortony，1975）。最后，两者的区别还体现在修辞语言的语用功能。类比用于解释预测的语境，而隐喻可以更广泛地用于解释预测或表达情感的语境。因此，隐喻是一个更为宽泛的概念，很多研究中并未将这两个概念进行严格的区分。

3.1.2.2 LOC相似空间理论

基于相似空间理论，语言学领域进一步发展形成了LOC相似空间理论。“作为本体和识解的词汇意义”模型即**LOC（lexical meaning as ontologies and**

construals）模型（Paradis，2005）认为，概念牢固地建立在个体的感知和对外界世界的体验之上，假设个体对外界世界的感知（perceive）方式就是其对外界环境形成概念（conceive）的方式（Barsalou，2008；Gibbs，2006；Lacey et al.，2013；Talmy，2000），概念来源于感知并通过表达感知的语言来体现。LOC 模型假设了一个既有本体（概念）结构又有认知过程（识解）的系统。

LOC 模型由三个部分构成，包括前意义（pre-meaning）的内容结构（contentful structures）、配置结构（configurational structures）以及在话语意义识解过程中作用于意义结构的识解系统（construal system）（见表 3－2）。其中，LOC 理论模型区分了两种类型的概念结构：配置结构和内容结构。其中，**内容结构（类似于相似空间模型中的属性结构）**是与有形空间物质和时间维度的事件、过程和状态相关的前意义（如颜色、气味、味道、触感等），关注"意义本身，即与具体现象、事件、状态、抽象现象相关的意义结构"（Paradis & Willners，2011）。**配置结构（类似于相似空间模型中的关系结构）**是指与内容结构相结合，以意象图式类型表达的前意义（如规模、程度、比例、部分—整体、因—果等）。配置结构会额外地解释构成意象模式的焦点、尺度和边界等元素。配置是关系结构元素，需要有内容结构才有意义（Hartman & Paradis，2018）。识解系统在操作概念结构时使用，负责语言表达在语篇中词汇项意义的最终分析，包括转喻、比较识解和对比、明喻和隐喻等方式（Paradis，2005）。

表 3－2　　词汇意义建构中的本体论和认知过程

本体论（概念结构）		认知过程
内容结构	配置结构	识解系统
与有形空间物质和时间维度的事件、过程和状态相关的前意义，例如：颜色、气味、味道、触摸、酒、葡萄等	与内容结构相结合，以意象图式类型表达的前意义，例如：规模、程度、比例、部分—整体、因—果等	操作概念的方式，例如：转喻、比较识解和对比、明喻和隐喻等

LOC 相似空间理论就是将相似空间内的关系相似维度与属性相似维度同 LOC 中的配置结构和内容结果进行对应，形成词语意义的相似空间。例如，不同词汇的概念，如空间（配置结构元素，类似于关系结构）包括高度、宽度和深度，而颜色（内容结构元素，类似于属性结构）包括色调、饱和度和亮度（Paradis，2005）。加登佛斯（Gärdenfors，2014）强调拓扑和几何可以定义概念空间中的接近性和距离，即如果点 x 比点 z 更接近点 y，则 x 更接近 y 而不是 z。加登佛斯（Gärdenfors，2014）还举了一个例子，如味觉领域的甜味和营养领域的糖含量与苹果的概念之间存在很强的相关性，但红色和甜味之间的关系较弱。

因此，属性是概念的特殊情况，因为属性基于单个域，而概念基于多个域。上述例子中，红色和甜味等都属于 LOC 模型中的内容结构（属性结构），而苹果属于配置结构（关系结构）。

LOC 相似空间理论广泛地解释比较识解，其范围包括许多重要的比较识解模式，如隐喻、类比、明喻和文字/整体相似性。该理论侧重于构建始源域和目标域之间映射的概念结构，以及促进这种映射的解释操作（Hartman & Paradis，2018）。其中，识解（construal）是人们对周围环境的一种感知，是人们对相同的语义内容所进行的主观认识、理解和描绘。词语的意义就是通过人们的识解过程所产生的结果（Hartman & Paradis，2018）。识解在对外界认知过程中发挥至关重要的作用，特别是在人们被迫从直接观察或二手报告中获取刺激事件的直接信息之外的信息时，以及当他们被迫从周围展开的行动和结果中推断额外的内容、背景或意义细节时。换句话说，当一个人缺乏正确处理特定情况的知识时，他（她）最有可能使用识解（Langacker，2005）。比较识解是一种重要的沟通策略，能创设熟悉的情景意义，并通过语言来传达情感/感官体验，引发读者的替代体验，进一步加深对影响情感/感官描述的方法的解释（Hartman & Paradis，2018）。

LOC 相似空间理论阐述了比较识解以及具体的情感和感觉模拟。该理论模型具有广阔的应用潜力，在艺术、食物、酒、音乐、香水的推广和评估应用中发挥了重要的作用，在教育教学和医患沟通方面也发挥了重要的价值（Hartman & Paradis，2018）。近年来，如何在健康和疾病交流中语言使用比较识解（以隐喻为重点）的研究有所增加（Adolphs et al.，2004）。

3.1.3 隐喻效果的解释机制及认知影响

3.1.3.1 隐喻构建的解释机制

结构映射理论认为，隐喻是在一些初始的关系共性的基础上进行结构对齐处理，然后进一步的推论，从更具体或更熟悉的源投射到目标上（Kokinov & French，2003）。结构映射理论还假定两个特定的信息约束（Gentner，1988）。首先，结构映射最重要的是结构关系，而不是共性对象描述。其次，选择匹配关系是由系统化原则指导的，人们选择那些属于共同关系系统的部分。因此，类比和许多种类的隐喻专注于关系上的共性，可以被看作是突出和延续关系结构的手段。隐喻处理中采用和类比推理类似的过程，即结构对齐、推理投射、渐进抽象和再表示等方法（Gentner et al.，1997）。类比都有一个基本的过程，包括检索、映射和评估等（Gentner & Smith，2013）。其中，映射包括结构对齐（既寻找共同关系结构）和推理，当一个事实与其他匹配的事实有因果联系时，人们更有可能导入一个从始源域到目标域的推论（Clement & Gentner，1991）。**几个因素会影响隐喻中结构映射效果，从而影响隐喻构建的效果。第一，结构映射过程本身的内在因素。**如系统性，即两个相似物是否共享一个紧密相连的关系结构；还有透明性，即两个域中相对应的对象看起来相似的程度，而且熟悉且结构良好的始源域的价值常常超过透明性的优点（Gentner et al.，2001）。**第二是受众的特点，如年龄和专业知识。**当进行类比时，年幼的儿童受对象匹配的影响很大，他们比年长的参与者更难以注意到关系匹配（Gentner，1988）。随着理性处理能力的增长和成熟，孩子可以有效地对不同对象进行匹配，从而更倾向于关系匹配（Thibaut et al.，2010）。**第三是任务因素，如处理负荷、时间压力和环境。**因为任务条件及其与处理能力的相互作用，个体进行关系匹配比进行对象属性匹配需要更多的时间和处理资源（Gentner et al.，2001）。

不同的理论视角可以解读隐喻构建的解释机制。首先，意象图式理论认为诸如个体的具身概念可以演变成为结构较抽象的概念或概念域，而这种抽象的意象图式可以被个体使用作为隐喻映射的始源域，并可以为隐喻映射提供具体来源和依据（Johnson et al.，1993）。其次，类别范畴假说认为，隐喻性比较是两个不同事物之间的比较，可以用类包含语句来表达（Glucksberg，2003）。隐喻是一种创造新的、相关的和有用的分组，因此特设新类别的构建是个体进行隐喻加工的关键过程（Flor & Hadar，2005）。

3.1.3.2 个体对隐喻理解的影响因素

1. 个体对隐喻信息的处理与理解影响机制

个体对隐喻理解是隐喻发挥预期效果的必要前提。所有隐喻的理解都涉及与大脑右半球相关的功能，或者是通过大脑左右半球之间的合作来实现的（Morgan & Reichert，1999）。在理解、处理和记忆隐喻性信息和非隐喻性信息的过程中，人们大脑右半球的作用至关重要（Vance & Virtue，2011）。广告应该适度复杂，既应该是足够新颖的或吸引人的，但同时又应该足够容易理解（Larsen et al.，2004）。一方面，隐喻更难以理解（Searle，1979）。这是因为隐喻会给消费者带来额外的处理需求（Toncar & Munch，2001）。另一方面，也有研究表明，隐喻理解在一般语言处理中是基本的，不需要特殊的过程或额外的努力（Eviatar & Just，2006）。吉布斯和滕达尔（Gibbs & Tendahl，2006）进一步指出，在隐喻理解中，认知努力与认知效果之间没有系统的相关关系。虽然在某些情况下，一些隐喻可以很快被理解，却几乎没有推断出认知效果；而在另一些情况下，隐喻需要相当长的时间来处理，并伴随着丰富的认知效果（Gibbs & Tendahl，2006）。理解度能够调节隐喻类型对广告赞赏度的效果（Mulken et al.，2014）。

2. 影响隐喻理解的相关因素

以隐喻广告为例，广告受众的个体特征，如个体认知需求、个体信息加工能力和个体文化背景差异等因素，会影响其对隐喻广告的理解和欣赏（禹杭和陈香兰，2018）。

首先，个体认知需求方面。消费者对隐喻广告的主观理解能力受到隐喻信息一致性程度、认知需求和信息加工类型等因素的影响。比如，德罗西亚（DeRosia，2008）研究发现，相对而言，认知需求水平中等的受众能够较好地理解包含非文字模态隐喻的广告。另外，隐喻广告所产生的说服效果仅对认知需求高的受众有效（Chang & Yen，2013）。因此，人们隐喻化思维的强度明显受到他们在避免加工复杂、抽象信息倾向上的差异的影响。人格研究发现，对结构化知识（structured knowledge）有较高需求的个体更倾向于对外界环境信息进行具体化的解释（Neuberg & Newsom，1993）。个体的结构化知识需求水平越高，则可能会更加依赖隐喻进行抽象性思维和信息加工（殷融等，2013）。

目前个体结构需求这一人格特征在很多领域都得到了关注。纽伯格和纽森（Neuberg & Newsom，1993）首先指出，个体结构需求与对经验的接受程度是负相关的。高结构需求的个体更容易形成刻板印象（Wichman，2012）。高结构需求的学生在数学学习中更不容易产生焦虑，而且能有效学习和简化复杂的数学知识（Sarnataro-Smart，2013）。艺术家和具有艺术倾向的个体对复杂不对称的图案有偏好，而非艺术家和无艺术倾向的个体通常更喜欢简单对称和可预测的图案（Mumford & Gustafson，1988）。类似的研究还有，伊利维尼亚和吉布麻吉（Elovainia & Kibimaki，2001）探究了结构需求和职业认同对他们的角色压力是否有影响。里兹切尔等（Rietzschel et al.，2014）研究了个体结构需求在封闭监控和工作效果、工作满意度、职业内在动机和创新工作绩效之间起到的调节作用。市场营销领域，消费者的个体结构需求影响消费者对新旧品牌的购买决策行为（Davidson & Laroche，2014；Kim et al.，2015）。

个体结构需求虽然对人们的各种行为和心理产生影响，但是目前国内鲜有关于结构需求的实证性研究（刘艳丽等，2016），相关研究尚停留于对结构需求测量工具的初步修订阶段（陈阳等，2008）。因此，探讨人格差异（如个体结构需求）是否会影响到个体感知觉体验对抽象概念加工的作用，探索感知觉体验对思维影响的个体差异性是未来非常值得研究的方向（殷融等，2013）。

其次，产品卷入度方面。卷入度是指个体基于自身固有的个人需求、价值观念、兴趣爱好和时间紧迫性等主观感知到的某一事物、事件或产品与自身的相关性与重要性，包括广告卷入、产品卷入和购买情境卷入等几种形式（Zaichkowsky，1985）。张红宇等（2017）和吴水龙等（2017）均发现消费者对不同类型广告（直白广告、视觉隐喻广告）的传播效果，如对广告的注视时间、注视次数、首次注视时长以及再认效果等，都受到产品卷入度的调节影响。马林等（Marin et al.，2014）也发现视觉隐喻受到感知者类比推理技能的调节。

3.1.3.3 隐喻对认知的影响

隐喻通常以一种微妙、潜在和深远的方式影响人们的思想、感觉和行为（Lakoff & Johnson，1980，1999）。即使在非交流环境中，隐喻也能引导判断和行为（Lakoff & Johnson，1999）。例如，新奇隐喻方面，与心理表征是多模态的假设相一致，隐喻可以通过多种途径发挥其影响，隐喻可以启动感官体验和语义的反应（Marin et al.，2014）。马林等（Marin et al.，2014）还发现具有隐喻意义图像可以增强或削弱认知者的创造力。概念隐喻方面，与语言隐喻一致的操作会达到与隐喻一致的方向，并改变消费者行为和思想（Brian et al.，2012）。例如，迈尔和罗宾逊（Meier & Robinson，2004）发现，积极词汇在电脑屏幕上呈现得越高，评估的速度越快；而消极词汇在电脑屏幕上呈现得越低，评估的速度越快。所有这些都在一定程度上建立了隐喻对社会认知和判断的影响。对甜食偏好的个体差异预示着亲社会人格、亲社会意图和亲社会行为（Brian et al.，2012）。

3.1.4 隐喻理论在市场营销等领域的应用研究

3.1.4.1 新奇隐喻在广告领域的应用

隐喻大量地存在于广告中，甚至被认为是现代广告基本传播形式的核心（董芳，2008）。因此，广告营销活动中大量使用隐喻广告（禹杭和陈香兰，2018）。现代广告很大程度上依赖于视觉隐喻。例如，一张汽车旁边有一只老虎的图片，这表明汽车在速度和动力方面有相似的品质（Mulken et al.，2014）。再如，使用虚拟树来隐喻咖啡机的传感器信息（Barreiros et al.，2018）。

隐喻广告研究主要聚焦于以下几个方面。

第一，将隐喻广告定义为一种视觉修辞方式。隐喻是一种通过对表面上看起来完全不同的两种事物进行类比，以表现二者之间相似性的修辞方式（Ward & Gaidis，1990）。隐喻既是一种修饰文辞，也是用于广告与消费者之间沟通的修辞手法（Oswald & Rihs，2014）。在此基础上，斯科特（Scott，1994）提出了一种视觉修辞理论，提出在广告中可以通过视觉论证来构建意义。即广告图片不仅仅是视觉感知的类比，而是基于特定文化和习俗所构建的视觉表征。而修辞是一种解释理论，用于表达实现影响听众意图的相关信息（Scott & Linda，1994）。隐喻作为一种修辞手法，不仅可以有效地将产品属性的信息传达给目标受众，还能将人们比较熟知事物的意义转移到品牌上去（Edward，2005），从而帮助受众更好地认识和理解陌生的广告产品。视觉修辞分为三个方面，包括视觉结构（例如隐喻的图画排列方式）、视觉概念（例如隐喻或其他相关的内容）、功利性目的（例如对受众所产生影响）等（Maes & Schilperoord，2008）。视觉隐喻是一种常见的图像修辞手法，目前在视觉传播领域中使用最广泛的修辞方式就包括视觉隐喻（张红宇，2017）。包含修辞的广告，无论是口头上的还是视觉上的，都比没有修辞的广告更有效果（McQuarrie & Mick，1992，1999；Huhmann et al.，2002；Toncar & Munch，2001）。巧妙的修辞手法，即广告信息偏离受众预期的程度，可能影响视觉修辞效果（McQuarrie & Mick，1996，1999）。

第二，隐喻的广告可以区分为不同的类型。根据隐喻的表征模态，隐喻广告可以分为文字隐喻广告和图画隐喻广告。根据广告中隐喻始源域（即把广告产品或服务所比喻成的对象）和目的域（即广告产品或服务）之间直接比较的程度，隐喻广告可以分为具象隐喻广告和抽象隐喻广告。其中，具象隐喻的广告提供了两个有形对象之间的比较（其中之一是产品），可以通过触摸、味觉、视觉、嗅觉或听觉来体验这些对象。包含抽象隐喻的广告依赖于产品与无形概念或特征之间的比较（Morgan & Reichert，1999）。根据广告中隐喻始源域和目的域的（视觉）呈现方式，隐喻广告，特别是图画隐喻广告可以分为仅出现始源域、始源域和目的域同时出现以及图画明喻（pictorial similes）三种类型（Forceville，1996）。根据广告中隐喻始源域和目的域之间的语义概念关系，从复杂度和丰富度两个维度将图画隐喻分为替代（replacement）、融合（fusion）和并置（juxtaposition）三种类型（Phillips & McQuarrie，2004）。吉奥泽帕斯和霍格（Gkiouzepas & Hogg，2011）从视觉结构和视觉场景两个维度将图画隐喻进行了分类：视觉结构方面包含并置和融合，视觉场景方面则包含现实、替换和虚拟。进一步，图画隐喻可区分为直白式隐喻和含蓄式隐喻，其中直白隐喻类似于并置型隐喻，而含蓄隐喻仅类似于替代型隐喻（Chang & Yen，2013）。穆尔肯（Mulken et al.，2014）用图示方式陈述了上述隐喻分类，如图 3-2 所示。图 3-2 中，目标产品是眼镜，（a）画面只出现眼镜，没有隐喻；（b）画面中同时出现眼镜和胡萝卜，说明眼镜像胡萝卜，这形象的说明是并置隐喻、明喻、直白隐喻；（c）画面中眼镜和胡萝卜融合在一起，说明眼镜具有胡萝卜某些特征，这是代表融合隐喻、混合隐喻；（d）画面中，只出现始源域胡萝卜，没有出现目标域眼镜，说明眼镜就是胡萝卜，这是替代隐喻、含蓄隐喻或情景隐喻。

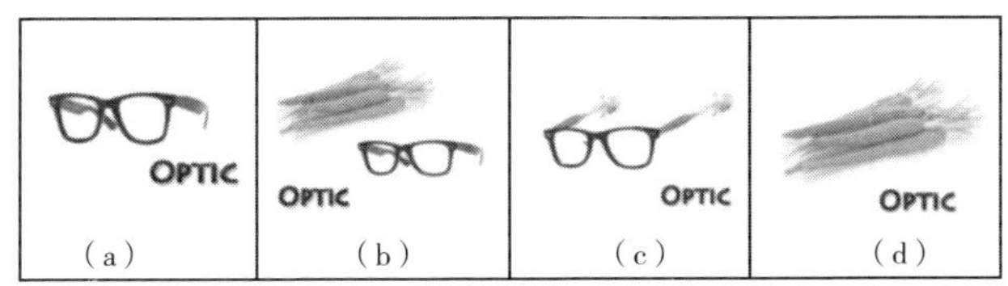

图3-2 眼镜的不同视觉隐喻类型

资料来源：Mulken, M. V., Hooft, A. V., Nederstigt, U. Finding the Tipping Point: Visual Metaphor and Conceptual Complexity in Advertising [J]. Journal of Advertising, 2014, 43 (4): 333-343.

第三，隐喻广告的可理解性研究。可理解性是隐喻广告研究中的一个重要变量（Ward & Gaidis, 1990; Phillips, 1997），其强烈的意象含义（其中的中心意思是明显的，很难误解的隐喻）被解释为广告创作者的意图（Phillips, 1997）。但是，作为一种信息策略，尽管隐喻可能会提高对广告的关注，但理解力可能不如广告创作者希望的那样高（Morgan & Reichert, 1999）。

第四，隐喻广告复杂性对消费者行为的影响。适度复杂的视觉隐喻的确是最有效的，构成适度挑战的视觉隐喻比简单或复杂的隐喻对消费者欣赏效果的影响更大。复杂程度适中（融合隐喻广告）的隐喻虽然不如简单隐喻（并置隐喻广告）容易理解，但却比复杂的隐喻（替代隐喻广告）更容易被理解（Mulken et al., 2014）。而且，具象隐喻广告比抽象隐喻的广告更容易理解（Morgan & Reichert, 1999）。

第五，隐喻广告效果的影响因素，包含隐喻广告本身的因素和消费者个体特征相关的影响因素。隐喻广告本身的影响因素有隐喻模态（McQuarrie & Phillip, 2005）、广告产品类型（Ang, 2002）和文字解释程度（Phillips, 2000; Bergkvist et al., 2012）等。与受众个体特征相关的影响因素，如消费者认知需求。消费者认知需求能够调节其对隐喻广告复杂度的反应（Chang & Yen, 2013）。

3.1.4.2 概念隐喻在市场营销领域的应用

首先，个体的触觉、视觉、嗅觉等具体感知觉与道德认知和行为相互影响。如跨感觉或联觉表达提供了一种最简单的隐喻语言（Lawrence & Robin, 1987）。人们通常使用触觉经验来描述一些抽象概念知识。最为典型的是描述性格的形容词，如态度“强硬”、思维“僵化”、个性“软弱”等（Ackerman et al., 2010; Slepian et al., 2012）。另一种重要的知觉经验（如重量感）也和触感密切相关，人们的重量感体验会影响到对抽象概念和行为重要性的判断（Jostmann et al.，2009；Chandler et al.，2012）。如触觉与欺骗行为、捐赠行为（Lobel et al.，2015），洁净身体与道德感（Zhong & Liljenquist，2006），冷热感知与社会亲近感之间的隐喻链接等（IJzerman & Semin，2009）。消费者一些无意识的视觉、嗅觉、触觉等感官体验可以影响消费行为，因此以隐喻为基础，对感觉和知觉进行操控，可以很好地引导消费者的消费行为（殷融等，2013）。例如，消费者在身体寒冷的情况下更喜欢观看具有温情色彩的爱情电影（Hong & Sun，2012）。

其次，概念隐喻在心理学和市场营销领域的研究。心理学研究领域，如红白颜色、左右位置和正斜字体道德概念的不同隐喻表征方式，存在一定的隐喻联结（杨继平等，2017）。社会性别分类表征和社会性别角色表征可通过软硬进行隐喻表征，性别角色词概念的加工会影响物体软硬知觉的判断，认知判断存在具身效应（易仲怡等，2018）。市场营销研究领域，如品牌标志动感性和现代性（即感知运动和现代性）之间的隐喻联系（Cian et al.，2014）。产品密度能够隐喻消费者社会身份并影响消费者对产品的评价（曾伏娥等，2017）。

3.2 具身认知理论

近年兴起的具身认知（embodied cognition）理论掀起了有关基础感觉反向影响高层次认知的研究潮流。

3.2.1 具身认知内涵

3.2.1.1 人类的认知活动

人类认知的一个特点是可以在内心形成外部世界的表现。对于各种各样的认知行为来说，比如输入驱动的在线处理（包括感知、分类和运动计划）以及线下处理（如记忆、推理、规划、生成并理解语言），这种认知能力都是至关重要的（Dantzig，2008）。产品和广告等外部刺激或信息经由各种感觉器官进入消费者大脑，大脑对各种输入的感觉材料的性质及记忆中的原有知识和经验进行加工处理，然后消费者完成对商品的认知（Michael，2003）。

3.2.1.2 从信息处理非模态认知理论到具身认知理论

1. 信息处理非模态认知理论

传统的认知主义基于信息处理通用模型或非模态理论（amodal theory）来

研究人类记忆、判断和决策（Lachman et al.，1979）。这种理论模型认为，人类通过感知觉获得的信息可以转化为非模态抽象符号（amodal abstract symbols），并储存在语言记忆中。人们思维的过程就是对非模态符号信息的提取与加工过程，这就是利用非模态符号表征概念的意义（叶浩生，2011）。在心理学领域，这种传统占据主导地位的计算机隐喻信息处理方式不断受到挑战，相关研究结果显示，感觉经验是人心理活动的基础，因此更为强调基于感觉经验的心理方式（Barsalou，2008；Krishna & Schwarz，2012）。

2. *具身认知理论的内涵*

认知知觉符号理论是具身认知理论的基础。认知知觉符号理论（perceptual symbol theory）假设特定模式的模拟是概念表现的基础，即概念体现是由在头脑的特定模式系统下对世界的感知觉经验的模拟而形成的，而且感知表现和概念表现在一定程度上是基于相同系统；概念表征不是一种独立的抽象符号或心理表象，而是主体经验客体时的知觉、运动及内省体验（Barsalou，1999；Dantzig，2008）。个体通过身体经验的模拟和还原对抽象概念进行理解和加工，而且概念表征与感知觉运动系统具有共同的神经基础（殷融等，2012）。知觉符号理论还假设，大脑中的多模态表征系统支持不同认知过程中各种形式的模拟，包括高级感知、隐式记忆、工作记忆、长期记忆和概念知识，例如，一段复杂的记忆含有许多多模态成分，包括视觉、听觉、动作、空间、情感、语言等，而且检索一段记忆涉及模拟其所有的多模态成分（Barsalou，2008）。而基于知觉符号理论的基础认知（grounded cognition）理论特别强调个体认知是多模态化的，并以多种媒介和方式进行（Barsalou，2008）。例如，当个体加工“玫瑰”这一概念时，大脑多通道系统的视觉（红色）、触觉（刺）、嗅觉（香气）等感知觉信息都会被激活，以实现对玫瑰这一概念的理解（叶浩生，2011）。

感觉即信息理论（feelings-as-information theory）强调了身体信息作为认知过程多模态信息一种。人们通过感官体验世界，感官信息和个体的主观体验在人类的行为和认知中起着关键作用，甚至在那些似乎抽象的、远离直接感官输入的领域也是如此。特别是，感觉和身体状态本身被认为是以一种模态的形式存储在记忆中（Bower，1981），个体通过身体感觉作为信息进行相应的心理活动。身体状态会影响人类的判断，人们会像使用其他信息一样使用这些信息（Herbert & Pollatos，2012），这与感觉即信息理论的逻辑相一致（Schwarz，2012）。巴萨鲁（Barsalou，2008）举例说明，“当一种体验发生（如舒服地坐到椅子上），大脑会捕捉到身体多感官状态，集成多通道存储在记忆中多感官信息表征（如椅子的外观和感觉、坐的行动、舒适和放松感觉）”。个体的“高级”心理过程，如语言理解、分类或检索，需要激活参与“低级”感觉处理的大脑区域（Barsalou，2008）。

因为都强调身体体验在认知中的基础作用，具身认知很可能是基础认知的同义词，即阐明某一领域的感官体验如何以熟悉的隐喻方式影响另一领域的认知、情感和行为的工作（Krishna & Schwarz，2012）。因此，许多研究者使用“具身认知”一词来指代“基础认知”（Krishna，2014）。具身认知理论认为个体认知是一种高度具身和情景化的活动，主要是通过身体与环境的相互作用而产生的，而且个体认知依赖于个体所具备的以往某种类型的经验（Anderson，2010）。因此，身体图式（body schema）是具身认知论的核心概念，该概念强调感觉系统输入的有关身体的信息在认知过程中的关键作用。

3.2.1.3 具身认知理论内容

具身认知理论（或基础认知理论）认为心理模拟、身体状态和情景行为都是认知的基础（Barsalou，2008）。其中，身体状态指受一个人所处的静止身体状态影响的认知。情景行为是指受非运动性的运动影响的认知，而非运动性运动是指一个人的身体保持在相同的位置，但身体的某些部分被移动。特别是，**解剖意义上的身体被心理模拟所替代（Krishna，2011）**。虽然“具身”一词指的是认知需要涉及身体的状态，但这并非必要条件，因为即使是心理意象或心理模拟也可能足以驱动认知（Krishna，2011）。这其中的心理意象与心理模拟是同义词，类似于在消费者行为研究中大量使用的视觉意象，但还可能涉及其他形式的心理意象，如听觉、触觉等的心理意象（Barsalou，2008）。如前述文献所述，一些神经学科的研究为这种心理模拟提供了证据，通过这种心理模拟，感觉知觉的概念加工导致大脑相应区域的神经激活。

3.2.2 具身认知理论在消费者行为领域的应用

近年来，随着电子商务的蓬勃发展，营销学界越来越重视具身认知理论在消费者行为研究中的重要作用（Kreuzbauer et al.，2007）。已有研究主要是探索具身认知过程的心理模拟机制对消费者行为的影响。如当广告中物体的视觉定位促进了与物体互动的心理模拟时，消费者会有更高的购买意愿（Elder & Krishna，2012）。比如，看到一个杯子的手柄会引发一个抓取模拟，这个模拟足以干扰一个并发任务的运动性能（Tucker & Ellis，1998）。另外，人们通过心理模拟（mental stimulation）过程来理解语言，即具身认知能使人们置身于语言所描写的非现实世界，通过再入情景（re-situating）理解语言所表达和传递的意义，并对语言理解获得新的诠释。因此，人类语言加工和理解的过程本质上就是运动感觉以及其他相关经验的心理模拟过程（官群，2007）。

3.3 解释水平理论

人们可以直接体验此时此地，但是要体验过去和未来、其他地方、他人和现实的替代品却是不可能的。人们能够思考未来、过去、遥远的地方、他人的观点，以及与事实相反的选择（Trope & Liberman，2010）。解释水平理论与心理距离理论诠释了人们这种认知现象。

3.3.1 解释水平的内涵

解释水平是指人们对将要发生事情的感知和心理表征过程。解释水平理论强调个体对事件的心理表征决定了其对外界事件的反应。个体心理表征具有层次性和差异性。个体通常使用具体的、低层次的解释来表征近事件，用抽象的、高层次的解释来表征远事件。低水平的解释是相对无结构的、语境化的表征，包括事件的从属和偶然特征。相比之下，高水平的解释是图解的、去文本化的表征，从可用信息中提取主旨。因此，虽然近期事件的表现形式具有丰富的细节，其中一些是偶然的或外围的，但遥远事件的表现形式通过省略次要和偶然的特征来实现抽象（Trope & Liberman，2010）。高水平解释并不比低水平解释更容易理解或更模糊，通常是传达有关刺激的价值及其与其他刺激关系的附加信息。另外，高水平解释和低水平解释具有不同的认知功能。高水平解释已经发展成为远端对象代表，因为随着距离增加，人们需要保留所指对象的基本不变属性。相比之下，低水平解释会将物体的细节保留下来，以供即时使用。高水平解释会超越此时此地，而低水平解释则会实例化当下（Trope & Liberman，2010）。

解释水平理论与心理模拟存在密切的关系。根据解释水平理论，类比模拟和符号表征在解释水平层次上可能是不同的。心理距离可以决定一个类比或符号表征是否被构建以及将被构建的抽象程度。首先，心理模拟有可能在解释水平上有所不同。心理距离较近，则进行具有丰富情境细节的多维度模拟，这类似于类比模拟表征；如果心理距离较远，则进行保留共同元素而忽略偶然细节的一般抽象性模拟，这是因为构建模拟的过去场景和所应用模拟的未来目标场景之间的距离越来越远。其次，随着心理距离的增加，预期越来越有可能是基于非模态心理表征。当人们与物体距离增加时，人们会从对物体的丰富的图像表征转向对物体的单一语言表征（Amit et al.，2009）。

3.3.2 解释水平与心理距离

心理距离是指一个对象在此时此地被认为是有形的或者立即呈现的程度，是指对事件发生的时间、地点、对象以及是否发生可能性的感知，因此包括时间距离、空间距离、社会距离和事情发生概率等四个维度（Trope & Liberman，2010；Kim et al.，2008）。心理距离是一种主观的体验，即某事件在此时此地离自我很近或很远。一个对象离直接经验越远，那么对该对象感知的心理距离就越远（Trope & Liberman，2010）。

心理距离的四个维度是共性的，彼此相关且相互影响。心理距离维度自动关联的观点表明，刺激在一个维度上的距离可能会影响它在另一个维度上的感知距离，一个维度上的距离线索影响其他维度上的感知距离，在同一情境下被操纵的不同维度的心理距离会对判断产生交互影响（Kim et al.，2008；Trope & Liberman，2010）。有些心理距离维度可能比其他维度更基本或更有影响力。例如，因为空间距离可能比时间距离或其他距离更基本、可以更早地学习、更清晰地探测到、更明确地表达或更容易交流，所以空间距离被认定是最主要的心理距离（Boroditsky，2000）。通常，心理距离用一般意义上的物理距离（两点之间客观的、可测量的距离）来表示（Fujita et al.，2006）。人们使用空间距离作为心理距离的隐喻，如果心理距离是由通常与客观地理距离或者生理距离的变化同时发生的经验来定义的，那么这些经验的产生应该会引起心理距离的相应变化（Boven & Caruso，2015）。

心理距离受到多个因素的影响。个体的主观经验，如情感、注意力、流畅感、动机等的变化影响并塑造人们心理距离感知（Boven & Caruso，2015）。其中，流畅性是与心理活动相关的轻松或困难的体验（Adam et al.，2008），几乎与任何一种心理活动都有联系，包括视觉、听觉、信息编码、记忆、阅读和推理，甚至是心理模拟（Boven & Caruso，2015）。相对于解释流畅的刺激物，人们倾向于把不流畅处理刺激物解释为远离他们当前的位置（Adam & Daniel，2008）。不流畅可能会削弱感知者对目标细节的感知能力，直接导致对目标更抽象的解释。

解释水平与心理距离相互影响。心理距离的不同维度影响心理解释，而这些心理解释反过来又指导个体的预测、评估和行为（Trope & Liberman，2010）。解释水平理论说明心理距离如何影响个体的思想和行为，基本前提是心理距离与心理解释水平有关，假定人们在心理上以低层次的、详细的和情境化的特征来解释心理上接近的对象，而在较远的距离上，他们以高层次的、抽象的和稳定的特征来解释相同的对象或事件（Liberman et al.，2007）。这种心理距离和抽象之间的假设关系可能是直接经验和事件信息之间存在关联的结果。当某件事发生在“此时此地”时，人们往往有很多详细的信息和细节，比如丰富的、情境化的感官细节。通常，当一个事件与直接经验相距较远，人们对它的可用性和可靠性信息较少，导致对事件的描述更抽象、更概要化表征（Fujita et al.，2006）。心理距离和解释水平之间的联系可以不经过有意识的思考而自动激活（Trope & Liberman，2010）。

心理距离可以预测并影响人们行为。对未来经历的预测会比实际经历更具有概括性，从而产生各种各样的预测偏差，这些偏差源于对细节和偶然特征的低估（Gilbert & Wilson，2007）。同时，心理距离深刻地影响人们重要的行为（Boven & Caruso，2015），因此缩短心理距离可以减少人们意图和行为之间的差距，提高个体行为意愿（Peetz et al.，2010）。

3.3.3 解释水平理论在消费者行为领域的应用

已有相关研究主要是关注如何通过缩短心理距离提高消费者对在线零售商的信任和购买意愿。空间距离也正在成为消费者决策中越来越普遍的一个方面。随着在线购物增加，从距离较远的销售者那里购买产品变得越来越普遍（Trope & Liberman，2010）。随着心理距离增加，消费者做出判断时会使用更广义的且基于类别的心理表征（Bar-Anan et al.，2006；Trope & Liberman，2010）。消费者对非熟悉零售商、纯电商或物理距离遥远的零售商缺乏信任，因此，零售商需要管理心理距离，以加强与消费者的联系，增强消费者的信任。在线商店的品牌熟悉度、地理邻近性和地理位置可能是在线零售商和消费者之间“联系”的信号，可以减少距离感，并提高在线购买决策中的信任（Edwards et al.，2009）。如在网站上发布真实客户评论、熟悉的公司名称，Web站点使用熟悉的页面布局、字体、颜色、符号和购买流程等都有助于增强消费者对相似性的感知（Edwards et al.，2009）。或仅仅在购物网站上放置一张“友好和熟悉的/相似的操作员站在旁边”的图片（Edwards et al.，2009）、办公大楼的图片或呈现网店店主的名字和照片（Darke et al.，2016），这些都可以大大减少消费者和公司之间心理距离，从而提高消费者信任和购买意愿。

4 电商在线产品隐喻展示对消费者学习效应影响的主效应研究

基于上述文献梳理与理论基础，本章聚焦于在线零售情境中，通过情境模拟实验法探索电商在线产品隐喻展示是否对消费者学习效应产生积极影响。如果结论是肯定的，本书才能继续进行后续其他隐喻效应、作用机制和边界条件等研究。

4.1 总体理论模型与理论假设

4.1.1 理论推理与理论假设

对于在线零销商来说，产品展示（如产品隐喻展示）的主要目的是向消费者推广网络商店的产品，即有效地告知消费者商店所销售产品的优越性（Hoch et al.，1986；Palmer，2002）。在线零售网站具有独特的互动性和一些与多媒体相关的性质，而这些都是传统媒体（如平面广告等）所缺乏的（Klein，1998）。特别是，随着报纸等传统媒体逐步被基于移动互联终端的各种数字化媒体和社交媒体淘汰并取代，当今社会已然进入了数字化时代（卢泰宏，2017）。因此，本章聚焦于数字化媒体背景下，探讨在线零售商网络销售应用程序（App）的在线产品展示模式对消费者学习效应的影响。

4.1.1.1 基于产品显著性属性理论的产品分类

1. 已有研究产品类型的分类

纳尔逊（Nelson，1975）将所有产品区分为搜索产品和体验产品，并将其细化为搜索和体验属性，因为任何产品都可以同时拥有这两种属性。其中，搜索属性是指消费者不需要实际使用产品就可以评估的产品特性，比如大小、颜色和价格。体验属性是那些消费者只能通过实际使用或直接接触来评估的属性，如味道、柔软度或适合度。消费者在购买搜索品时主要关注的是其搜索属性，在购买前就能准确获取产品的相关参数信息并能进行准确的判断，比如移动电源和智能手机等；消费者购买体验品则关注其体验属性，而且只有使用体验后才能有效对产品进行评价，例如家具、电影、音乐和游乐场等。两者最大的区别是前者更多的是由其客观属性决定的，而后者的质量更多是由主观属性来决定的（Mudambi & Schuff，2010）。

基于产品感官体验的角度可以将产品区分为几何产品、材质产品和手动操作型产品（McCabe & Nowlis，2001；Li et al.，2003）。克拉茨基等（Klatzky et al.，1991）观察到人们通过视觉和触觉这两个感官维度探索日常物体。麦克加贝和诺利斯（McCabe & Nowlis，2001）考察了电子商务中不同产品感官属性，采用视觉观察就可以进行判断的产品称为几何产品，而那些需要触摸才能获得更多信息的物体被称为材质产品。例如，糖果条、唱片 CD 和袋装薯片就是几何产品的例子，因为消费者可以在不接触它们的情况下获得足够的信息（McCabe & Nowlis，2001）。根据"视觉预览模型"（visual preview model），视觉提供了快速的"一瞥"，从而产生关于物体广泛而粗糙的信息（Klatzky et al.，1993）。消费者在购买几何产品（如香皂、饼干等）时，更倾向于依赖视觉线索而非触觉线索评估产品（Marlow & Jansson-Boyd，2011），因此对在线购买和实体店购买并不存在明显的偏好差异（McDabe & Nowlis，2003）。消费者在购买材质产品（如毛衣、毛巾等）时，则更需要在实体店直接体验和感受产品，以便收集产品更多的触觉属性信息。进一步，消费者如要购买触觉属性丰富的材质型产品（如服装、地毯等），这种需求则更加强烈。在此基础上，针对在线购买情境，基于产品体验的角度，产品类型还包含手动操作型产品，消费者在观察这种产品时需要与产品进行交互（Li et al.，2003）。其中，几何型产品主要与视觉有关，材质型产品主要与视觉和触觉有关，手工操作性产品主要包含了视觉和触觉。例如，数码相机就是典型的手动操作型产品（Suh & Lee，2005）。这三种类型的产品体验方式不一样，消费者通过直接体验来体验或实际试用材质型产品，通过二手资料如广告或商品标签间接体验几何产品，而通过虚拟体验的方式在虚拟现实中实现与手动操作型产品的交互（Suh & Lee，2005）。三者之间的主要区别在于所涉及的人类感官。五种感觉（即嗅觉、听觉、触觉、味觉和视觉）可以用于直接经验（Klein，2003），最适合体验属性（如食物的味道），因为经常需要使用五种感觉中的一种或多种（Nelson，1975）。相反，这些感觉都不能直接用于间接体验，因为与产品没有身体接触。对于不涉及直接使用这些感官的搜索属性（例如，食物的热量），间接经验就足够了（Wright & Lynch，

1995）。而视觉和听觉可以被用于虚拟体验，这种通过视觉和听觉所能体验到的属性称为虚拟经验属性（Suh & Lee，2005）。

2. 本书基于触觉等感官属性的产品分类

按照理论研究预期，本书基于产品的触觉属性显著性程度对产品进行区分。**产品的显著属性定义为当消费者决定购买产品时最突出和最重要的属性（Suh & Lee，2005）**。本书的主要研究目的是调查感官属性丰富的产品如何在在线销售过程中补偿所缺失的感官信息，如触觉，即关注产品的显著属性是感官属性的产品类型。在已有研究关于产品分类基础上，从产品感官属性丰富度和显著性的视角出发，重点考察不同产品感官属性的显著性，并据此进行产品分类。因此，**本书将产品显著属性是触觉属性的产品称为触觉高显著性产品，把那些产品显著属性不是触觉属性的产品称为触觉低显著性产品**。其中，高触觉属性产品和纳尔逊（Nelson，1975）所定义的体验品以及李等（Li et al.，2003）、孙和黎（Suh & Lee，2005）所定义的材质产品类似。以服装或床上用品为例，除了视觉上的检验外，消费者更倾向于用手触摸和感觉这些产品来获得进一步的信息（McCabe & Nowlis，2001）。消费者对产品的感觉会最终影响其最终是否购买，特别是对那些和消费者的皮肤直接接触的产品而言（如服装、床上用品、枕头、鞋子等）更是如此（McDabe & Nowlis，2003）。而低触觉属性产品则与前述的搜索产品、几何产品等类似。本书所区分的产品类型主要是强调消费者的直接感官体验（如直接触觉体验）在产品判断中的作用。

本书基于触觉在消费者购买决策中的显著作用对产品进行分类。具体而言，佩克和威金斯（Peck & Wiggins，2006）将产品的触觉信息分为工具性触觉信息和享乐性触觉信息。克拉茨基（Klatzky，1993）将商品的触觉信息分为诊断性触觉线索和非诊断性触觉线索。其中，诊断性触觉线索是指与消费者进行产品评价和购买决策任务直接相关的线索。例如触摸毛衣以评估其厚度或质地（Peck & Childers，2003a）。依据前述文献综述可以推理，工具性触觉信息和享乐性触觉信息对于消费者产品判断和购买决策都产生重要影响，因此都可以归属于诊断性触觉线索。非诊断性触觉线索是指那些与判断任务不具有客观相关性的线索。例如，饮料容器的材质不应该影响到饮料本身实际味道或质量，因此饮料容器被认为是一个负向的非诊断性触觉提示（Krishna & Morrin，2008）。因此，**触觉高显著性产品包含了丰富的诊断性触觉线索（包括工具性触觉信息和享乐性触觉信息），而触觉低显著性产品则不含或含有少量的诊断性触觉线索，消费者主要关注的是产品的非诊断性触觉线索**。

4.1.1.2 在线产品展示与产品显著属性

在线购物过程中，消费者要对触觉高显著性产品进行评估，因为产品感官信息不完整，因此要得出有效的决策是困难的，这导致消费者感觉处理能力有限（Bettman et al.，1998）。一方面，消费者在面临复杂购买决策时，比如在线购买体验品，因为产品的感官信息难以直接获取，所以需要收集并加工尽可能多的信息来降低购买风险（Mitra et al.，1999）。但是，另一方面，消费者又是“认知吝啬鬼”，他们总是努力减少自己的脑力劳动，以减少认知资源的消耗（Shugan，1980）。信息显示方法影响消费者的决策处理，更接近现实的信息能积极影响消费者选择评估（Shiv & Fedorikhin，1999）。

与惯例隐喻和概念隐喻类型一样，日常生活中的各种结构隐喻、基本隐喻和新奇隐喻等类型的隐喻比较现象通常被用于各个领域。根据隐喻理论，隐喻采用类比方式链接认知层面的一些同等的概念，通过结构映射机制、语言描述和视觉图片等形式使个体以另一种事物来体验某事物。因此，隐喻认知是一种可以缓解消费者认知困难并节约认知资源的有效方法。依据隐喻理论，消费者在线购买决策中所关注的内在质量线索，如口感、新鲜度、韧性、味道、质地和气味等，在在线购物情境下并不能通过触觉、嗅觉等感官进行直接体验和感受，因此这种线索转化为抽象概念或未知概念，可以通过隐喻中的结构映射的方式架构到消费者所熟悉的具体概念，如个体身体的感知觉经验（杨慧和冷雄辉，2018）。

克拉茨基（Klatzky，1989）表明人们更喜欢那些来自具体领域的隐喻。因为隐喻是对一种经验的各个部分与另一种经验的各个部分的比较，所以这种建立在感官经验基础上的比较应该会影响预期比较的准确性（Morgan & Reichert，1999）。例如文本学习方面，人们在学习过程中一般采用名词配对关联的学习方式，既通过具体性高的刺激名词去理解需要记忆的抽象名字（Paivio et al.，1986）。视觉理解方面，视觉隐喻及物体对比是通过物体并列呈现（如形状、大小、颜色等）比较两者的共同特征数量；尽管二者功能不一样，但由于两者的知觉相似性（例如形状或者功能相似性）而被归为具有相同功能的同一概念类别，从而形成特设类别（胡学平等，2014）。隐喻比较类似于心理学中的经验泛化现象，即对一个新对象的反应通常是基于对一个熟悉的、以前有过经验的对象的概括。泛化可能是由于熟悉的对象与新的对象同时出现或有相似之处而产生的（Trope & Liberman，2010）。

如果在线产品展示建立了基于触觉属性的隐喻比较机制，即使在没有真实直接触摸产品的情况下，消费者通过隐喻比较也可以感知更多的原本并不能获取的产品触觉信息。正如希弗施泰因和戴斯梅特（Schifferstein & Desmet，2008）的研究结果显示，个体对某种产品的熟悉程度在很大程度上取决于其触觉属性。消费者通过隐喻比较，应用先验性且熟悉的触觉体验去理解不能触摸体验的在线产品，这能够增加更为丰富的触觉信息，因而更有可能对产品产生熟悉感。重复使用一些先前探索过的对象的触觉知识（先验对象）有助于消费者轻松地识别新对象的触觉特性（Di et al.，2018）。将消费者先验性熟悉的触觉体验作为始源域映射到在线销售产品的触觉属性，可以使隐喻与产品的关联性更强。帕沃夫斯基（Pawlowski et al.，1998）发现，这种关联性与广告效果正相关。另外，根据商家所提供的产品信息，消费者会自发理解并推断产品质量（Stayman & Kardes，1992）。隐喻比较所提供的额外的外部补偿性触觉信息可以诱导消费者进行推理处理，形成关于产品质量的隐含结论，并使他们对自己的判断更有信心（Peck & Wiggins，2006）。在线产品展示的隐喻比较能为消费者提供更多的触觉信息，这往往会使消费者有更大的信心，在线购物的意图可能也会增加（Rodrigues，2016）。当在线展示有具体的产品触觉信息时，这些触觉信息会导致更强的购买意愿（黄静等，2015）。

菲利普斯（Pillips，1997）使用弱蕴涵（weak implication）和强蕴涵（strong implication）两个概念来反应消费者是如何解释和理解广告信息的。比如，强蕴涵说明的是广告信息主要或明显的意义，而弱蕴涵说明广告信息意义没有明显的指代性，意义是多元化和宽泛化的。触觉高显著性产品情境下，消费者的信息搜索行为属于目标导向性，获取或补偿产品的诊断性信息是其目标。消费者对体验品的认知重心是尽可能寻找产品的细节信息，迅速建立自己对产品的印象（黄静等，2015）。同时，这类产品的显著属性是触觉属性，在线产品展示的隐喻比较的主要意图正是有效解释这些触觉信息，因而消费者可以应用强蕴涵（strong implication）来有效解释和理解在线产品展示的隐喻比较信息。

这种隐喻展示策略有助于帮助消费者学习（consumers learn），而帮助消费者学习已被证明是一个有效的营销沟通目标（Wernerfelt，1996）。有效的消费者学习被认为是消费的关键中介，可以从认知、情感和意愿等维度确定（Daugherty et al.，2008）。丰富的隐喻广告研究为消费者学习的一种模式——隐喻比较学习提供了丰富的证据。隐喻广告相比非隐喻广告能产生很多积极的效果，如增加广告趣味性、提供加工广告的动机、改善广告或品牌态度、增强广告记忆、影响受众的观念等（禹杭和陈香兰，2018）。具体而言，产品信息传播方面，如隐喻可以有效地传达属性信息，并在推荐人和品牌之间传递意义，可以激发更深层次的加工处理，可以激发人们对品牌的好奇心（Maclnnis et al.，1991）。隐喻引起的回忆和感知方面具有一些优势（Pawlowski et al.，1998）。隐喻性广告具有易记性、受欢迎和说服力（Morgan & Reichert，1999；Toncar & Munch，2001），隐喻可以提高人们对广告的注意力（McGuire，2000），增加广告的可信度或者增加消费者记忆的信息量（McGuire，2000；McQuarrie & Phillips，2005）。产品态度方面，不同于直白广告的平铺直叙，隐喻广告信息的表达含蓄隐晦能激发消费者想象，有利于消费者形成更好的广告态度（Whaley et al.，1993），隐喻性广告还提升消费者的情绪（McGuire，2000）。有隐喻的广告比没有隐喻的广告更容易被理解，而被理解的广告更容易被欣赏（Mulken et al.，2014），使用修辞手法的广告比不使用修辞手法的广告更受欢迎（Sopory & Dillard，2002）。购买意图方面，隐喻广告让消费者对品牌持有更加支持的态度和更高的购买意愿（Morgan & Reichert，1999；Ang & Lim，2006；吴水龙等，2017）。

心理距离理论也能解释在线产品隐喻展示的优势。纯粹的电子商务应该能够通过设计策略来挖掘其不同方面（有形性、社会距离或时间距离），从而减少心理距离，更好地获得远程客户（Darke et al.，2016）。相对于线下实体店的购买，在线销售会导致消费更远的心理距离（无论是时间距离、空间距离还是成功购买的风险性都在增加）。心理距离越远，风险越大，迫使消费者做出更抽象的判断。因此，消费者更多地对在线购买结果进行高水平解释，即采用抽象概念进行表征，因而导致触觉等直接体验也更为抽象模糊，认知风险增大，进而对产品评价和信心降低。消费者与在线零售商缺乏联系的程度越大，则心理距离越大（Edwards et al.，2009）。但是在线购买过程中，消费者甚至不需要直接的经验，因为即使是间接的经验也可能形成对在线零售商的距离感知（Edwards et al.，2009）。

在线产品展示采用隐喻比较机制，抽象的概念映射为消费者个人熟悉的直接经验和体验，经过短期记忆提取，在线产品展示的文本语言和图像等引导消费者进入重入情景的心理模拟过程，唤起消费者感官意象心理表征结果，能够实现消费者类感官体验的过程，消费者因此在头脑中形成了类似直接触摸产品后所取得各种直接体验和反应。这种隐喻比较产生的产品熟悉感意味着对零售商或产品有一定程度的了解，这可能会减少不确定性。根据决策过程中激活的属性，熟悉度和相似度都可以作为相关线索，消费者可以使用这些线索来减少不确定性，并评估在线零售商的可信度（Edwards et al.，2009）。另外，产品展示中隐喻比较机制能够让消费者对触觉高显著性产品启动流畅性处理，即能更容易解释和认知产品的触觉属性和信息。相对于解释不流畅的刺激物流程，人们倾向于把流畅处理刺激物解释为接近他们当前的位置（Adam & Daniel，2008）。流畅感可能会增强感知者对目标细节的感知能力，直接导致对目标更具体的解释，因而可以感知到更多详细的信息和细节，比如丰富的、情境化的感官细节。因此，基于心理距离的解释水平理论，消费者对在线产品展示由直白展示所形成的抽象概念表征转化为对隐喻展示的具体细节表征，由高水平解释转化为低水平解释，由远心理距离缩减为近心理距离。因为心理距离更近，所以人们可以进行具有丰富情境细节的多维度模拟，从而有效地增加消费者对产品的积极评价和行为意愿。

综上所述，基于在线产品隐喻展示更能凸显触觉高显著性产品的触觉信息，同时在线隐喻展示通过改变消费的心理距离增加消费者对产品的熟悉程度，更能有助于消费者学习。因而，本书假设：

理论假设 H1：触觉高显著性产品情境下，相较于在线产品直白展示方式，在线产品隐喻展示方式更能对消费者学习效应，即感知产品展示诊断性、产品态度和购买意愿产生积极影响。

4.1.2 理论模型与研究变量

4.1.2.1 理论模型

本章的理论模型如图 4－1 所示。理论模型中自变量为产品展示方式，包括在线产品直白展示方式和在线产品隐喻展示方式，因变量为消费者学习效应。

本章研究的产品类型是触觉高显著性产品。

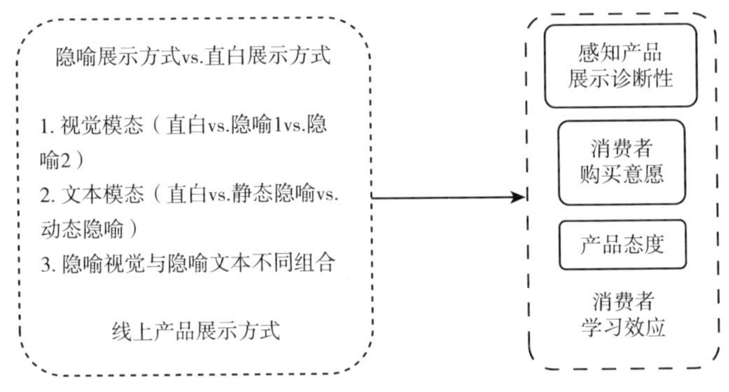

图 4－1　第 4 章理论模型

4.1.2.2 核心概念界定

1. 触觉

触觉是指所有类型的感知源自皮肤（触觉）和运动（运动）的线索，它用来描述通过触摸的整体感知。触觉系统是指神经系统中连接手与大脑的感知、运动和认知机制，强调通过双手研究和收集信息所涉及的系统。“触觉”或“触觉系统”一般都是强调用手主动寻找和获取信息（Peck & Wiggins，2006）。本书中触觉主要关注“产品触觉”（人—产品）。这种触觉形式是指消费者通过主动触摸进行产品评估，主要探索产品的质地、光滑度、重量以及柔软度等物理属性信息，并且在触觉体验中能够形成诸多情感性体验，如引起令人愉悦的情绪、激发积极的情感反应等。

2. 触觉补偿机制

触觉补偿属于感官补偿的一种类型。感官补偿机制包括知觉补偿机制和认知补偿机制。其中，知觉补偿机制（perception compensation mechanism）是指采用其他感官来补偿所缺失的感官，如盲人使用听觉和触觉来补偿失去的视力（Wakefield et al.，2004）。认知补偿机制是建立在知觉补偿的基础上，主要来源于个体所熟练运用的高级认知技能，包括注意力、非视觉化记忆（心理意象）、记忆和词汇等领域发展出的卓越认知技能（配对联想学习）等（Eichenbaum，1998；Stevenson & Boakes，2003；Wakefield et al.，2004）。

触觉补偿是指在存在触觉障碍情境下（如在线购买触觉高显著性产品），个体采用认知补偿机制中的高级认知技能补偿所缺失的触觉信息与体验。具体而言，消费者在非触觉模态信息（视觉模态信息，如在线产品隐喻展示中的视觉信息，一种有效的配对联想学习方式）刺激诱发下，启动心理模拟机制和触觉感官印痕重现机制，产生触觉意象（感官意象，一种典型的非视觉化记忆）并有效替代实际触觉。消费者通过触觉探索获取工具性（辨别型）触觉信息和享乐性（情感型）触觉信息，最终提升消费者对产品的评估信心，增加消费者的产品购买意愿和冲动购买行为（Peck & Shu，2009；Spence & Gallace，2011；Peck et al.，2013）。感官意象是一种准感官或准感性体验，而触觉意象作为内源性和触觉性感官，能够发挥与外源性真实触觉等效的作用，可以对消费者的学习效应产生积极影响，如提升消费者对产品展示诊断性感知（提供丰富的产品知识）、提升产品态度和购买意愿。通过这一过程，最终实现触觉补偿效应。

3. 在线产品隐喻展示

在线产品隐喻展示是指在在线产品详情展示页面中，采用隐喻表达和思维方式，将在线销售产品的触觉属性与消费者熟悉的先验性触觉体验进行结构对齐，消费者因而自我进行推论，将更具体或更熟悉的源经验投射到在线销售的产品。因此消费者可以以自己熟悉的感知体验来理解在线展示产品所不能被直接体验的相关触觉属性等感官属性。

4. 消费者学习效应

消费者学习效应主要关注消费者通过学习过程所产生的结果。通常基于认知、情感和意愿等维度确定，即包括消费者的认知效应、情感效应和意愿效应。其中，消费者认知效应主要是指消费者增加产品知识效果；消费者的情感效应是指其积极的产品态度、广告态度和品牌态度；消费者的意愿效应一般是指消费者购买意愿。

4.1.2.3 研究变量

1. 独立变量

本研究中自变量为在线产品展示方式，包括产品隐喻展示方式和在线产品直白展示方式。

2. 因变量

有效的消费者学习被认为是消费的关键中介，可以从认知、情感和意愿等维度确定（Daugherty et al.，2008），即包括消费者的认知效应、情感效应和意愿效应。

一是感知产品展示诊断性。消费者学习的认知效应，已有研究主要是评估实验者参与者自我报告的产品知识（Smith & Park，1992；Biocca et al.，2001）。更具体地说，使用李克特（Likert）7 点量表，实验参与者要求就他们对产品的了解程度、做出购买决策所需的额外信息的数量、产品的质量判断等问题表明他们的同意程度（非常不同意/非常同意）（Daugherty et al.，2008）。而电子商务领域，已有消费者行为研究主要是评估实验参与者的感知网站诊断性，即消费者对特定网站在多大程度上有助于他们理解在线购物产品的感知（Jiang & Benbasat，2005），也就是消费者认为在线购物体验有助于产品评估的程度，因为这种体验是在线购物决策中关键因素（Verhagen et al.，2014，2016）。同时在已有触觉相关研究的实验中，实验参与者要求报告产品暴露后评价，即要求实验参与者在触摸移动电话后根据所感知的产品重量（1 = “非常重”，5 = “非常轻”）和质量（1 = “质量差”，5 = “质量好”）进行产品评级（Peck & Childs，2003），还有对所触摸的毛衣柔软度（1 = “质地粗糙”，5 = “质地柔软”）和质量（1 = “质量差”，5 = “质量好”）进行评分（Peck & Wiggins，2006）。

综合借鉴上述研究中对消费者学习效应的认知结果，即对产品知识的认知测量方法，在线零售背景下，本书以感知产品展示诊断性这一变量作为消费者对在线产品展示页面提供相关的产品信息的认知结果，这是因为在线产品展示有助于消费者评估和了解产品及其用途。综合并借鉴已有相关研究成熟的量表（Smith & Park，1992；Biocca et al.，2001；Peck & Wiggins，2003，2006；Jiang & Benbasat，2005；Verhagen et al.，2014，2016），本书中，实验参与者要求填写包括以下 4 个题项的感知产品展示诊断性李克特 7 点量表（内部一致性 a = 0.872）：感觉商品详情介绍页面中的产品的质地（1 = "质地非常粗糙"，7 = "质地非常柔软"）；这则商品介绍页面为其购买产品提供所需要信息数量（1 = "非常少"，7 = "非常多"）；对商品详情介绍页面中的产品（1 = "非常陌生"，7 = "非常熟悉"）；感觉商品详情介绍页面中的产品的质量（1 = "非常差"，7 = "非常好"）。

二是产品态度。对于消费者学习效应的情感维度测量，已有研究主要是评估实验参与者自我报告的品牌态度（Biocca et al.，2001；Daugherty et al.，2008），实验参与者被要求用李克特 7 点量表上的区别来表达他们对实验刺激材料的感受（坏/好，没有吸引力/吸引人，不愉快/愉快，没有吸引力/吸引人，无聊/有趣，不喜欢/喜欢）。同时在已有触觉相关研究的实验中，以触摸产品后情绪反应作为情感维度进行测量，即实验参与者在触摸实验产品后要求报告情绪反应的感受，如感兴趣的、感动的、自信的、高兴的、吸引的、满意的、有趣的等（Peck & Wiggins，2006）。综合并借鉴已有相关研究成熟量表（Biocca et al.，2001；Daugherty et al.，2008；Peck & Wiggins，2006），本书中，实验参与者要求填写以下"对产品介绍页面中的产品的感觉"的 5 个题项的产品态度李克特 7 点量表（内部一致性 a = 0.949）：1 = "坏"，7 = "好"；1 = "无吸引力"，7 = "吸引力"；1 = "烦闷"，7 = "愉快"；1 = "无聊"，7 = "有趣"；1 = "讨厌"，7 = "喜欢"。

三是购买意愿。购买意愿是一种常见的有效性度量方法，通常用于预测响应行为。对于消费者学习效应的意愿维度测量，已有研究主要是评估实验参与者自我报告的购买意愿（Biocca et al.，2001；Daugherty et al.，2008），实验参与者被要求用李克特 7 点语义差别量表上的区别来表达他们的购买意愿，通过可能性的不同语义表述来衡量参与者购买评估产品的可能性（Bearden et al.，1984）。综合并借鉴已有相关研究成熟的量表（Bearden et al.，1984；Bone & Ellen，1992；Biocca et al.，2001；Daugherty et al.，2008），本书中，实验参与者要求填写以下"对产品介绍页面中的产品购买的可能性"的 4 个题项的购买意愿李克特 7 总量表（内部一致性 a = 0.954）：1 = "没有可能"，7 = "非常可能"；1 = "没有概率"，7 = "最大概率"；1 = "非常不肯定"，7 = "非常肯定"；1 = "非常不确认"，7 = "非常确认"。

4.2 电商在线产品视觉隐喻展示对消费者学习效应的影响

基于前述理论推理与研究预期，本节（子研究4-1）主要探索视觉模态的隐喻效应，即研究在线产品隐喻视觉展示是否能对消费者学习效应产生积极影响，并进一步探索不同概念张力的视觉隐喻对消费者所产生的差异性影响。子研究4-1中，在线产品视觉展示方式将分为在线产品视觉直白展示方式和在线产品视觉隐喻展示方式，其中在线视觉隐喻展示进一步细分为概念张力大的视觉隐喻展示和概念张力小的视觉隐喻展示。子研究4-1除了探索视觉展示的隐喻效应外，还将从视觉表达视角探索视觉隐喻类型产生的差异化效果，从而进一步为电商的在线产品视觉展示页面明确科学的思路和有效的设计原则。

4.2.1 理论推理与研究假设

首先，图片是消费者进行知觉补偿的主要视觉信息来源。在线产品展示具有信息传递优势，产品展示中有两种主要信息类型——视觉型和文本型（Chau et al.，2000）。电子商务网站经常将视觉信息和文本信息结合起来构成消费者信息环境（Minjeong & Sharron，2010）。其中，视觉信息提供产品的图像或图片，这些图像或图片可以以多种方式显示，如不同的尺寸、角度和规格，甚至可以以运动或动画为特征。相反，文本信息用文字描述产品，并提供关于产品特征的具体和详细的信息。大多数电子商务网站普遍使用图像，消费者可能会拒绝一个只有产品文字描述的网站，因为没有图像来帮助他们识别产品（Kim & Eom，2002）。缺乏视觉上的支持可能意味着表达上的缺陷，从而产生对网站的负面态度（Everard & Galletta，2003）。图片能引起消费者的注意，促进对信息内容的学习，并能产生积极的产品和品牌态度（Miniard et al.，1991），进而增强顾客的购买意愿（Edell & Staelin，1983）。因此，网络零售商往往更关注产品的视觉展示，并在视觉信息的开发上投入了大量资金，而不是文本展示（Minjeong & Sharron，2010）。电子商务消费者不能像在实体店那样对产品进行判断，因为他们在购买前不能触摸产品或亲自观察产品（Carlos，2010），他们只能评估那些需要视觉提示的属性（Suh & Lee，2005）。因此，网络购物情境下，顾客对在线商品的触觉等感官体验缺失，这会强化其对商品视觉体验的依赖（Minjeong & Sharron，2010）。广告研究领域，广告图片的视觉因素能反映表征概念和抽象性行为，隐喻和修饰语可用于解释复杂的内容，也能承载和传达特定的意义变量（Scott & Linda，1994）。商品图片是网店向顾客传播商品真实、直观信息的重要载体（范钧等，2014）。消费者可以很容易地观察和处理图像所提供的信息（Khakimdjanova & Park，2005）。使用适当的视觉元素的产品演示还可以帮助用户识别产品并提高他们对产品的认识，可以使在线消费者产生更好的认知反应，包括更好地回忆与产品相关的信息（Carlos，2010）。

其次，在线产品视觉隐喻展示在知觉补偿的基础上，还能有效地实现消费者的认知补偿，能有效地传递产品的相关信息。消费者在网络购买过程中，利用图片等视觉元素进行知觉补偿，这反映了知觉补偿在感官补偿过程中的重要作用。但是仅仅展示产品图片视觉信息还不足以补偿消费者在线购买过程中所缺失的感官信息，基于视觉隐喻展示的认知补偿可能更好地实现在线感官补偿。卡普兰（Kaplan，1992）提出视觉隐喻的产品广告运作化，广告客户希望消费者推理出产品或服务的质量。使用修辞（如押韵、对仗、隐喻、双关）的图像广告更能引发被试的精细加工和积极的广告态度（McQuarrie & Mick，1999）。感知到的信息回忆的难易程度会影响消费者对信息和存储的判断（Ofir et al.，2008），而隐喻可以让消费者更容易回忆起产品相关的信息，回忆有助于消费者评价产品和做出正确的购买决策（Wells et al.，2005），可以改善和加快购物过程（Carlos et al.，2010）

最后，视觉隐喻带来熟悉感，进而积极影响消费者判断。刺激熟悉度是感知的一个中心特征，人们对了解过的对象的反应比未知的对象要高效，人们的感知系统是由这些熟悉的刺激或事件组成的（Fernandes & Albuquerque，2012）。例如，触摸是一个有效且高度准确的系统，人们通过触摸提供的刺激仅需要大约2～3秒（有时更少）的时间来识别感知熟悉的日常物体（Klatzky et al.，1985）。物体熟悉度是触摸以及其他感官模态的关键维度，因而人们主要依据熟悉度进行认知处理（Fernandes & Albuquerque，2012）。个体非常熟悉某些日常使用的产品在形状、质地或其他细节上的独特性，而且熟悉程度会随着时间的推移而增长，过去体验留下的记忆有助于当前的体验（Sonneveld，2007）。视觉隐喻的意图是用消费者熟悉的始源域来映射并推理产品的触觉属性。基于具体经验而非抽象经验的隐喻也应该更有意义且更容易理解（Morgan & Reichert，1999）。个人在头脑中产生的感知是由其对产品的熟悉程度产生的，这必然导致消费者购买产品的意愿增强（Rodrigues，2016）。

具体而言，一方面，比较是驱动隐喻的基本过程，新奇隐喻只有通过比较才能理解（Gentner et al.，2001）。与文字描述相比，有成对联系的物体或物体的图片更能够促进记忆（Murray & House，1976）。两个新异事物间相同的大小、颜色、方位等并列对比，可以用作物体间相似性的隐喻表达（Ortiz，2011）。依据基本隐喻的核心思想，即“相似即匹配（similarity is alignment）”，斯奇皮瑞德等（Schilperoord et al.，2009）表明，消费者通常依据相似律及接近律对知觉上并列的不同物体进行最佳的知觉组织，从而认知并推断二者之间的隐喻或者关系概念的链接。另一方面，人们碰到困难，总是希望能够从长期记忆中检索潜在的相似事件进行参考以帮助解决问题。但是，“惰性知识”（在需要时但是无法获取的知识）却使得人们无法检索到类似事件（Catrambone，2002）。**而隐喻比较有助驱动消费者能够迅速检索此类熟悉相似的事件或经验。**学习迁移（transfer of learning）理论认为，人们可以使用过去的经验来理解新事物（Haskell，2001）。如果旧经验和新情境间相似性很高（如人们将滑旱冰的经验用于学习滑雪）则为近迁移，消费者可以利用近迁移来学习使用新奇的高新技术产品（柳武妹等，2018）。特别是，视觉隐喻广告的效果明显比直白广告有优势（施卓敏和郑婉怡，2014）。

另外，吉奥泽帕斯等（Gkiouzepas et al.，2011）利用**概念张力（conceptual tension）**这一概念来解释视觉隐喻内容的差异性，即反应两个隐喻对象（概念）之间相关性的程度大小。隐喻对象间的概念相似性不仅在观众对不一致性和创意性的认知中发挥重要作用，而且在感知隐喻的质量和形成回忆过程也得以重点运用（Gkiouzepas et al.，2011）。概念张力越小，即两个隐喻对象（概念）之间相关性或相似性越大，个体对始源域越为熟悉，则个体感知视觉隐喻质量会越好。

综上所述，本书假设：

理论假设 H1a：触觉高显著性产品情境下，相较于在线产品直白视觉展示方式，在线产品隐喻视觉展示方式更能对消费者学习效应，即感知产品展示诊断性、产品态度和购买意愿，产生积极影响，并且视觉隐喻的概念张力决定了消费者对隐喻质量的感知程度。

4.2.2 预实验

4.2.2.1 预实验的目的

本书采取在线消费情境模拟实验法，其中预实验的主要目的是对实验刺激材料的操控，而实验刺激材料的有效操控是本书的重点和难点。首先，选择并确定合适的产品类型。其次，确定本书中作为实验刺激材料中的文字和图片展示的内容是基于隐喻表达设计的，特别是对实验刺激材料的有效操控必须满足能够将本书研究的两个维度，即触觉体验与隐喻表达，实现合理的匹配。

4.2.2.2 预实验的过程

1. 产品类型操控设计

在触觉实验中，产品类型的特征最好能通过触觉进行探索。已有研究中，被选为实验产品的有毛衣、移动电话（Peck & Childers，2003）、围巾（Padilla & Chantler，2011）、服装（Grohmann et al.，2007；Overmars & Poels，2015）、珠宝（钻石耳环）（Benedicktus et al.，2010）、床上用品、笔记本电脑、手表（Li et al.，2003）、数码摄像机（Daugherty，2008）、纸巾（Balaji et al.，2011）等，这是因为实验被试（主要是大学生）对这些产品类型比较熟悉，而且这些产品的消费涉及许多高度感官体验，而且强烈要求消费者去触摸和试用（Overmars & Poels，2015）。

本书中，为了确定研究中符合理论研究的适当产品，需要进行两次预实验。**在第一次预实验中，第一步是使用消费者学习研究中的常见技术（Kempf & Smith，1998；Smith，1993；Daugherty，2008），被试要求评估他们在购买不同产品时会考虑的最重要的产品属性，即产品显著属性的预实验。**参考巴拉吉（Balaji et al.，2011）研究所采用的方法，在第一次预实验中，共有 54 名商学院研究生和本科生参与。第一次预实验中，采用“一点也不重要（1）”到“极其重要（5）”的李克特 5 点量表，要求被试衡量并评估触觉和视觉信息在各种类型的产品评估中的重要性。例如，对服装而言，触觉和款式都很重要，而且触摸稍微比款式更重要一些，受试者在选择衣服时通常会同时考虑视觉和触觉。因此，本书参考巴拉吉（Balaji et al.，2011）的产品分类方式，根据不同感官信息在产品评价中的作用，将产品初步分为“触觉诊断产品”“视觉诊断产品”，以及要同时借助触觉和视觉进行诊断的“混合产品”。

结合已有研究所使用的产品类别并按照相关的理论推理，本书首先选择了 28 种在线销售的产品，如围巾、丝绸睡衣、羊毛衫、按摩拖鞋、保暖拖鞋、凉席、笔记本电脑、音乐 CD、书包、餐巾纸、手表、袋装薯片、洗发水、猪肉、苹果、海虾、脐橙、大闸蟹、握力器、U 盘、床上用品四件套、砧板、陶瓷餐具、花露水、灯泡、皮带、钻石戒指和实木地板等，邀请到 54 位商学院研究生设想在购买这些产品决策中，对触觉信息重要性和视觉信息重要性，按照李克特 5 点量表，从“极为不重要（1）”到“极为重要（5）”进行打分。按照统计结果，本书从 28 个产品类别中选择了 9 个产品类别，其中 4 个属于触觉诊断性产品，3 个属于视觉诊断性产品，2 个属于混合产品。其中，触觉诊断性产品为床上用品（样本数量 n = 54，触觉信息重要性 TI = 4.7，视觉信息重要性 VI =

4.35，p=0.001）、凉席（样本数量n=54，触觉信息重要性TI=4.59，视觉信息重要性VI=3.41，p=0.000）、按摩拖鞋（样本数量n=54，触觉信息重要性TI=4.31，视觉信息重要性VI=3.67，p=0.000）和握力器（样本数量n=54，触觉信息重要性TI=4.04，视觉信息重要性VI=3.65，p=0.0026），视觉诊断性产品为书包（样本数量n=54，触觉信息重要性TI=3.83，视觉信息重要性VI=4.28，p=0.001）、U盘（样本数量n=54，触觉信息重要性TI=3.17，视觉信息重要性VI=4.27，p=0.018）和手表（样本数量n=54，触觉信息重要性TI=4.22，视觉信息重要性VI=4.54，p=0.004），混合产品（触觉信息与视觉信息都重要）为围巾（样本数量n=54，触觉信息重要性TI=4.50，视觉信息重要性VI=4.33，p=0.118）和袋装薯片（样本数量n=54，触觉信息重要性TI=3.35，视觉信息重要性VI=3.41，p=0.742），如表4-1所示。

表4-1　产品属性显著性分类

触觉诊断性产品				混合产品			
产品类别	触觉信息重要性（TI）	视觉信息重要性（VI）	p值	产品类别	触觉信息重要性（TI）	视觉信息重要性（VI）	p值
床上用品四件套	4.700	4.350	0.001	围巾	4.500	4.330	0.118
凉席	4.590	3.410	0.000	笔记本电脑	4.310	4.200	0.410
羊毛衫	4.560	4.190	0.002	实木地板	4.310	4.190	0.322
丝绸睡衣	4.540	4.060	0.002	钻石戒指	4.300	4.440	0.252
保暖拖鞋	4.480	3.870	0.000	陶瓷餐具	4.280	4.170	0.359
餐巾纸	4.390	3.220	0.000	皮带	3.960	3.890	0.584
按摩拖鞋	4.310	3.670	0.000	海虾	3.940	4.110	0.211
砧板	4.070	3.570	0.000	脐橙	3.940	4.090	0.185
握力器	4.040	3.650	0.026	苹果	3.930	4.070	0.185
书包	3.830	4.280	0.001	猪肉	3.830	3.980	0.314
手表	4.220	4.540	0.004	洗发水	3.650	3.430	0.204
U盘	3.170	4.270	0.018	花露水	3.540	3.330	0.109
灯泡	3.260	3.540	0.071	音乐CD	3.370	3.520	0.242
大闸蟹	3.850	4.000	0.280	袋装薯片	3.350	3.410	0.742

第二次预实验旨在进一步验证触觉和视觉信息在第一次预实验中确定的9个产品的购买决策中的作用，目的是确定触觉高显著性产品和触觉低显著性产品。第二次预实验共有48名商学院研究生和本科生对第一次选定的9个产品再次利用李克特5点量表测量触觉和视觉信息在产品评价中的重要性，其中，触

觉和视觉信息重要性从“极为不重要（1）”到“极其重要（5）”。基于第二次预实验调查的结果，本书选择了凉席、床上用品、按摩拖鞋和握力器等为研究中的触觉诊断性产品，并进一步确定为触觉高显著性产品，其评价主要基于触觉信息，而不是视觉信息。另外，将 U 盘确定为视觉诊断性产品，并进一步确定为触觉低显著性产品，消费者产品购买决策评价中主要是基于视觉信息，而不是触觉信息。此外，本书还假设，大学生对这些产品应该很熟悉。

2. 在线产品展示操控设计

（1）电商展示媒介与传统媒介的差异。**网站产品详情展示可以实现传统广告媒体所不能实现的效果**。这是因为，网站具有传统广告媒体所缺乏的互动性和一些与多媒体相关的性质。即使产品是体验性商品，网站的这些性质也能使潜在客户能够获得类似于产品试用的体验（Klein，1998）。因而，网站能够通过消费者可以理解的方式来提供产品信息，这更像是让消费者从自己的直接经验中获取信息，而这是传统的广告媒体所无法做到的（Klein，2003）。数字化媒体时代，越来越多的企业在通过电视、网站和 App 等新兴媒体进行广告宣传和产品介绍（禹杭和陈香兰，2018），通过淘宝、京东以及相关的手机终端购物 App 进行在线购买已经是当前的主要方式。特别是对个体而言，手机是高度个人化的设备，因此人们更有可能以一种比电脑内容更个人化、更有影响力的方式来体验手机内容，因而手机是更有说服力的叙事平台（Fogg et al.，2004；Lee & Gretzel，2012）。因此，移动互联网时代，本书重点研究不同的手机终端购物 App 平台的产品展示形式，这是因为消费者主要使用这些移动终端 App 平台进行在线购买。

（2）在线产品展示方式操控设计。本书中涉及的两个关键的维度包括感官体验和隐喻表达。

①在线产品隐喻展示方式操控。首先，如果始源域和目的域之间的关系可以被五官直接感知（即始源域和目的域都可以被触觉感知，如始源域是冰山而目的域是温度感知），则这种隐喻表达可以定义为具象隐喻；如隐喻始源域和目的域之间的关系建立在无形的事物之上（如始源域是天鹅，目的域是手表，两者之间的相似性——优雅——更多是一种抽象的特征），该种隐喻表达则界定为抽象隐喻。本书主要探索在线触觉补偿机制，因而**重点研究具象隐喻，即通过始源域与目的域触觉体验之间的相似性来补偿消费者对在线销售产品的触觉感知**。

一般视觉表达可分为两个粗略维度：视觉对象的表征方式和视觉场景（Gkiouzepas et al.，2011）。其中，视觉对象的表征方式按照所包含的视觉修辞可以区分为不同类型，如图像明喻和隐喻（Forceville，1996；Teng & Sun，2002）、组合和比喻（McQuarrie & Mick，1999）、并置和一致（Kaplan，1992）、相关和转移（Kaplan，1990）、并置和融合（Phillips & McQuirre，2004）等。综合上述分类，本书中产品展示对象的表征方式主要是界定对象之间的相关性，即隐喻对象既可以被整体（并置）描述，也可以被部分（融合）描述。本书中视觉隐喻对象采用整体（并置）描述。视觉表达的视觉场景主要是指两个对象之间的关系顺从或符合现实生活中的视觉体验的程度，这种程度对于揭示沟通者明确表达其隐喻意图的程度是很重要的（Gkiouzepas et al.，2011）。视觉场景可以区分为真实性共生、替代和虚拟性共生三种形式（Gkiouzepas et al.，2011），其中虚拟性共生是指将关键的对象被整体（并置）放置在同一视觉空间内（Forceville，1996）。考虑到在线零售商设计产品展示页面的可控性和易操作性，本书将视觉隐喻的视觉场景确定为虚拟性共生形式。据此，**本书将在线产品视觉隐喻产品展示操控为并置虚拟共生式视觉隐喻，这体现在相似空间理论中的隐喻范畴，即隐喻对象之间关系维度一致，但是属性维度存在差异。**类似的研究有将视觉隐喻广告的类型统一控制为融合式隐喻广告（施卓敏和郑婉怡，2014）。

进一步，感官研究中为避免“信息量不同导致效应”的竞争性解释，需要选择“感官刺激A”和“感官刺激B”来进行对比（有时加上“无刺激”做控制组），而不能简单采用“有感官刺激”和“无感官刺激”这类同一种感官刺激有无对比的实验操纵来进行实验（钟科等，2016）。因此，为实现对产品展示的差异化隐喻程度的实验操控，本书将视觉隐喻展示的虚拟共生关系进行操控，即将视觉隐喻比较的始源域对象区分为日常生活中消费者更为熟悉的对象或体验与相对不太熟悉的对象或体验。另外，如果先前激活的语义概念更容易处理和从记忆中检索（Reder，1987），那么更容易导致概念启动的流畅性。而且在多个领域中，概念启动产生的效果与其他流畅性操作相似（Adam et al.，2008；Boven & Caruso，2015），而概念流畅性是促进消费者对隐喻广告理解的重要因素。因而，产品展示概念张力越小，消费者越容易产生概念启动的流畅性，也就越能有效地对隐喻比较进行解释和理解，从而实现营销者力图沟通的强蕴涵解释。

综上所述，本书将在线产品视觉隐喻产品展示操控为并置虚拟共生式视觉具象隐喻，同时将产品隐喻展示操控为概念张力大和概念张力小，即将视觉隐喻比较的始源域对象区分为日常生活中消费者更为熟悉的对象或体验与相对来说不太熟悉的对象或体验。消费者越熟悉隐喻比较的始源域对象，则越能感知到隐喻对象间的概念相似性，这种隐喻的概念张力小，可以有效促进消费者对隐喻展示的解释和理解。

②感官体验方式操控。本书以触觉为例研究在线感官补偿机制及策略。克拉茨基和里德（Klatzky & Reed，1987）认为个体触摸探索方法通常与物体属性联系在一起。如个体通过摩擦、横向运动来判断产品的粗糙或光滑程度，通过按压、挤压或扭曲的动作来判断产品的硬度属性；通过静态的接触来判断产品

的温度，通过使用手等部位包围产品来了解产品的形状或大小，通过提举物体来了解产品的重量，用手指描绘物体的轮廓来了解物体精确的形状。其中，包围物体和提举物体是最有效和最快捷的方法。另外，已有研究对消费者触觉影响的研究多集中在商品的重量和温度方面，而很少涉及商品硬度和质地等其他触觉体验（Krishna，2012）。因此，**本书重点聚焦于以下触觉探索方法与物体属性：通过按压、挤压或扭曲的动作来判断产品的硬度属性。**

③在线展示触觉线索的图片和文字的操控。结合上述两个维度操控的方式，将两者进行合理的匹配，最终完成对在线展示触觉线索相关的图片和文字的操控。具体而言，将电商销售产品的按压触摸体验隐喻为另一种熟悉物品的触摸体验，并将在线产品视觉隐喻产品展示操控为并置虚拟共生式视觉具象隐喻。商品的不同材质属性对消费者触觉偏好会产生重要影响，并对消费者产生不同的心理感知。例如，柔软性是产品硬度的一个重要判断指标，是很多触觉诊断性产品重要的产品感官属性。比如天鹅绒让人觉得柔软，能拉近消费者与产品的距离，还能增加产品的说服力；而硬壳纸张则会让人觉得坚硬，产生距离感（Peck & Childers，2003）。特别是，柔软性具有愉悦的感官感觉，并已用于触摸研究（Essick et al.，1999）。因而，纸张光滑、令人愉悦的感觉也可以提高产品评价（Peck & Wiggins，2006）。借鉴这些研究结果，本节选择的产品是床上四件套和凉席，消费者选购这些产品时重点考虑并强烈需要通过触觉观察的材质属性是柔软性。产品展示刺激材料设计思路具体如图 4－2 所示。

实验刺激材料设计中，首先需要最小化实验刺激材料之间的差异，并将有可能影响消费者反应的因素或变量进行有效的隔离。多尔蒂（Daugherty，2008）研究指出实验中产品的展示需要在所有情况下都尽可能地一致，唯一的区别来自于研究预期解释变量固有特性的差异，例如，消费者行为研究中需要尽量减少任何预先设想的品牌偏好。因此，为更好地模拟真实网络购买情境，本实验在电商平台上的商品详情介绍页面基础上，使用 Photoshop8.0 软件对页面截图进行处理，形成无隐喻的直白展示、隐喻展示（a）和隐喻展示（b），三组商品展示页面截图在尺寸、颜色、主题、描述语等其他视觉元素方面相同，以减少任何混淆的影响。其中，分辨率为 1242×2208，不透明度都是 100%，宽度 44.82 厘米，高度为 77.89 厘米。本次研究中所涉及的品牌均设计为虚拟品牌，所有标识真实品牌信息均被数字化删除，因而对所有的被试而言都是陌生品牌①。只是假定在某一个电商终端进行网络购买，但却并不明确具体的电商平台，因此这些操控尽可能排除电商平台知名度、品牌熟悉度和价格等因素

① 为实现研究目标，本书案例中涉及的产品均为作者设计的虚拟品牌名称。

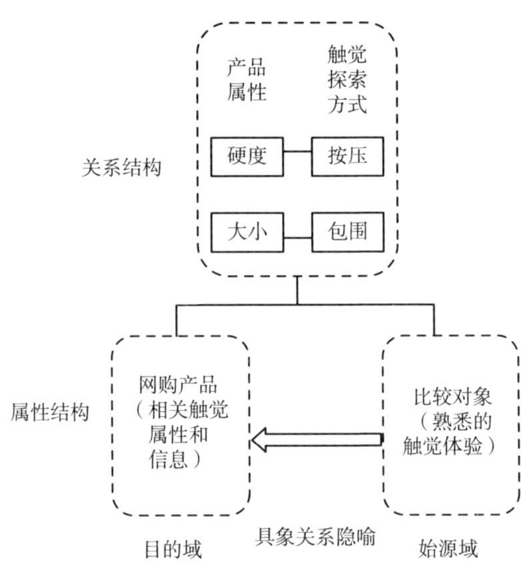

图4－2　隐喻比较表达的实验刺激物操控示意

对实验结果的影响。另外，为了尽可能模拟真实的在线购买情境，本书随机在在线电商平台上选择的真实产品展示页面，并在此基础上按照实验要求进行相应图像处理，以确保达到实验相关要求。实验操控所设计图片如图4－3和图4－4所示。

图4－3　子研究4－1直白视觉展示

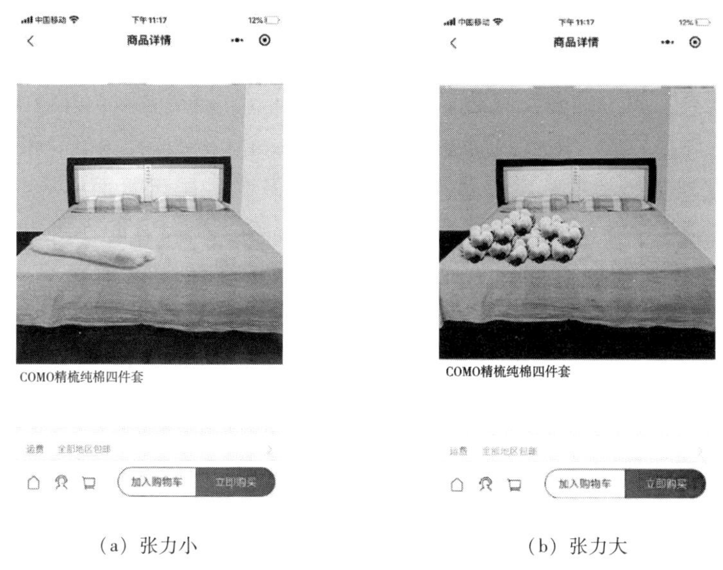

（a）张力小　　（b）张力大

图4－4　子研究4－1视觉隐喻展示

不同产品展示页面截图均进行了严格的处理。首先，三组商品展示页面截图在尺寸大小、颜色、透明度、主题、品牌产品名称等其他视觉元素方面相同，以减少任何混淆的影响。如图4－3和图4－4所示，按照床上用品通用的展示方法，在卧室的床上展开四件套，并对光线明亮度、清晰度等方面进行优化处理，实现最佳的展示效果。其次，三组图片唯一的区别是本书有意识地操控的细微差别。其中，图4－3直白展示页面中床上摆放了一个枕头，图4－4两组隐喻展示页面中床上分别摆放毛茸茸皮草床旗和刚采摘的棉花花朵。本书主要聚焦于个体通过手部按压的动作来判断产品的硬度和质地等触觉属性。因此，在隐喻展示的操控方面，隐喻展示页面图4－4（a）中，皮草床旗和四件套按照生活日常习惯出现在一起，因此在视觉场景维度上操控为真实性共生，用熟悉的皮草光溜顺滑柔软的触觉属性始源域来隐喻四件套的柔软度的触觉属性。而隐喻展示页面图4－4（b）则将一组真实的棉花花朵摆放在床上，两个关键的对象并置放置在同一视觉空间内，而且这种场景在日常生活中并不多见，因此隐喻展示页面图4－4（b）被操控在视觉场景维度上操控为虚拟性共生，并用棉花柔软的触觉属性始源域来隐喻四件套的柔软度的触觉属性。进一步，为符合本书所提出的理论研究预期，即将产品隐喻展示操控为概念张力大和概念张力小两种情境，以研究隐喻的复杂程度对消费者积极行为的影响。消费者对皮草床旗较为熟悉，即使没有真正使用过，但是每个人都有用手抚摸光滑柔顺动物（如猫、狗等宠物）皮毛的经验。而且，皮草床旗和四件套在日常生活中经常一起出现，因此将隐喻展示页面图4－4（a）操控为隐喻概念张力较小。反之，尽管消费者对四件套的主要原材料为棉花这一事实较为熟知，但是平时生活中很少见到或触摸真实原生的棉花花朵，这说明相对而言，消费者对棉花花朵不太熟悉或很少亲手触摸体验，因此将隐喻展示页面图4－4（b）操控为概念张力较大。

④被试对实验材料隐喻表达操控的评价以及隐喻展示页面操控结果。理解（comprehensibility）是隐喻研究中的一个重要变量，菲利普斯（Phillips，1997）强调了消费者对广告中隐喻的理解的重要性，并使用消费者强蕴涵和弱蕴涵来反应消费者对广告信息理解的准确性。因此，本书中消费者必须理解在线产品的隐喻展示，消费者能够对产品隐喻展示的强蕴涵进行准确解释和理解。因此，消费者对产品展示刺激材料的理解度是实验中需要重点操控的要点。本书对所设计的产品展示刺激材料再次进行预实验，确定被试对实验刺激材料能产生正确的解释和理解后，实验刺激材料的设计才能正式用于正式实验。

4.2.2.3 预实验过程与结果

本书确定为所有实验被试提供共同的基准，可以确信他们的实验体验的环境和背景是相同的，因此不同条件下的差异仅是由不同的实验刺激引起的（Jiang & Benbasat，2007）。本书设计了几组产品隐喻展示，最终只有严格地符合上述前实验要求的产品展示才被保留下来用以研究。

首先要检验实验刺激材料是否呈现视觉隐喻。一共123名高校商学院大学参与了本次预实验。为提高实验的效度，采用单因素组间设计方式，被试随机被分成三个实验小组，其中各实验小组样本数量均为41人，分别浏览上述的三则产品详情介绍页面。要求被试在浏览完产品详情展示页面后，主动报告浏览的产品展示页面是“直白的、反映事实的”还是“比喻的、抽象的”，回答用李克特7点量表计分。

预实验操控检验发现，ANOVA分析结果显示，产品展示方式对被试感知产品展示页面的隐喻表达程度的主效应显著，预实验中被试（$N=41$）的隐喻展示皮草页面的隐喻表达感知（$N=41$，$M_{皮草}=5.0$，$SD=1.628$）和隐喻展示棉花页面的隐喻表达感知（$N=41$，$M_{棉花}=4.03$，$SD=1.917$）大于直白展示页面的隐喻表达感知（$N=41$，$M_{直白}=3.68$，$SD=1.767$），$F(2,120)=6.083$，$p=0.003$。ANOVA方差分析结果表明，在隐喻表达感知上，直白展示页面得分均值显著低于隐喻展示页面，同时，隐喻展示棉花页面感知得分均值显著低于隐喻展示皮草页面得分感知均值，这与实验预期结果是一致的。所以，预实验对于隐喻表达的操控是成功的。

4.2.3 正式实验4-1

子研究4-1的目的是检验研究假设H1a，即在线产品隐喻视觉展示方式更能对消费者学习效应，即感知产品展示诊断性、产品态度和购买意愿，产生积极影响。实验4-1设计为单因素被试间设计，在线产品图片展示方式包括视觉隐喻展示方式（a）（真实共生，关系相似一致，属性相似性高）、视觉隐喻展示方式（b）（虚拟共生，关系相似一致，属性相似性低）、视觉直白展示方式，产品类型为高触觉显著属性产品，因变量为学习效应三个评价变量，即产品展示感知诊断性、产品态度、购买意愿。

4.2.3.1 实验过程

1. 样本选择

本书主要选择大学商学院学生作为主要实验对象，这是因为基于互联网购物者人口统计，学生比其他用户群体更有可能成为潜在的互联网客户（Park et al.，2005；Flavián et al.，2009），而且大学的商学院的学生因为专业属性，更了解和熟悉网络购物情况，因此尤其适合本研究。虽然对大学生研究对象的使用是有限的，因为学生在解释信息的经验或熟练程度方面可能与年龄较大和受教育程度较低的人不同（James & Sonner，2001），然而，鉴于当前研究的研究目的是侧重于理论解释，而不是概括性的研究，即不是将研究推广到一个群体；特别是这一代年轻人受过良好的教育，精通技术，崇尚物质，因此代表了快速时尚在线商店的典型消费群体（Colucci & Scarpi，2013）。因此，诸如大学生这样的同质样本被认为适合该种类型研究（Sternthal et al.，1994；Walters et al.，2007；Lee & Gretzel，2012）。

本次实验中，江西某大学商学院研究生和本科生共计382名学生被随机分为三个实验小组，其中各组的人数分别是127人、126人和127人。被试性别方面，女性占56.8%，97%集中在18~25岁，所有的被试都有在线购买的经历。所有被试被要求设想通过手机购物App进行在线购买床上四件套产品决策。

2. 实验流程

第一步，实验情境与实验问卷设计。首先，实验问卷的设计思路是将设计好的三则产品展示页面截图内置于问卷之首，提示被试必须认真浏览完产品展示页面，然后再对产品展示页面的情况进行自我评估，填写由相关变量的量表构成的问卷。其次，注册问卷星企业版，将三份实验问卷在线生成三个独立的问卷链接，一个问卷链接代表一种实验情境。但是在现实生活中，实验被试不太可能把这么多的注意力放在在线产品详情介绍页面上，在实验中很有可能会消极应对实验刺激材料，即没有认真浏览阅读产品展示页面就匆忙填写问卷。这是因为消费者是“最小化认知努力的认知吝啬鬼”（Huhmann et al.，2002）。为此，本书为了更真实地模拟在线购物环境的实验条件，参考穆尔肯（Mulken et al.，2014）的实验设计方法，在实验过程中使用强制暴露的方法，即在问卷在线呈现产品展示页面时，设置了产品展示页面的20秒的强制滞留时间，被试被要求浏览产品展示页面20秒时间，20秒后问卷星系统才允许被试翻启下一页填写后续的测项。类似的实验设计如麦夸里和米克（McQuarrie & Mick，2009）允许实验参与者以自己的速度阅读（实验操作）杂志。当然，本书也允许被试以自己的速度来填答实验问卷。

第二步，引导实验被试进入模拟在线购买情境，点击打开问卷链接，浏览产品展示页面。首先，为防止实验参与者猜测出实验的意图和目标，所有被试首先被告知某在线零售商正在进行产品展示页面的网页测试，需要被试配合完成网页测试并主动报告自我态度与行为意图。其次，实验人员在大学的班级或者研究小组等微信群和QQ群等随机发放问卷链接，所有参与实验的大学生随机分配到三个实验小组，即参与实验的被试在随机时间通过手机微信或QQ社交软件接受实验人员随机转发的某一个问卷链接。这一步模拟消费者在现实生活中随时随地随机进行网络购物，点击浏览产品展示页面。最后，实验人员引导被试点击打开问卷链接。按照问卷中设计的实验引导指令，所有被试被要求认真浏览某一在线零售网店的床上四件套产品的详情展示页面。这就是模拟现实生活中亲朋好友发送的在线购买链接，需要点击打开浏览产品展示页面。

第三步，被试对在线产品展示页面进行自我评估，填写相关变量量表测项构成的问卷。通常在消费者行为研究中，实验参与者会被告知要求记录他们对研究完成的意见和想法（Kempf & Smith，1998）。此外，先前调查消费者学习经验影响的研究也表明，涉及更多的产品类型应该产生更多的评估过程（Smith & Swinyard，1982）。因此，实验被试在阅读浏览完实验的图片和文字材料后，必须主动完成测量消费者学习效应，如购买意愿等相关量表。最后，被试还要求填写相关的人口统计变量等。

第四步，被试完成问卷后，实验结束，所有参与实验的大学生得到实验人员感谢。

4.2.3.2 实验结果

1. 实验操控检验（产品类型检验）

首先对产品类型进行操控检验。独立样本t检验结果显示，被试对床上四件套触觉显著属性感知显著（触觉信息重要性 TI = 4.82，视觉信息重要性 VI = 4.05，$p < 0.001$），即 F 检验结果表明被试认为购买四件套决策过程中，触觉信息的重要性均值得分要显著大于视觉信息的重要性，这与实验预期是一致的，因此，实验 4－1 对产品类型的操控是成功的。

2. 实验刺激材料适合程度检验

本书需要确保实验刺激材料符合预期的隐喻表达的操控要求。ANOVA 分析结果显示，产品展示方式对被试感知产品展示页面的隐喻表达程度的主效应显著，其中被试对隐喻展示皮草页面的隐喻表达感知（$M_{皮草} = 5.12$，$SD = 1.38$）和隐喻展示棉花页面的隐喻表达感知（$M_{棉花} = 4.23$，$SD = 1.57$）大于直白展示页面的隐喻表达感知（$M_{直白} = 3.48$，$SD = 0.978$），$F(1,380) = 10.183$，$p < 0.05$。ANOVA 方差分析结果表明，在隐喻表达感知上，直白展示页面得分均值显著低于隐喻展示页面，同时，隐喻展示棉花页面得分均值显著低于隐喻展示皮草页面得分均值，这与实验预期结果是一致的。所以，正式实验 4－1 中，对于隐喻表达的操控是成功的。

3. 理论假设检验

采用单因素多元方差分析来验证假设 H1a。MONAVA 分析结果显示，产品展示方式这一自变量对各个消费者学习效应的因变量主效应显著，其中产品展示方式对消费者感知产品展示诊断性影响主效应显著，$F(2,380) = 38.994$，$p < 0.001$；产品展示方式对消费者产品态度影响的主效应显著，$F(2,380) = 41.738$，$p < 0.001$；产品展示方式对消费者购买意愿影响的主效应显著，$F(2,380) = 106.148$，$p < 0.001$。当产品为高触觉诊断性产品时，被试对隐喻展示（a）（概念张力小—皮草）［见图 4－4（a）］会导致被试产生更高水平的积极学习效果，感知产品展示诊断性的 $M_{皮草} = 4.338$、$SD = 1.06$、$p < 0.001$，产品态度的 $M_{皮草} = 4.376$、$SD = 1.09$、$p < 0.001$，购买意愿的 $M_{皮草} = 4.337$、$SD = 1.04$、$p < 0.001$。隐喻展示（b）（概念张力大—棉花）［见图 4－4（b）］会导致被试产生中等水平的积极学习效果，感知产品展示诊断性的 $M_{棉花} = 4.177$、$SD = 0.94$、$p = 0.028$，产品态度的 $M_{棉花} = 4.2$、$SD = 0.94$、$p = 0.017$，购买意愿的 $M_{棉花} = 4.006$、$SD = 0.58$、$p < 0.001$。直白展示（见图 4－3）则导致较低水平的积极学习效果，感知产品展示诊断性的 $M_{直白} = 3.71$、$SD = 1.03$、$p < 0.001$，产品态度的 $M_{直白} = 3.719$、$SD = 1.029$、$p = 0.017$，购买意愿的 $M_{直白} = 3.229$、$SD = 1.146$、$p < 0.001$，具体如图 4－5 所示。因此，H1a 得到验证。

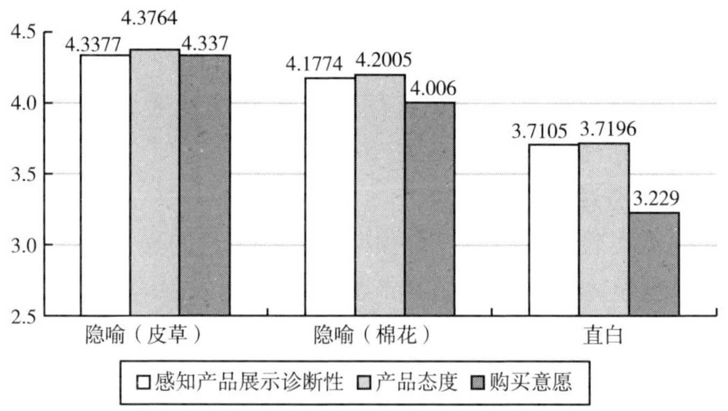

图 4－5　实验 4－1 研究结果

注：纵轴代表消费者对感知产品展示诊断性、产品态度和购买意愿的态度得分。

4.2.4　研究 4－1 结果讨论

研究 4－1 首先探索了在触觉高显著性产品类别下，在线产品视觉展示对消费者的学习效应，即产品展示感知诊断性、产品态度和购买意愿，所产生的影响。实验数据结果显示，消费者在线购买触觉高显著性产品时，相较使用传统的直白展示的产品图片，电商使用视觉隐喻表达会导致消费者产生更积极的学习效应，即消费者感知隐喻产品展示会提供更多诊断性的产品知识，对产品形成更积极的态度，产生更高可能性的购买意愿。这一结论从在线零售领域揭示了图像修辞是一种能够转移意义的修辞手法（Edward，2005），本书也发现隐喻能在始源域和目标产品之间转移触觉属性和体验。

研究 4－1 数据分析结果进一步表明，电商使用隐喻视觉展示能带来更积极的消费者学习效应，同时产品详情图片中视觉隐喻设计也存在一定的规律。产品详情图片中隐喻表达的概念张力越大，即使用消费者感知不熟悉的对象或与在线购买产品的属性相似性较小的对象作为隐喻的比较始源域，消费者可能因为隐喻的理解程度不够或者认知资源的约束，导致其学习效应较低。已有相关的研究认为，广告中视觉隐喻概念张力越大，即隐喻更新异，则更有可能吸引消费者的注意力。但是研究 4－1 中发现，至少在电商产品展示页面中，如果聚焦于力图通过隐喻来传达产品的触觉属性特征，概念张力越大可能适得其反（Gkiouzepas et al.，2011）。相反，不同于隐喻广告中的设计思路，本书主要是研究触觉的隐喻比较表达，因此如果产品详情图片中隐喻表达的概念张力越小，即消费者对始源域更熟悉或存在更为直接的经验，可能会导致其学习效应较高。

子研究 4 -1 验证了 H1a，同时也验证了图画模态的隐喻的确能有效地促进消费者形成积极的学习效应。但是子研究 4 -1 仅仅探索了图画模态的隐喻的积极效应，电商实际运用中，在设计产品展示页面必须把文本作为重要的展示内容。因此，在子研究 4 -2 中，将单独探索文本模态的隐喻是否也能产生图画模态的隐喻，并同样影响消费者的积极学习效应。

4.3 电商在线产品隐喻文本展示对消费者学习效应的影响

基于前述理论推理与研究预期，本节（子研究 4 -2）主要探索文本模态的隐喻效应，探索电商在线产品展示中有关于产品触觉隐喻文本描述在实现触觉补偿方面的潜力，即研究在线产品隐喻文本展示是否能对消费者学习效应产生积极影响，并进一步探索不同类型的文本隐喻对消费者所产生的差异性影响。子研究 4 -2 中，在线产品文本展示方式分为在线产品直白文本展示和在线产品隐喻文本展示，其中文本隐喻展示方式进一步细分为动态隐喻描述方式和静态隐喻描述方式。子研究 4 -2 除了探索文本展示的隐喻效应外，还从语言表现手法视角探索文本隐喻类型产生的差异化效果，从而进一步为电商设计在线产品文本展示页面明确科学的思路和有效的设计原则。

4.3.1 理论推理与理论假设

在线产品展示中，人们仍然需要确定应该向消费者提供哪种文本信息，以及如何引起积极的回应（Chau et al. , 2000；Park et al. , 2005）。仅仅简单地改变产品的描述方式会导致行为意图上的差异（Elder，2011）。书面描述的工具性触觉属性信息，比如毛衣的柔软度和面料成分、手机的重量等，将更有可能触发消费者过去的经验，从而弥补消费者所缺乏的实际接触（Peck & Childers，2003a；Peck & Wiggins，2006）。对产品触觉的口头描述（不体验产品）可能会影响产品评估，这意味着与产品相关的感官提示线索可以建立对产品的期望（Krishna & Morrin，2008）。对产品触觉属性直接描述的相关文字可以理解为感官补偿中的知觉补偿，即通过文字形式以视觉方式来补偿缺失的在线购物的触觉体验。

感官知觉域经验，是指视觉、嗅觉、味觉和触觉经验等如何转化为语言表达，视觉、嗅觉、味觉和触觉的感官体验是如何被描述的。探讨这些感官经验的语言表达以及在网络购买中的作用是当前在线感官补偿研究重点关注的主题，如何利用认知补偿方式实现非触觉性补偿是尤为关注的主题。这是因为，触觉是一种能够传达意义和内容但是不能用更多正式语言表达的一种感官（Montagu，1971）。触摸信息的固有模糊性限制了语言所能描述的精度（Horni，1992）。触摸是一种交流方式，但是不能使用语言表达，因此也受制于语言的约束（Johnson，2007）。因此，触觉如何用语言进行表达是一个非常大的挑战。触觉的语言表达对消费者产品评估和态度以及购买意愿都会产生影响，所以得采用更多认知补偿的方式来实现。

4.3.1.1 静态隐喻文本描述：使用前置触觉相关形容词的同感隐喻语言描述

语言是指那些能够引发对人物、地点、物体、事件和行为的经验印痕进行提取的一系列刺激（官群，2007）。如何借用这种具有经验印痕的语言来对触觉进行描述呢？首先是采用同感比喻，即静态隐喻描述方式。人类语言通过前置形容词，即借用物体描述词以及其他感官知觉域的形容词，来表达某种感官特征属性（程瑾涛和刘世生，2017）。使用属性表达词语（如柔软、尖利、甜、干燥等）和对象描述词语（如蓝莓、苹果、蜂蜜等），可以跨感官（联觉认知）对某种感官属性进行语言描述，如白色的香气和柔和的气味。举例来说，在嗅觉中，“柔软”跨越了密切相关的感觉领域，而词汇融合被认为是建立在人类感觉认知的基础上的（Paradis，2015）。因此，广告或给定产品的命名中经常使用与触摸相关的形容词（或强调包装本身上的产品触觉属性）（Spence & Gallace，2011）。特别是，汉语触觉形容词场可以分为触压语义场、温度语义场和痛觉语义场。其中，触压觉语义场有软、硬、松、紧、尖、钝、锐、轻、重、滑等；温度觉语义场有冷、热、凉、寒、温、暖、炎、冰；痛觉语义场有痛、痒等（程洋，2011）。在线产品展示的文字描述中使用与触觉等感官相关的形容词可以形成感觉线索刺激消费者的心象唤醒（苏晶蕾等，2016）。在线评论中触觉线索大量使用与触觉相关的形容词能显著提升消费者购买意愿（黄静等，2015；郭婷婷和李宝库，2019）。这些具体的词和句子通常比抽象的词和句子更有意义，更容易理解（Percy，1983）。

4.3.1.2 动态隐喻文本描述：采用经验比较识解的隐喻语句描述

相较于知觉补偿，即仅仅展示产品图片或产品触觉信息描述，感官补偿的认知补偿能更有效地在网络环境中促进消费者对触觉的感知。认知补偿中强调个体熟练地使用很多高级认知技能，包括尽可能集中注意力、使用非视觉化记忆（心理意象）、在记忆和词汇等领域中卓越的认知技能等（Eichenbaum，1998；Stevenson & Boakes，2003；Wakefield et al.，2004）。语句是由词或词组构成的语言单位，在营销沟通中发挥着传递信息、说明、劝服等功能（Lowrey，2006）。语句的语言形式，如修辞和句式两方面都会影响消费者的反应（韩雪珂等，2019）。语言学将修辞手法分为结构性修辞和比喻性修辞。其中结构性修辞包含重复、押韵、比较、倒装和对偶等；比喻性修辞则包括替代、夸张、变形、隐喻、双关和反语等（McQuarrie & Mick，1996）。比喻性修辞使语句涵盖的信息更形象或更有趣，在说服消费者方面发挥着重要作用（Leigh & James，1994）。隐喻是以一种加以修辞修饰的手法来隐含地传达特定信息（李研和李东进，2013），被广泛应用于营销沟通（韩雪珂等，2019）。语句隐喻基于结构映射，借用生动的意象，包括通过隐喻和明喻等方式来表达感官特征属性，显得更生动，是动态的描述方式（程瑾涛和刘世生，2017）。隐喻为核心的比较语句，比明确和综合的比较更能刺激和激发学习者主动的思维过程（Carroll & Mack，1985）。

基于经验比较识解的语句隐喻是一种卓越的认知技能，即在认知和记忆过程中熟练采用配对联想学习方式，能够以更为生动和动态的描述方式来理解和感知隐喻语句所传递的触觉信息和体验。在配对关联联想学习中，具体性极高的刺激效应归因于用于引发有影响力的具体意象和抽象名词的差异化能力。刺激语句的意象唤起价值要比确定意象影响关联性的反应更重要（Paivio et al.，1986）。这些综合性、易理解性、熟悉感和语义相关性之间存在着很高的相关性（Katz et al.，1988）。比如，文本隐喻中比较相似的事情更好记忆（McCabe，1988）。印刷广告标题中运用隐喻比直白的语言更具说服力（Nelson & Hitchon，1995）。如果用户对享乐型产品的使用评论采用了修辞手法（如比喻），那么会提升其他消费者的产品接受度（Kronrod & Danziger，2008）。另外，奥塔蒂等（Ottati et al.，1999）强调语言中隐喻与沟通对象的兴趣偏好一致可以增强语句的说服力。

经验比较识解的语句隐喻，即利用经验比较来表达，其中来源和目标都是经验事件，唤起读者的替代性体验（vicarious experiences）是这种比较表达的明确目标，对唤起读者情感/感觉意义具有重要的潜力（Hartman & Paradis，2018）。在心理治疗领域，缺陷多动障碍、强迫症和抽动秽语综合征患者一般是通过语言来调节情绪和感觉体验的，如不同类型的经验比较（试着不抽搐就像试着不眨眼）是用于传达不同感觉体验的通用手段（Hartman & Paradis，2018）。利用经验进行比较表达可以让读者感受到一种他们不可能直接体验到的疼痛，允许读者（间接地）体验一些他们“不太可能直接体验到的”东西

(Semino，2016)。通过对这些经验或经历的实际描述，探索建立身体经验和情感经验之间联系的隐喻比较表达，并基于所描述情景的启示进行推理唤起情感意义和感觉意义（Hartman & Paradis，2018)。究其原因，因为感知信息，例如读者的经验印痕和感知印痕，是句子理解的重要基础（官群，2007)。语言中的情感/感觉意象能够以与实际感知和直接情感体验相似的方式触发神经激活（Andrade et al.，2013)。所以语言是理解者对所描述情景进行经验（感知+动作）模拟的一组线索（Zwaan，2004)，因而读者可以间接体验类似于患者的感觉（Semino，2010)，从而使读者成为沉浸式体验者。比较识解的语句隐喻在引发涉及唤醒某种感官模拟形式的潜力方面存在差异，同时唤醒情感或感官模拟的性质和强度方面也存在差异（Semino，2010)。因此，将心理治疗的方法与经验借鉴使用于在线购买中的感官补偿，即将消费者熟悉的先验性触觉体验与无法触摸产品的体验进行经验比较，运用消费者熟悉的感官模式、身体感觉和情感来唤起其真实的情感/感官反应，本书推测也可以实现上述同样的效果。

综上所述，本书假设：

理论假设 H1b：触觉高显著性产品情境下，相较于在线产品直白文字描述，在线产品文本隐喻展示方式更能对消费者感知产品展示诊断性、产品态度和购买意愿产生积极影响，并且经验比较识解的动态隐喻文本描述比基于触觉相关形容词的静态隐喻文本描述效果更高。

4.3.2 预实验

4.3.2.1 预实验的目的

首先选择并确定合适的产品类型。其次，确定子研究 4-2 中作为实验刺激材料的在线产品文字说明内容是基于隐喻表达设计的，特别是对实验刺激材料的有效操控必须满足这一条件。

4.3.2.2 预实验过程

1. 产品类型操控设计

子研究 4-2 继续采用子研究 4-1 中所确定的触觉高显著性产品床上四件套产品作为研究的产品。

2. 在线产品展示操控设计

(1) 产品展示文本呈现形式。阅读文本需要一定程度的专注，因而从段落格式获取信息可能需要更多的精力。一方面，比较而言，网络环境中在电脑或者手机屏幕上浏览速度慢于阅读纸质资料（Hoque & Lohse，1999）；另一方面，人们在线阅读信息的方式与他们阅读纸质材料的方式不同，人们不是阅读而是扫描在线信息（Griffith et al.，2001）。因此，当信息以缩略图的形式呈现，用户便可以更轻松地处理该信息，从而优化了决策过程。以缩略图形式提供的详细和具体信息也可以提高在线用户感知的准确性（Flavián et al.，2009）。较之以文字段落形式呈现信息，在人们已经倾向于扫描信息，在消费者阅读速度较慢的在线环境中，以缩略图形式展示信息更容易获取且更便于理解（Hoque & Lohse，1999），并且所呈现文本信息提高了人们对信息质量的认识（Carlos et al.，2010），能更好地展现不同产品之间的区别（Hoque & Lohse，1999；Griffith et al.，2001）。据此，本书将所操控的文本信息全部以缩略图的形式进行呈现。已有研究中，如黄静等（2015）和苏晶蕾等（2016）也都是采用这种缩略图形式来呈现文本信息，而不是采用传统的段落形式呈现。另外，实验文本信息刺激材料设计过程中，还需要考虑文本的字数与长度。首先文本信息必须尽可能短，以避免加重研究对象的负担。其次，不同的刺激材料中的文本信息的字数必须保持不变，即文字内容和长度都是一样的，只是文字结构有所不同（Lee & Gretzel，2012）。据此，本书用于操控的不同文本刺激材料字数是一样的，且文本内容和长度保持一致，且全部以缩略图的形式进行呈现，不同文本材料之间唯一的差异操控为文本结构和修辞形式不一样。

（2）产品文本展示方式操控设计。虽然触摸不能使用非常精确的语言进行准确的表达，但是感官知觉域经验还是可以以语言进行再语境化表达。其中，以文本形式来描述触觉信息类型可以总结为两种。一种方式是静态隐喻文本描述方式，采用同感比喻，即通过前置修饰描述词，包括借用物体描述词表达一定的特征属性，以及借用其他感官知觉域的描述词来表达特征属性。另一种方式是动态隐喻文本描述方式，采用结构映射，借用生动的意象，包括拟人、隐喻和明喻等修辞手法来表达某一感官的特征属性（程瑾涛和刘世生，2017）。

两种形式的文本信息中包含两种内容：一是唤起意象指令；二是触觉体验的不同描述方式，即静态隐喻文本描述方式中是意象指令加具体前置形容词的触觉体验描述，动态隐喻文本描述方式中是意象指令加经验比较识解的隐喻语句描述。其中，唤起意象的指令是一组书面指令，要求被试想象自己正在在线购买某种产品。实验开始前，由营销传播专家组成的一个专家小组对所有研究中涉及的文本信息进行讨论评估，再进行预实验研究，以评估独立变量操作的有效性以及可行性。

①直白文本描述方式。在线产品文本展示的直白形式，佩克和奇尔德斯

（Peck & Childers，2003）定义于产品非触觉的书面描述，主要侧重于介绍产品的总体设计，更多是对产品的成分、相关参数、清洁说明、尺寸、运费和价格等进行详细的描述，其中传递的信息包含很少产品的触觉属性特点。参考借鉴佩克和奇尔德斯（Peck & Childers，2003）的方法，本书在电商平台中收集了多则四件套的真实产品详情介绍，将其中涉及触觉等感官描述的信息和前置形容字等剔除，只是保留对四件套产品客观直接的文字描述，主要内容为介绍四件套产品非触觉相关信息，如原材料、制作工艺、质量标准、产品特点等产品信息。最终形成产品详情介绍的直白文字说明，具体内容如下。

本品采用100%新疆优质阿瓦提33～39厘米稀少长绒棉，采用精梳300根梭织工艺，纱线细腻度为40支，面料密度为140×100根/英寸，真正达到300支高支高密；纯棉精梳工艺，剔除短纤维和杂质，成品更精致；丝光工艺和天然植物酵素洗工艺，光泽看得见；预缩工艺，洗涤后不易缩水；蜂窝工艺，快速排走湿热；环保活性和印染工艺，无甲醛，无荧光，无致癌芳香胺，达到国家A类婴幼儿安全标准。本品硬度薄，软度软，耐洗，耐用，无静电、透气性好、固色性强，洗后不粗糙，摩擦不掉绒，垂坠不支棱。

按照前述实验操控要求，本书将所操控的文本信息全部以缩略图的形式进行呈现，最终形成产品详情介绍页面图。

②静态隐喻文本描述方式。

相较于直白表达的文本信息，在线产品展示的文本信息主要是提供产品相关的工具性触觉信息，并大量使用前置修饰描述词来表达相关的触觉属性信息或体验。这些前置修饰描述词的意象值（imagery value）比较高，更容易在个体头脑中形成相关的意象。例如，咖啡产品的广告宣传单中将咖啡的感官体验描述为“甜巧克力味”或“烟熏调味，烧焦的黑暗烤焦味”（Elder & Krishna，2010）。静态隐喻文本描述方式中，文本信息对在线销售的产品都提供了更为详细和完整的触觉信息，特别是对手部探索的触感进行详细的描述（Park，2006）。在线评论中，无论是整体触觉线索还是具体触觉线索，本质上都是采用静态隐喻文本描述方式来表达消费者体验产品后对产品触觉属性评价的线索内容（黄静等，2015）。而且，静态描述方式文本信息更侧重于产品的显著性触觉属性的描述。如毛衣介绍中侧重于描述其柔软度较好，移动电话的介绍中则侧重于描述其重量较轻（Peck & Childers，2003）。因此，静态隐喻文本描述方式主要是提供产品相关的工具性触觉信息，并大量使用前置修饰描述词来表达相关的触觉属性信息或体验，重点对在线销售的产品提供更为详细和完整的触觉信息，特别是对手部探索的触感进行详细的描述。因此，基于多则四件套的真实产品详情介绍，本书根据莱德曼和克拉茨基（Lederman & Klatzky，1987）提出的四种触觉探索活动中的按压等探索动作，最终改编形成产品静态隐喻文本描述文字说明，如下所示：

本品采用细密柔软的新疆长绒棉，纤维柔长，洁白光泽，弹性良好，完全还原棉花的原始纤维感；采用柔软透气的纯棉纱布包裹着轻、柔、细、长的纤维皇后，带来丝丝入扣的贴身柔滑。300 根精梳工艺造就织物短绒毛层，质感丰盈软糯，柔软舒适。60 支纱，让您享受裸睡的触感。天然家纺材质，绸缎般的丝滑柔顺，丝绸般的贡缎光泽，内衣般的舒适，全面无刺激，娇嫩肌肤放心零接触。您能尽情体验兼顾透气和亲肤的丰富卓越的触感，享受身体上柔软的体验。云端上的柔软，肌肤般的舒适。好产品，让您的生活精致优雅。

按照前述实验操控要求，本书将所操控的文本信息全部以缩略图的形式进行呈现，最终形成模拟真实在线购物页面的产品详情介绍页面图。在静态隐喻文本描述说明中，大量采用前置形容词的形式描述四件套产品的工具性触觉信息，其中重点对四件套产品的柔软度的触觉描述进行处理，使用“绸缎般的”“丝绸般的”“肌肤般的”“丰盈软糯”等前置形容词来形容表达四件套产品的触觉属性，即柔软度非常高。

③动态隐喻文本描述方式。文字隐喻中比较相似的事情则更好记忆（McCabe，1988）。进一步，当相较于文章中的上下文情境，相互独立的句子之间进行隐喻时，隐喻的两种对象之间的相似性决定了其质量（Gkiouzepas et al.，2011）。基于前述的隐喻理论、相似空间理论和 LOC 相似空间理论，动态隐喻文本描述中，经验比较识解基于隐喻比较的认知过程，形象生动地表达触觉信息与体验。在言语或写作中使用比较识解操作时，可以通过识解操作将内容结构和配置结构结合起来。例如，在对酒的评论中，关于感觉的描述的本体（概念）结构一般是与视觉、嗅觉、味觉和触觉相关的空间（Paradis，2005）。

下面是哈特曼和帕拉迪斯（Hartman & Paradis，2018）设计的几个案例。

【例 1】经验比较识解操作的例子。一个与害怕蜘蛛有关的熟悉的始源感觉，其目标是感知与抽搐的感觉和与发痒有关的选择程度。

想象一下，一个有蜘蛛恐惧症的人故意把一只蜘蛛放在他或她的手上。他们会觉得似乎没有其他选择，只能通过他们所感到的恐惧，并以任何可能的方式摆脱它。对我来说，抽搐的感觉几乎与此相同，如果恐惧被疼痛、不适或焦虑所取代的话。因此，选择执行抽搐，尽管仍是一种选择，但在当时似乎是唯一的选择。

该案例中设计者为读者构建一个始源场景（一只蜘蛛放在他/她的手上）。设计这种熟悉的来源是为了在读者中诱发一种特殊的不舒服的感觉，包括紧迫感和恐惧感，以及对这些感觉的本能反应。其目标被描述为在情感和感觉反应方面几乎与始源感觉相同。其中，一个关键的差异被条件结构中的替代话语所暗示：如果恐惧将被疼痛、不适或焦虑所取代。当恐惧（与源头有关）重新与目标（疼痛、不适和焦虑）联系起来时，始源域和目标域之间的对应关系就得到了相当程度的调整。最后，比较识解传达了一种紧迫感和缺乏选择的感觉。蜘蛛在手上始源场景旨在引出具体情感和感觉的具身模拟。配置联系对应通过因果关系链与因果联系在一起：原因→情感/感觉→行动。始源场景的致因配置实例化为“蜘蛛→恐惧→摆脱”，目标场景的致因配置实例化为“冲动→疼痛/不适/焦虑→抽搐”。

【例2】与触觉隐喻比较表达相关的例子。目标是由某些食物引起的一种感觉。其始源场景是一种熟悉而又极不愉快的动作，就是指甲在黑板上划来划去。

有些食物我不吃，因为它们像指甲在黑板划一样，或者就像是我舌头上的橄榄。

比较识解描绘了始源域和目标域之间的触觉对应关系，同时也跨模态地表征了感官（声音就是触觉）。除了影响触摸的感官意义，【例2】潜在地唤起身体的感觉（颤抖甚至疼痛）、声音表达（尖叫）、动作倾向（试图让它停止）、对场景的评估（缺乏控制或紧迫性）以及情绪（愤怒或激动）。【例2】通过一个文本实现了具身模拟——指甲在黑板上划。对许多人来说，这个文本具有重要的和强烈的“全部—身体”的意义（Gibbs，2006）。对于许多人来说，在黑板上看到指甲就足以让人起鸡皮疙瘩或脊背发冷，而这个场景的高度唤起意义在【例2】中被用来激发读者的这种反应。

参考借鉴哈特曼和帕拉迪斯（Hartman & Paradis，2018）引用的心理治疗过程中所设计的脚本，本书利用比较识解操作来实现对产品触觉属性或体验的动态隐喻文本描述，并设计了如下比较识解文字说明：

想象一下，那次您使用指尖轻抚羊绒皮草那紧密厚实的绒毛时，平顺滑溜的感觉油然而生；用手轻捏挤压羊绒皮草，却没有任何粗糙感和毛刺感，仅有的是柔软丝滑的丰盈触感。触摸这些柔软的绒毛可以给人温暖的满足感、愉悦的沉浸感和慵懒的治愈感，令人爱不释手。于您而言，我们相信，抚摸本产品的感觉几乎与此感觉相同。本件套材质柔软细腻，宛如人体第二层皮肤，触抚时挡不住的亲肤感受会从指尖传到全身。擎一帘温柔穿越丛林的深处，躺下来就能感受到温暖的丝丝情意。让您毫无束缚，温柔感受始终在心间荡漾，带给您舒适睡眠之旅。

本书所设计的这则经验比较识解文字描述中，目标域用手指触摸四件套产品所引起的一种触摸感觉，其始源场景是一种消费者非常熟悉的触摸感觉，即手指指尖轻抚羊绒皮草紧密厚实绒毛的愉悦触摸体验。这则比较识解描绘了始源域和目标域之间的触觉对应关系，同时也同模态地表征了触觉感官与体验。配置联系对应通过因果关系链与因果联系在一起：原因→情感/感觉→行动。始源场景的致因配置实例化为“羊绒皮草→触摸愉悦感觉→爱不释手”，目标场景的致因配置实例化为“四件套产品→柔软顺滑触摸感知→积极购买行为意愿”。除了直接阐述表达了影响触摸的感官意义，该文本还潜在地唤起身体的本体感觉（顺滑）、动作倾向（持续触摸行动不愿意停下来）、对使用场景的评估（沉浸感）以及情绪（放松、愉悦和喜爱等）。而实现这一切积极感知的是比较识解文本唤起消费者实现具身模拟——手指在羊绒皮草的绒毛上轻抚、轻捏和挤压。这对很多人来说，这个文本能够产生强烈的身体体验的意义。仅仅是看到毛茸茸的羊绒皮草就足以唤起消费者的触摸体验和温暖感觉，而这种场景通过引发消费者的具身模拟而高度地唤起了消费者的触摸感觉，还有消费者的愉悦情绪反应等。最后，按照前述实验操控要求，本书将所操控的文本信息全部以缩略图的形式进行呈现，最终形成产品详情介绍页面图。

综上所述，本书模拟电商平台产品详情页面的形式，将产品说明文字以缩略图的形式进行展示，并且确保三种方式的文字数量是一样的，主题和内容是一样的，唯一存在差异的是文字表达的手法不一样，据此分别设计了产品直白文本描述方式、产品静态隐喻文本描述方式和产品动态隐喻文本描述方式，如图 4－6 和图 4－7 所示。

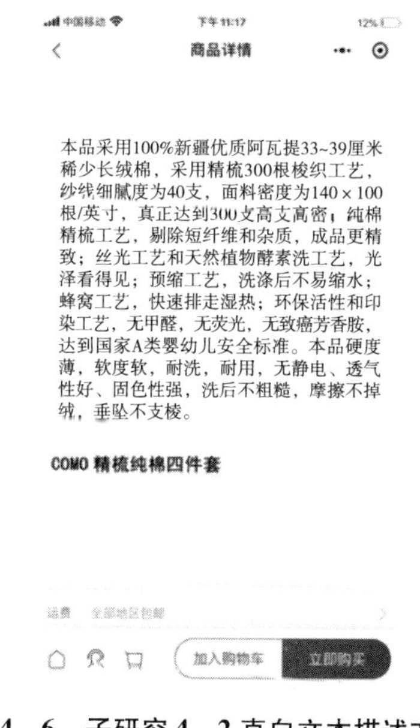

图 4－6　子研究 4－2 直白文本描述方式

3. 预实验过程

子研究 4－2 的预实验中，120 名商学院研究生和本科生作为样本参与了预实验，为提高实验的效度，采用单因素组间设计方式，被试随机被分成三个实验小组，各组人数分别为 40 人，分别浏览图 4－6 和图 4－7 的三则产品详情介

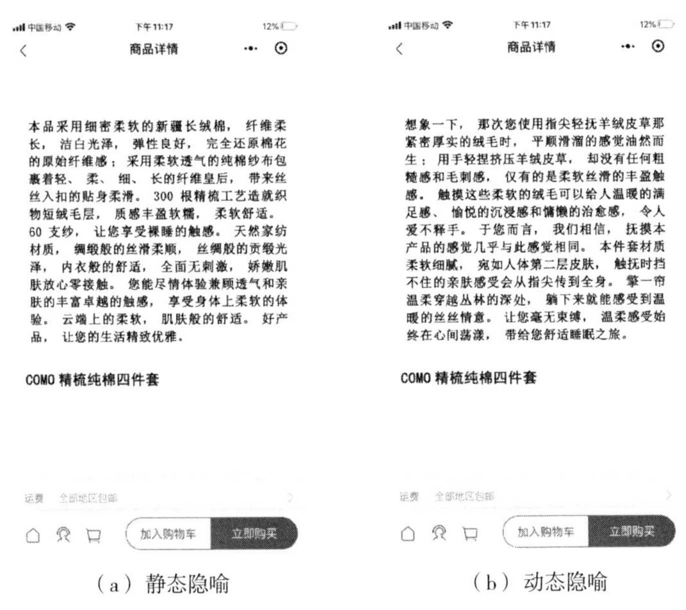

（a）静态隐喻　　　　（b）动态隐喻

图 4－7　子研究 4－2 隐喻文本描述方式

绍页面。所有被试在浏览完详情介绍页面后，要求回答并报告其所浏览的产品展示是“直白的、反映事实的”还是“比喻的、抽象的”，采用“一点也不重要（1）”到“极其重要（7）”的李克特 7 点量表测量其对产品展示页面的判断结果。

4.3.2.3　预实验结果

ANOVA 分析结果显示，产品展示中文字表达方式对被试感知产品展示页面的隐喻表达程度的主效应显著，其中预实验中被试对动态隐喻文本描述的隐喻表达感知（$M_{动态隐喻}=5.35$，$SD=1.626$，$p=0.001$）和静态隐喻文本描述页面的隐喻表达感知（$M_{静态隐喻}=4.05$，$SD=1.867$，$p=0.001$）大于直白文本描述页面的隐喻表达感知（$M_{直白描述}=3.01$，$SD=1.549$，$p=0.013$），$F(2,117)=17.952$，$p<0.001$。ANOVA 方差分析结果表明，在隐喻表达感知上，直白文本描述页面得分均值显著低于隐喻文本描述页面，同时，静态隐喻文本描述页面得分均值显著低于动态隐喻文本描述页面得分均值，这与实验预期结果是一致的。所以，子研究 4－2 的预实验对于隐喻表达的操控是成功的。

4.3.3　正式实验 4－2

子研究 4－2 的目的是检验研究假设 H1b，即电商在线产品展示中有关于产品隐喻文本描述在实现触觉补偿方面的潜力。实验 4 - 2 设计为单因素被试间设计，在线产品文字展示方式包括动态隐喻文本描述方式（比较识解）、静态隐喻文本描述方式（同感比喻）以及直白文本描述方式，产品类型为高触觉显著属性产品，因变量为消费者学习效应的评价变量，即如产品展示感知诊断性、产品态度和购买意愿。

4.3.3.1 实验过程

江西某大学和安徽某大学共计 1156 名大学生参加了本实验，所有被试被随机分为 3 个实验小组，分别为 384 人、385 人和 387 人。每个参与者被随机分配到三种情况中的一种（直白文本描述方式、静态隐喻文本描述方式或动态隐喻文本描述方式）。其中，女性为 58.6%，98% 集中在 18 ~ 25 岁，所有的被试都有在线购买的经历。实验 4 - 2 的过程与实验 4 - 1 的过程完全一样。

4.3.3.2 实验结果

1. 实验操控检验

首先对产品类型进行操控检验。实验 4 - 2 中继续使用床上四件套作为实验产品。其次，对实验刺激材料适合程度检验。ANOVA 分析结果显示，产品展示中文字表达方式对被试感知产品展示页面的隐喻表达程度的主效应显著，其中正式实验中被试对动态隐喻文本描述的隐喻表达感知（N = 384，$M_{动态隐喻} = 4.10$，SD = 1.563，$p = 0.001$）和静态隐喻文本描述页面的隐喻表达感知（N = 387，$M_{静态隐喻} = 3.88$，SD = 1.60，$p = 0.042$）大于直白文本描述页面的隐喻表达感知（N = 385，$M_{直白描述} = 3.64$，SD = 1.549，$p < 0.001$），$F(2, 1153) = 7.556$，$p = 0.001$。ANOVA 方差分析结果表明，在隐喻表达感知上，直白文本描述页面得分均值显著低于隐喻文本描述页面，同时，静态隐喻文本描述页面得分均值显著低于动态隐喻文本描述页面得分均值，这与实验预期结果是一致的。所以，子研究 4 - 2 的正式实验中，对于隐喻表达的操控是成功的。

2. 理论假设检验

采用多元方差分析来验证假设 H1b。MONAVA 分析结果显示，产品展示中文字表达方式这一自变量对各个消费者学习结果的因变量主效应显著，其中产品展示方式对消费者感知产品展示诊断性影响主效应显著，$F(2, 1153) = 46.622$，$p < 0.001$；产品展示方式对消费者产品态度影响的主效应显著，$F(2, 1153) = 56.418$，$p < 0.001$，产品展示方式对消费者购买意愿影响的主效应显著；$F(2, 1153) = 89.195$，$p < 0.001$。当产品为高触觉诊断性产品时，被试对动态隐喻描述会导致被试产生更高水平的积极学习效果，感知产品展示诊断性的 $M_{动态隐喻} =$

4.613、SD = 1.67、$p < 0.001$，产品态度的 $M_{动态隐喻}$ = 4.589、SD = 1.156、$p < 0.001$，购买意愿的 $M_{动态隐喻}$ = 4.499、SD = 1.151、$p < 0.001$。隐喻静态描述会导致被试产生中等水平的积极学习效果，感知产品展示诊断性的 $M_{静态隐喻}$ = 4.326、SD = 1.148、$p < 0.001$，产品态度的 $M_{静态隐喻}$ = 4.168、SD = 1.142、$p < 0.001$，购买意愿的 $M_{静态隐喻}$ = 3.943、SD = 1.121、$p < 0.001$。直白描述展示则导致较低水平的积极学习效果，感知产品展示诊断性的 $M_{直白描述}$ = 3.825、SD = 1.138、$p < 0.001$，产品态度的 $M_{直白描述}$ = 3.709、SD = 1.151、$p < 0.001$，购买意愿的 $M_{直白描述}$ = 3.373、SD = 1.138、$p < 0.001$，具体如图 4 - 8 所示。因此，H1b 得到验证。

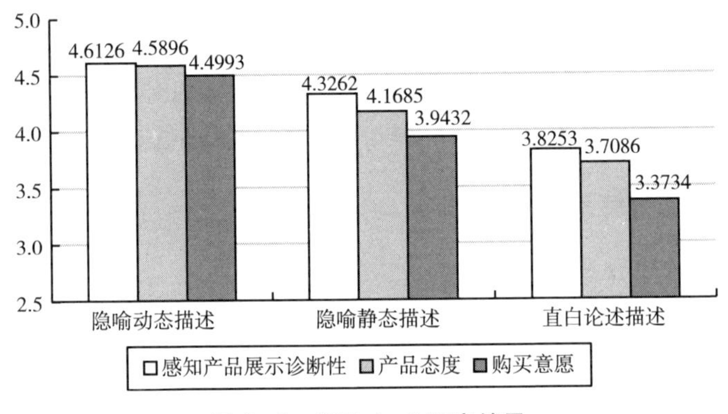

图 4 - 8　实验 4 - 2 研究结果

注：纵轴代表消费者对感知产品展示诊断性、产品态度和购买意愿的态度得分。

4.3.4　子研究 4 - 2 结果讨论

子研究 4 - 2 探索了触觉高显著性产品类别下，在线产品展示文字描述方式对消费者学习效应，即产品展示感知诊断性、产品态度和购买意愿，会产生影响。子研究 4 - 2 的数据结果显示，消费者在线购买触觉高显著性产品时，相较使用传统的产品直白文本描述，电商使用隐喻文本描述会导致消费者产生更积极的学习效应，即消费者会感知隐喻文本描述会提供更多诊断性的产品知识，对产品形成更积极的态度，产生更高可能性的购买意愿。究其原因，人们的语言加工和理解过程本质上是通过心理模拟过程不断提取感知经验印痕（官群，2007）。进一步，心理模拟是语言理解的一种手段，具身认知能使消费者置身于非现实世界，即再入情景，通过心理模拟获得对描写非现实世界的语言的理解（Barsalou，2008；Krishna，2011；殷融等，2012）。

子研究 4 - 2 数据分析结果进一步表明，电商不仅使用隐喻文本描述能带来更积极的消费者学习效应，而且产品详情介绍中的文字表达手法也存在一定的规律。产品详情文字说明中采用隐喻动态文本描述，通过激活消费者的心理模拟过程，从而能够更能有效诱发感官意象，进一步导致消费者产生积极的学习效应。而消费者对于隐喻静态文本描述也会产生积极的学习效应，但是更多是停留在潜意识层面对触觉体验等感官印痕的回忆和提取，缺乏隐喻动态文本描述所诱发的生动活泼的心理模拟模拟过程，因而在导致消费者积极学习效应中要稍次。例如，黄静等（2015）和苏晶蕾等（2015）等研究发现，在线评论和产品展示中包含触觉信息的相关线索以及其他的感官体验线索，能给消费者带来积极的购买意愿。这些研究中提供的实验刺激文字主要就是前置触觉形容词等同感隐喻静态文本描述。子研究 4 -2 结果发现，隐喻动态文本描述能够产生更为积极的消费者学习效应。例如，动态隐喻文本描述中的经验比较识解理论模型具有广阔的应用潜力，在艺术、食物、酒、音乐、香水的推广和评估应用中发挥了重要的作用，在教育教学和医患沟通方面也发挥重要的价值（Hartman & Paradis，2018）。这一结论也表明，隐喻动态描述方式在在线零售情境中消费者感官信息和体验的补偿中具有巨大潜力。

因此，子研究 4 -2 验证了假设 H1b，同时也验证了文本模态的隐喻的确能有效地促进消费者形成积极的学习效应。子研究 4 -1 和子研究 4 -2 仅仅是各自单独探索了图画和文本模态的隐喻的积极效应，但是在电商实践中，在设计产品详情页面时不可能仅仅采用一种模态来进行产品展示。因此，有必要进一步探索不同模态组合的隐喻如何影响消费者的学习效应。因此，在子研究 4 -3 中，本书将图画模态与文本模态的隐喻展示进行不同组合，进一步探索不同形式的图文组合隐喻对消费者积极学习效应所产生差异化影响。

4.4 电商在线产品展示隐喻图文组合方式对消费者学习效应的影响

依据子研究 4 -1 和子研究 4 -2 的研究结果可知，不同的展示方式（直白式和隐喻式）会影响消费者的学习效应，不同的表征模态（文本和图片）的确会积极影响消费者的学习效应。在此基础上，本节（子研究 4 -3）进一步将两种影响变量进行组合，探索不同模态组合的隐喻展示如何影响消费者学习效应，通过将隐喻表征模态（文本与图片）与产品展示方式（直白展示和隐喻展示）进行两两组合，形成四种图文结合形式，即直白文本 + 直白视觉、直白文本 + 隐喻视觉、隐喻文本 + 直白视觉、隐喻文本 + 隐喻视觉。子研究 4 -3 的目的是探索上述四种图文组合的产品展示对消费者学习效应所产生的差异化影响。

4.4.1 理论推理与理论假设

认知心理学的双重编码理论认为，人们使用两种不同的心理系统或代码来感知、识别、理解和记忆视觉和文本信息：一种语言代码用来表示和处理语言，另一种是非语言对象和事件的图像代码（Paivio，1971）。当使用双重代码而不是单一代码进行编码时，信息更容易被准确地检索到（Richardson，1983）。例如，当刺激包含相关的语言和图像信息时，人们比仅包含语言信息或图像信息时学习得更好。特别是，图像是“记忆代码”，通过图像渠道呈现的信息比通过语言渠道呈现的信息更突出，更容易被记住（Paivio，1986）。对图片的学习比对语言文字的理解更容易，这部分是因为在个体看到刺激信息时，图片信息更能够激发实验对象进行想象（Childers & Houston，1983）。另外，双重代码还可以包括嗅觉信息代码和图像代码。嗅觉信息与视觉信息的交互，嗅觉信息对个体的记忆提取带来重要影响。在经过一段时间的延迟后，气味可以增强对言语信息的回忆，而基于气味的检索刺激可以增强图像对回忆的促进作用（Lwin et al.，2010）。

4.4.1.1 图文组合的产品展示要优于仅单一的图片或文本的产品展示

文本与图片各有其功能。图片是具体的表征，与指称对象具有物理上的相似，而词语抽象地反映句子，承载了该对象的本质（Amit et al.，2009）。因此，文字比图片构成更高抽象的解释。因此，文本通常用于描述搜索属性（Nelson，1975），例如产品尺寸、重量和保修政策。图片是用来描绘产品的视觉吸引力，通常仅凭言语很难描述（Baggett，1989）。线索求和理论（the cue-summation theory）认为，随着可用线索或刺激（跨渠道或渠道内）的数量增加，理解者的了解会更有效（Moore et al.，1996）。塞韦林（Severin，1967）进一步指出，线索必须具有相关性才能增强了解，当跨渠道汇总相关线索时，多渠道信息似乎总是优于单渠道信息。因此，图文组合可以产生共振（resonance）效应，即广告中的元素合理配置、相得益彰时能产生极佳的说服效果（McQuarrie，1989）。既有图片信息又有文字信息的记忆结果会比只有图像信息的记忆结果更好。事实上，与低复杂度或高复杂度的产品展示相比，将视觉信息与文本信息相组合以创建中等复杂程度的产品展示对产品态度和购买意愿的影响更大（Martin et al.，2005）。阿达瓦尔和维尔（Adaval & Wyer，1998）也证实，将图片与叙述性文本结合起来呈现，可以使言语事件描述更加生动，帮助接受者增强事件之间的感知联系，增加故事的连贯性。图片和文字组合比单独的图片或单独的文字更有效地促进信息回忆和对产品的积极态度（Liu & Stout，1987）。旅游目的地网站展示中，最有效的组合是包含具体的旅游目的地的风景图片与包含意象指令的文本内容组合，而最无效的刺激是只包含具体的文字和无图的组合（Walters et al.，2007）。大多数网站结合了视觉和文字信息，并以多种方式展示他们的产品。视觉信息和文本信息的有效结合对产品信息的回忆、用户回忆产品信息的感知易用性和产品信息的感知质量有积极的影响（Carlos，2010）。因此，本书首先推理图文组合的展示方式均会优于仅有一种模态的展示方式。

4.4.1.2 视觉隐喻比文本隐喻能产生更积极的消费者学习效应

视觉上呈现的刺激信息比语言上呈现的刺激效果更为有效。依据认知心理学的双重编码理论，这种差别是由刺激信息的特性导致的，其特性对视觉和语言信息的记忆和编码都有影响（Murry & House，1976）。图像具有优势效应，这是因为图片更有可能生成意象和文字代码，因此更有可能为后续对记忆信息的检索提供多种存取路径（Pavio，1971）。巴宾等（Babin et al.，1992）也表明视觉信息比语言信息更容易被记住。图像增强了信息的获取和处理，并产生更快和更准确的理解（Chau et al.，2000）。图像也可以通过改善信息可靠性的感知，降低感知风险（Lurie & Mason，2007），从而提高感知信息质量。图像比文本信息更容易记忆，因此人们对图片和图像的记忆比对单词的记忆更强（Hong et al.，2004）。因为在记忆过程中，对于图像细节的记忆会消失，而图像本身所具有的更为细致的刺激会阻碍这种遗忘过程。在购物环境中，视觉信息可能比文本信息更有效，因为视觉方面增强了感官体验，增强了信息处理和购买决策（Liu & Stout，1987）。卢里和梅森（Lurie & Mason，2007）研究结果也表明视觉工具可能比文本信息更好地替代触摸需求。因此，视觉信息可以增加消费者选择的信心，降低他们花在网上任务的时间比例。

进一步，相比准确理解文本隐喻的难度，消费者更容易领悟生动形象的图片隐喻广告（McQuarrie，1989）。因此，图像隐喻似乎具有更多的优势（McQuarrie & Mick，2005）。思维总是以图像（尤其是隐喻图像）的形式出现（Robin et al.，2001）。视觉隐喻（相对于文字隐喻）已经完成了“言语理解正在生成的比较”这部分工作（Morgan & Reichert，1999）。视觉形式呈现隐喻更容易理解并有助于回忆（Kaplan，1992）。视觉隐喻比文字隐喻更具说服效果，而且消费者对于具有开放性特征的图画隐喻产生更多积极的解释或推断（McQuarrie & Phillip，2005）。广告创作者可以运用图像隐喻来契合消费者的认知思维，从而为消费者创作出现成的心中意象，从而加强消费者对广告的记忆（Pawlowski et al.，1998）。综上所述，本研究推测，与“隐喻文本 + 直白视觉”方式相比较，“直白文本 + 隐喻视觉”方式更能积极对消费者购买意愿产生积极影响。

4.4.1.3 视觉隐喻与文本隐喻存在协同作用

在线产品展示中都会使用图画和文字组合的展示方式。那么，营销商必须考虑，图画和文字两种模态都是隐喻的展示和仅有一种模态是隐喻的展示进行比较，哪种方式能产生更好的营销效果呢？例如，标题和图像是广告创作人员很容易使用的工具，凭借这两样工具可以创造出理想的品牌个性感知（吴水龙等，2017）。其中，隐喻图片辅以直白标题的广告的信息可能缺乏吸引力，并且说服效果也比较差，难以实现图文共振（Rayner，2001）。昂和利姆（Ang & Lim，2006）进一步发现，如果广告中使用隐喻图像，标题是否使用隐喻对最终的广告效果影响不太大。但如果广告使用不含隐喻图像，那么有隐喻的标题比无隐喻的标题更能产生积极的广告效果。另外，吴水龙等（2017）也指出在直白广告图片中，广告效果不受文字标题表达方式的影响。

广告中的图像隐喻和标题隐喻之间存在着一种协同作用（synergistic effect）和共振效应，即广告中使用图像隐喻并辅配隐喻文字标题能产生良好的说服效果（McQuarrie，1989；Ang & Lim，2006；吴水龙等，2017）。昂（Ang，2002）进一步提出，隐喻以两种模态呈现是否是最优组合还要取决于产品类型的调节作用。

另外，子研究 4 - 1 和子研究 4 - 2 均验证了单一图画或文本模态的隐喻展示相对于直白展示的优势效应，因此，子研究 4 - 3 进一步推理，产品图文组合展示中，只要有一种或以上的模态表征是隐喻的（不管是视觉隐喻还是文本隐喻），那么这种图文组合展示在导致消费者积极的学习效应中都要好于“直白文本 + 直白视觉”的图文组合展示，即四种图文组合的展示方式中，“直白文本 + 直白视觉”的图文组合展示对消费者学习效应的积极影响最差。

因此，本书推断，各种不同图文组合方式中，包含了视觉隐喻的图文组合方式效果好于包含文本隐喻的图文组合方式。因此，“隐喻文本 + 隐喻视觉”和“隐喻视觉 + 直白文本”两种方式效果要好于“直白视觉 + 隐喻文本”和“直白视觉 + 直白文本”两种方式。其中，“隐喻文本 + 隐喻视觉”方式要优于“隐喻视觉 + 直白文本”方式，而“直白视觉 + 隐喻文本”方式优于“直白视觉 + 直白文本”方式。

综上所述，本书假设：

理论假设 H1c：触觉高显著性产品情境下，不同的图文组合产品展示对消费者学习效应，即感知产品展示诊断性、产品态度和购买意愿，产生的积极影响中，“隐喻文本 + 隐喻视觉”方式最优，“隐喻视觉 + 直白文本”方式次之，“直白视觉 + 隐喻文本”方式再次之，“直白视觉 + 直白文本”方式最次。

4.4.2 预实验

4.4.2.1 预实验目的

为提高实验研究的外部效度，子研究 4 – 3 选择另外一种触觉高显著性产品作为研究产品。因此，首先要选择并确定合适的产品类型。其次，子研究 4 – 3 基于所选择的研究产品，分别设计该产品的隐喻文本和图片以及直白文本和图片。再其次，将图画和文本两种模态和直白和隐喻不同表达手法进行两两组合，设计为四种产品展示方式。最后，需要检验实验刺激材料，即四种产品图文组合展示的隐喻表达程度，以实现对产品隐喻展示页面隐喻表达的操控。

4.4.2.2 预实验过程

1. 研究产品类型操控

基于子研究 4 – 1 中产品类型预实验的方法和产品类型预实验的结果，本书确定了 5 种触觉诊断性产品，包括四件套、凉席、按摩拖鞋和握力器等，16 种混合产品，包括围巾、袋装薯片和花露水等。考虑到实验研究的外部效度，子研究 4 – 3 选择触觉诊断性产品按摩拖鞋作为触觉属性高显著属性产品，并确定为研究产品。

2. 实验刺激材料适合程度操控

按照子研究 4 – 1 和子研究 4 – 2 中实验刺激材料的操控思路和方法，子研究 4 – 3 采用同样的方法和步骤。子研究 4 – 3 主要任务是设计操控按摩拖鞋的直白方式和隐喻方式的产品详情展示页面。同样将按摩拖鞋产品展示页面的设计分为视觉展示和文本描述两个部分。

（1）视觉展示操控。视觉展示方面，将两组产品展示图片进行严格相似性处理，两组按摩拖鞋展示图片在尺寸大小、颜色、透明度、主题、品牌产品名称等其他视觉元素方面相同，以减少任何混淆的影响。按照在线零售商对按摩拖鞋通用的展示方法，在产品展示页面中展示按摩拖鞋的图片。直白图片和隐喻图片唯一的区别在于本书有意识操控的细微差别，即直白图片直接展示了两双拖鞋，而隐喻图片将其中一双拖鞋替换成一堆散乱在地上的鹅卵石。其中，隐喻图片中将按摩拖鞋和鹅卵石进行并置，在视觉场景维度上操控为虚拟性共生，重点将鹅卵石凹凸属性这一始源域来隐喻按摩拖鞋的触感属性，从而直观形象地给消费者传递按摩拖鞋的相关触觉产品属性。

（2）文本描述操控。同样参考借鉴哈特曼和帕拉迪斯（Hartman & Paradis，2018）所提供的比较识解隐喻方法，设计了如下比较识解语句描述：

回想一下，那次赤脚走在铺满小鹅卵石的路面的感觉，无数颗鹅卵石恰好直顶足底的穴位点，凹凸不平的路面自然贴合脚底，就像正在进行全脚掌按摩，感受到强烈的抓地力，不打滑。于您而言，试穿本品的感觉几乎与此感觉相同。采用环保 EVA 材质，抗菌除臭，防滑耐磨，婴儿般柔软舒适，踏入犹云的感觉。

本书中按摩拖鞋的比较识解语句反映了始源域和目标域之间的触觉对应关系，同时也同模态地表征了触觉感官与体验。配置联系对应通过因果关系链与因果联系在一起：原因→情感/感觉→行动。始源场景的致因配置实例化为“鹅卵石凹凸刺激→脚底高低不平的触觉刺激感知→轻度疼痛和刺激情绪”，目标场景的致因配置实例化为“按摩拖鞋→鞋底按摩颗粒产生的全脚掌按摩感知→积极购买行为意愿”。实现这一触觉感知和刺激情绪的是本例中所设计的比较识解文本唤起的消费者实现具身模拟——赤脚走在铺满小鹅卵石路面。这个文本同样能够产生强烈的身体体验的意义，这个场景通过引发消费者的具身模拟而高度地唤起了消费者的触摸感觉。

另外，同样参考借鉴佩克和奇德尔斯（Peck & Childers，2003）的方法，子研究 4 – 3 在电商平台中收集了多则按摩拖鞋的真实产品详情介绍，说明按摩拖鞋产品非触觉相关信息，如原材料、制作工艺、质量标准、产品特点等产品信息，最终形成按摩拖鞋直白文本描述，如下所示：

45°按摩防滑颗粒边缘增高，中间凹陷，专注于足底穴位点设计；3D 后跟凹凸设计，自然贴合脚底，脚趾、足弓到后跟的全脚掌按摩；无痛按摩设计，按摩颗粒邵氏硬度约为 38 度，柔软度舒适，不扎脚。采用环保 EVA 材质，添加 AG + 银离子抗菌成分，抗菌除臭，弹性舒适；鞋底防滑纹设计，防滑耐磨。

（3）产品展示页面操控。综合上述的视觉展示和文本描述设计，模拟电商产品详情展示页面的形式，隐喻和直白的视觉图片和文本描述进行两两组合，据此分别设计了按摩拖鞋产品四种不同产品展示形式，如图 4 – 9 ~ 图 4 – 12 所示。

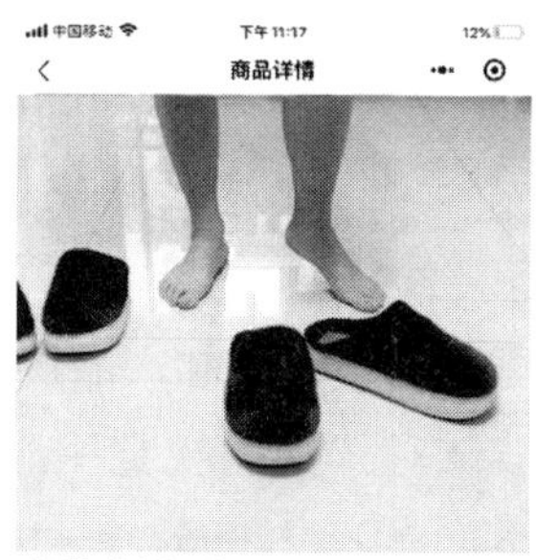

图 4-9 子研究 4-3 直白文本 + 直白视觉展示

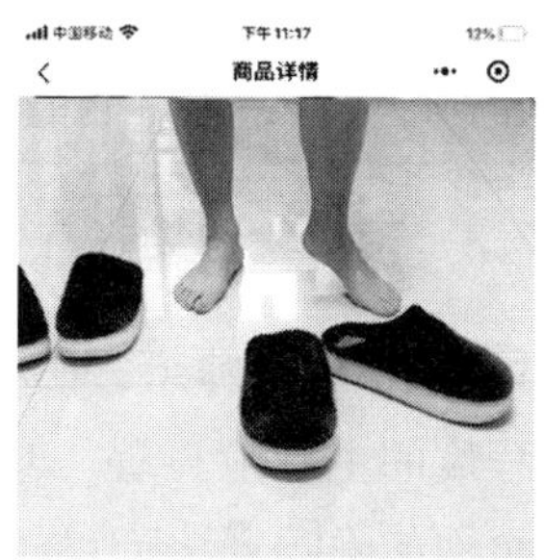

图 4-10 子研究 4-3 隐喻文本 + 直白视觉展示

图 4-11 子研究 4-3 隐喻文本 + 隐喻视觉展示

图 4-12 子研究 4-3 隐喻文本 + 隐喻视觉展示

3. 预实验流程

137 名商学院研究生和本科生作为样本参与了预实验。为提高实验的效度，采用单因素组间设计方式，被试随机被分成 4 个实验小组，各实验小组的人数分别是 34 人、35 人、34 人和 34 人。各实验小组分别浏览上述的四则产品详情展示页面，然后要求回答并报告其所浏览的产品展示是“直白的、反映事实的”还是“比喻的、抽象的”，采用“一点也不重要（1）”到“极其重要（7）”的李克特7点量表。测量其对产品展示页面的判断结果。

4.4.2.3 预实验结果

ANOVA 分析结果显示，产品图文组合展示方式对被试感知产品展示页面的隐喻表达程度的主效应显著。其中，预实验中被试对“隐喻视觉＋隐喻文本”组合展示页面的隐喻表达感知（$N=34$，$M_4=4.87$，$SD=1.098$，$p<0.001$）和“隐喻视觉＋直白文本”组合展示页面的隐喻表达感知（$N=35$，$M_3=4.356$，$SD=1.564$，$p<0.001$），大于“直白视觉＋隐喻文本”组合展示页面的隐喻表达感知（$N=34$，$M_2=4.154$，$SD=0.987$，$p<0.001$）和“直白视觉＋直白文本”组合展示页面的隐喻表达感知（$N=34$，$M_1=3.632$，$SD=1.724$，$p<0.001$），$F(3,129)=41.632$，$p=0.001$。ANOVA 方差分析结果表明，在隐喻表达感知上，“直白视觉＋直白文本”组合展示页面得分均值显著低于“直白视觉＋隐喻文本”组合页面得分均值，而“直白视觉＋隐喻文本”组合页面得分均值显著低于“隐喻视觉＋直白文本”组合页面，“隐喻视觉＋直白文本”组合页面得分均值显著低于“隐喻视觉＋隐喻文本”组合页面得分均值，这与实验预期结果是一致的。所以，子研究4－3的预实验中，对于实验材料隐喻表达的操控是成功的。

4.4.3 正式实验4－3

子研究4－3的目的是检验研究假设H1c，即电商不同的图文组合产品展示方式对消费者学习效应产生的差异化积极影响。实验4－3设计为单因素被试间设计，在线产品图文组合展示方式包括隐喻文本＋隐喻视觉方式、隐喻视觉＋直白文本方式、直白视觉＋隐喻文本方式、直白视觉＋直白文本方式，产品类型为高触觉显著属性产品，因变量为消费者学习效应的评价变量，比如产品展示感知诊断性、产品态度和购买意愿。

4.4.3.1 实验过程

在问卷星上随机征集到共计1156名被试参加了正式实验4－3，其中，女性为54.2%，年龄构成情况为18岁以下11.2%，18～25岁34.4%，25～30岁28.6%，30～40岁18.7%，40岁以上7.1%；所有的被试都有在线购买的经历。1156名参与者被随机分配到四种产品图文展示方式中的一种情况并填写相应的问卷，即“隐喻文本+隐喻视觉”展示组290人、“隐喻视觉+直白文本”展示组289人，“直白视觉+隐喻文本”展示组288人，“直白视觉+直白文本”展示组289人。实验4-3的被试为随机征集的潜在消费者，通过问卷星系统完成问卷填答和实验过程。所有被试首先要求完成对按摩拖鞋的产品显著属性和产品展示页面隐喻表达程度的操控检验，随后完成对消费者学习效应评价变量的自我评价。除此之外，实验4-3与实验4-1的过程完全一样。

4.4.3.2 实验结果

1. 实验操控检验

首先对产品类型进行操控检验。正式实验4-3中选择按摩拖鞋作为实验产品，实验统计结果显示，按摩拖鞋（触觉信息重要性 $TI=4.98$，视觉信息重要性 $VI=4.02$，$p<0.001$）属于触觉诊断性产品。其次，对实验刺激材料适合程度进行检验。ANOVA分析结果显示，产品展示中图文组合方式对被试感知产品展示页面的隐喻表达程度的主效应显著。其中，被试对“隐喻视觉+隐喻文本”组合页面的隐喻表达感知（$N=290$，$M_4=4.51$，$SD=1.312$，$p<0.001$）和“隐喻视觉+直白文本”组合页面的隐喻表达感知（$N=289$，$M_3=4.07$，$SD=1.668$，$p<0.001$），大于“直白视觉+隐喻文本”组合页面的隐喻表达感知（$N=288$，$M_2=3.50$，$SD=1.584$，$p<0.001$）和“直白视觉+直白文本”组合展示页面的隐喻表达感知（$N=289$，$M_1=3.211$，$SD=0.924$，$p<0.001$），$F(3,1052)=38.472$，$p<0.001$。ANOVA方差分析结果表明，在隐喻表达感知上，“直白视觉+直白文本”组合展示页面得分均值显著低于“直白视觉+隐喻文本”组合页面得分均值，“直白视觉+隐喻文本”组合页面得分均值显著低于“隐喻视觉+直白文本”组合页面，同时“隐喻视觉+直白文本”组合页面得分均值显著低于“隐喻视觉+隐喻文本”组合页面得分均值，这与实验预期结果是一致的。这些结果表明子研究4-3的正式实验中，对于实验材料的隐喻表达的操控是成功的。

2. 理论假设检验

采用多元方差分析来验证假设H1c。MONAVA分析结果显示，产品图文组合展示方式这一自变量对消费者学习效应这一因变量主效应显著，其中产品展示方式对消费者感知产品展示诊断性影响主效应显著，$F(3,1052)=9.616$，$p<0.001$；产品展示方式对消费者产品态度影响的主效应显著，$F(3,1052)=8.825$，$p<0.001$；产品展示方式对消费者购买意愿影响的主效应显著，$F(3,1052)=17.198$，$p<0.001$。当产品为高触觉诊断性产品，“隐喻视觉+隐喻文本”组合展示页面会导致被试产生更高水平的积极学习效果，感知产品展示诊

断性的 $M=4.623$、$SD=1.057$、$p<0.001$，产品态度的 $M=4.593$、$SD=1.593$、$p<0.001$，购买意愿的 $M=4.504$、$SD=1.123$、$p<0.001$。“隐喻视觉+直白文本”组合展示页面会导致被试产生中等水平的积极学习效果，感知产品展示诊断性的 $M=4.592$、$SD=1.005$、$p<0.001$，产品态度的 $M=4.518$、$SD=1.029$、$p<0.001$，购买意愿的 $M=4.318$、$SD=1.034$、$p<0.001$。“直白视觉+隐喻文本”组合展示页面则导致较低水平的积极学习效果，感知产品展示诊断性的 $M=4.312$、$SD=1.056$、$p<0.001$，产品态度的 $M=4.273$、$SD=1.058$、$p<0.001$，购买意愿的 $M=4.024$、$SD=1.124$、$p=0.025$。“直白视觉+直白文本”组合展示页面则导致最低水平的积极学习效果，感知产品展示诊断性的 $M=4.082$、$SD=1.475$、$p<0.001$，产品态度的 $M=3.876$、$SD=0.945$、$p<0.001$，购买意愿的 $M=3.994$、$SD=1.434$、$p=0.018$，如图 4-13 所示。因此，H1c 得以验证。

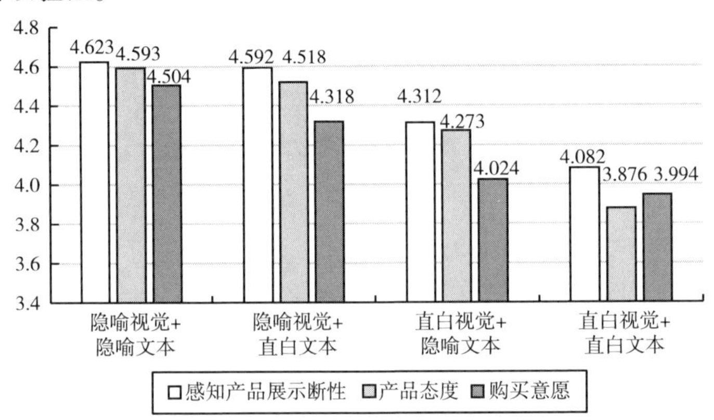

图 4-13 实验 4-3 研究结果

注：纵轴代表消费者对感知产品展示诊断性、产品态度和购买意愿的态度得分。

4.4.4 子研究 4-3 结果讨论

子研究 4-3 探索了在触觉高显著性产品类别下，在线产品图文组合展示方式对消费者学习效应，即产品展示感知诊断性、产品态度和购买意愿，会产生影响。子研究 3 数据结果显示，消费者在线购买触觉高显著性产品时，四种产品图文组合展示页面中，“隐喻文本+隐喻视觉”的产品详情页面会导致消费者产生更积极的学习效应，即消费者会感知产品展示页面会提供更多诊断性的产品知识，对产品形成更积极的态度，产生更高可能性的购买意愿。

子研究 4-3 数据分析结果进一步表明，相比“隐喻文本+直白视觉”页面，电商使用“直白文本＋隐喻视觉”页面能带来更积极的消费者学习效应。这说明，消费者对隐喻图像的感知要比对隐喻文本的感知更为敏感，这是因为个体对图像的注意力要远高于对文字的注意力。另外，广告等领域研究普遍取得共识的是多模态组合的隐喻效果确实要好于单模态的隐喻效果。

基于子研究4－1和子研究4－2的实验结果，子研究4－3进一步发现，产品隐喻图文展示的确能够产生预期的积极效果，而且将产品展示中不同修辞手法的视觉和文本进行不同的组合也会差异化影响消费者的学习效应。这为电商的产品详情页面设计提供相应的启示，即特定的情况使用相适应的图文组合。

总之，子研究4－3验证了假设H1c，同时也验证了图文组合的多模态隐喻的确能有效地促进消费者形成积极的学习效应。

4.5 本章小结

基于本章的3个实验，假设H1、假设H1a、假设H1b和假设H1c得以验证，即触觉高显著性产品情境下，相较于在线产品直白展示，在线产品隐喻展示的确更能对消费者学习效应，即感知产品展示诊断性、产品态度和购买意愿，产生积极影响。

那么，电商情境中产品详情页面是否也存在隐喻效应？笔者认为，在线产品隐喻展示的确会产生积极的消费者学习效应。与广告情境一样，电商情境中，产品隐喻展示也能够产生预期的积极效果。即使在线购物情境中，消费者在线浏览产品详情页面时行为与心理不同于平时阅读杂志报纸等传统媒介广告，但是产品展示的隐喻却可以产生相似的积极效果。

究其原因，首先，本书推测是产品隐喻展示为消费者提供一种认知补偿的途径，即借助产品展示的隐喻图文进行一种配对联想学习，通过隐喻比较机制带来产品触摸的熟悉感进而影响消费者判断，而这种高级认知技能帮助消费者实现了感官补偿效应。其次，产品展示的隐喻比较机制为消费者提供了触觉属性和体验这一抽象概念流畅性处理，隐喻机制能启动概念流畅性的优势进一步促进消费者对产品隐喻展示的理解，并使得消费者将在线购买的产品触摸感觉主观体验为更接近的心理距离，诱发丰富情境细节的多维度类比模拟，从而感知丰富的、情境化的感官细节。

电商产品详情介绍页面的隐喻方式是什么？在线产品隐喻展示存在不同方式。图画和文本两种模态存在差异化的隐喻效果。视觉隐喻中，对于触觉属性高显著的产品而言，产品隐喻展示页面设计时需要考虑隐喻比较的概念张力大小。依据本章的研究发现，隐喻的概念张力较小，即始源域必须是消费者熟悉的感官体验对象。图文组合的多模态隐喻能够产生预期的积极效果，强调图像隐喻的优势效应，应该以图像隐喻为基础来设计产品详情展示页面。基于经验比较识解的动态隐喻文本描述在在线产品展示的文字说明上具有巨大的潜力，能够给消费者有效地传达感官信息和体验。本书进一步发现，电商在产品展示页面设计的实践中，最优的选择是将视觉隐喻和文本隐喻进行有机组合，从而提升消费者学习效应。

综上所述，本章较好地回答了上述两个问题，并通过 3 个实验验证了假设 H1、假设 H1a、假设 H1b 和假设 H1c。但是，本章只是初步探索并验证了隐喻的积极效应、隐喻模态效应和隐喻的视觉结构效应等，但是这些效应的解释机制尚不清楚，第 5 章将进一步探索。另外，本章仅仅考虑到触觉高显著性产品（触觉诊断性产品），那么对视觉诊断性产品和混合产品或者不同的消费者而言，隐喻效应是否会继续存在，个体结构需求和产品类别是否调节隐喻效应，本书第 6 章将进一步探索。

5 电商在线产品隐喻展示对消费者学习效应影响的中介作用机制研究

基于前面文献梳理与相关理论，第 4 章发现电商在线产品隐喻展示的确在影响消费者学习效应中存在优势效应。具体而言，第 4 章假设 H1a 和假设 H1b 分别发现概念张力较小的视觉隐喻和基于经验比较识解的动态隐喻文本描述能促进消费者形成积极学习效应；假设 H1c 进一步发现，产品图文组合展示的各种方式中，“隐喻视觉 + 隐喻文本”组合的产品展示方式在促进消费者学习效应上效果最佳，反之，“直白视觉 + 直白文本”组合展示方式效果最次。据此，为了更好探索产品隐喻展示的中介作用机制和调节机制，探索产品隐喻展示的最优效果，有必要进一步加大自变量（产品展示的隐喻表达程度）操控幅度，后续研究将概念张力较小的视觉隐喻和基于经验比较识解的动态隐喻文本描述进行组合，形成产品隐喻图文组合展示（后文简称产品隐喻图文展示）。因此，后续研究重点聚焦这种产品隐喻图文组合展示相较于“直白视觉 + 直白文本”组合展示（后文简称产品直白图文展示）在促进消费者学习效应上的优势效应。

本章将进一步探索电商在线产品展示方式对消费者学习效应影响的中介作用机制。具体而言，首先，消费者触觉意象是电商在线产品隐喻展示方式影响消费者学习的中介解释机制，即触觉高显著性产品情境下，相较于产品直白图文组合展示方式，产品隐喻图文组合展示方式更能诱发产生消费者触觉意象；同时，消费者所诱发的触觉意象水平越高，就越能积极提升其学习效应。其次，为了进一步强化这一中介解释机制，基于心理意象处理的焦点人物理论，本章进一步探索在不同焦点人物（自我 vs. 他人）的情况下这一中介机制是否成立。为了验证这些理论预期，本章研究设计了两个子研究，其中子研究 5 - 1 力图验证消费者触觉意象的中介作用机制，子研究 5 - 2 的研究目的则是进一步强化对中介机制的解释与验证。本章首先运用严谨的理论推演提出相应的理论假设，最后基于两个实验的数据对实验结果进行讨论。

5.1 理论假设与理论模型

5.1.1 理论推理与理论假设

5.1.1.1 在线产品隐喻图文展示方式比产品直白图文展示方式更能诱发产生消费者触觉意象

1. 文本信息和视觉图片等形式的产品展示能够诱发生成心理意象

意象是假想的、隐含的和内在的过程，意象反应必须是推断出来的，因此无法对意象进行观察（Childers & Houston，1983）。但是，意象和其他认知功能一样，是一系列能力的集合，可以被独立干扰（Kosslyn et al.，2001）。心理意象处理的程度受到产品在虚拟环境中的表现方式的强烈影响（Schlosser，2003）。产品信息呈现的方式可以鼓励或阻碍基于心理意象的处理（Childers et al.，1986）。鉴于感官信息在促进网站生动性方面的重要性，越来越多的研究证实了感官生动性与心理意象之间的联系（Schmitt，1999）。文本信息（如意象脚本、具体的文字、提供叙述性和数据性的信息、生动的描述性语言）、视觉图片、想象的指示（如广告文案中包含的引导消费者对产品进行自我想象的指示）、声音效果等几种基本形式的外部刺激均已被证明能够诱发生成心理意象（Lang，1979；Unnava et al.，1996；Miller et al.，2000；Bolls & Muehling，2007；Walters et al.，2007；Lien & Chen，2013；Roy & Phau，2014）。

意象指令方面，受到反应训练的实验对象报告其意象更加生动，对指令的反应内容也有更为强烈的反应（Lang，1979）。添加具体的单词以及用以意象的指示可以提高消费愿景的详尽程度和质量，同时将意象指示与具体图片结合起来是最有效的展示策略（Walters et al.，2007）。

图像方面，在心理意象处理的背景下，图像已经被广泛研究（Lee & Gretzel，2012）。使用图片，其内容可以用来唤起触觉和听觉意象（Helen et al.，2012）。图片对心理意象处理有显著影响，并比其他刺激物更能有效地唤起心理意象处理（Babin et al.，1992；Paivio，1971；Lee & Gretzel，2012）。而图像对心理意象的影响已经在消费者行为研究中得到了广泛的研究（Lee & Gretzel，2012）。与没有具体图片相比，消费者在获得具体图片时会体验到更强烈的心理意象（Yoo & Kim，2014）。广告研究证实，视觉和口头广告信息会唤起人们的心理意象，并进一步影响认知、情感和意动反应（Yoo & Kim，2014）。零售网站上的具体图片和文字就像印刷广告一样也能唤起心理意象（Yoo & Kim, 2014）。

文本信息方面，一般语言理解的心理模拟是词汇层面的经验印痕，其核心是由词语（语言的结构单位）与感觉运动的记忆印痕发生连接，从而构成心理模拟的基础（官群，2007）。如果词语激活感知经验的印痕，那么当接触某一词语时就应引发神经底层（neural substrates）的激活，这一激活同样在感知刺激物时也会发生（Marti & Chao，2001）。同时，越来越多的证据表明感知信息（经验印痕和感知印痕）是句子理解的重要基础，人们通过具身模拟过程来加工和理解语言（官群，2007）。具身模拟应该被认为是语言意义形成的一个组成部分，而不是一个补充特征或"额外的"东西，模拟过程对意义的识解很重要，而不仅仅是理解的事后想法（Gibbs，2006）。因此，可以推断词语和语句能够诱发产生相应的心理意象。例如，高意象文字能够被更好地回忆起来，如高视觉意象的词语（如桌子、苹果）比抽象的词语更容易被想起。这些联系引起了多个检索线索，提高了回忆的可能性（Rao et al.，1996）。叙事广告中的具体文本通过在读者脑海中表现意象来增强读者的意象处理能力（Yoo & Kim, 2014）。食品的广告文案中包含多种感官体验描述，会激发消费者更多的有关五感的生动意象，会使消费者对食物口感的评价更好（Elder & Krishna, 2010）。

2. 包含触觉隐喻的文字与图片可以更有效地唤起消费者生动性触觉意象

触觉隐喻的文字与图片能够更有效地传递触觉信息与体验。隐喻比较强调名词配对关联学习（Paivio et al.，1986），即以句子的形式在语言上描述成对联系和以图片的形式在视觉上描述成对联系（Murray & House，1976），具体名词在意象上的得分高于抽象名词且对刺激侧（配对名词）的促进作用大于对反应侧（目标名词）的促进作用，刺激的具体名词的意象程度与配对关联学习分数直接相关（Paivio et al.，1986）。

隐喻具有诱发产生生动性心理意象的优势效应。意象生动性是衡量意象体验和强度的重要指标。首先，隐喻展示更能传递产品信息的生动性，能够为消费者提供足够的知识和具体线索（Richardson，1983；Wright & Lynch，1995），如隐喻文本更容易引起心理意象，视觉隐喻更容易控制触觉信息的丰富性和生动性。其次，隐喻能够更容易激活工作记忆中所存储的丰富感觉信息，比如近期感知到的刺激意象，或者可能从长期记忆中提取出来的感觉意象。这些丰富的感觉信息或熟悉场景的意象更生动，因为个体能知晓更多关于这些类型的信息（Baddeley & Andrade，2000）。因为在尝试唤起熟悉的意象时，人们可以利用许多牢固的、易于得到的联系，而隐喻正是传递这种熟悉的相似联系。意象更易于创造且数量更多，并且在更熟悉且了解的情况下显得十分生动（Bone & Ellen，1992）。因此，隐喻能够辅助消费者在脑中形成画面或意象，并激发人们生动性想象（Robin et al.，2001）。当消费者获得足够的知识时，他们会通过将存储的感知信息以原始的方式组合在一起，想象出他们从未真正遇到过的产品（例如，可以利用之前感知到的丝绸服装的感知信息，在脑海中创造出柔软的丝绸垫子的形象）（Overmars & Poels，2015）。

含有丰富触觉信息的文本信息可以诱发形成触觉意象，应用视觉刺激诱导产生触觉意象。触觉意象属于典型的记忆意象，更多的是对过去所经历过的物体或事件的简单再现，或是消费者过去感官体验的重现，属于后事实思维。因此，可以肯定的是推理触觉隐喻的产品展示中，用于隐喻比较的先验性触觉体验或经验越具体和越熟悉，就越有可能让消费者产生相应具体的触觉意象，通过隐喻结构映射，消费者就越能真实感知到目标产品相关触觉属性。咖啡产品的广告宣传单中只有唤起感官意象的类别标签才能提高消费者对咖啡品种的感知，而想象咖啡是在哪里种植的并不能提高消费者对咖啡品种的感知（Elder & Krishna，2010）。因此，当消费者接触到更丰富的触觉信息时，他们往往会基于记忆中的由类似产品提供的触觉信息，进入产生触觉意象的心理过程，这些信息与产品的纹理、柔软度或弹性有关，从而减少接触产品的需要（Klatzky et al.，1993；Park，2006）。消费者一旦感知到产品的触觉信息或体验，就能有效唤起消费者的触觉意象。

5.1.1.2 在线产品隐喻图文展示能有效唤起消费者产生心理距离上更为近端的触觉意象

从感官领域的心理距离观来看，近端感觉与低水平解释和心理接近相关，而远端感觉与高水平解释和心理距离相关。触觉和味觉属于近端感官体验，而视觉和听觉则属于远端感官体验，嗅觉介于较近的触觉和味觉与较远的视觉和听觉中间（Sonneveld，2008）。与此类似，消费者对感官意象也存在不同的心理距离感知，其中味觉意象和触觉意象属于近端感官意象，而听觉意象和视觉意象则属于远端感官意象（Elder et al.，2017）。例如，与只看产品相比，触摸产品可能会使消费者更重视其可行性属性，即消费者启用低水平解释，更多关注产品的相关具体细节（Trope & Liberman，2010）。与此类似，根据心理距离维度相互关联理论，想象中的感官体验（触觉意象）导致了与实际感官体验类似的感知心理距离的差异，这会影响对其他维度的心理距离的判断，进而积极地影响几个重要的消费者学习结果（参加活动的兴趣、产品态度和评价有用性）（Elder et al.，2017）。因此，当一个产品描述包含更多的近端感觉意象时，相比包含更多的远端感觉意象，被试想要更早地参与那个体验（Elder et al.，2017）。因此，两种不同产品展示模式唤起消费者不同心理距离的感官意象。具体而言，在线产品直白图文展示更多唤起的是消费者的视觉意象，而在线产品隐喻图文展示则更大程度上可以唤起消费者的触觉意象。因此，即使是地理距离和时间距离较远的网络购物情境，能唤起消费者近端感官体验的隐喻展示方式也能够缩短消费者较远心理距离的感知，通过唤起形成触觉意象能够对产品形成真实触摸的体验。

5.1.1.3 在线产品隐喻展示更能诱发消费者形成心理上的流畅感

触觉隐喻更能导致概念启动流畅性和心理模拟流畅感，流畅感导致消费者感知心理距离更近，从而更有可能感知在线产品的触觉属性细节内容，进而形成更为具体生动的触觉意象。流畅性通常是一种生态上有效的判断线索，它能影响判断，比如容易回忆的对象通常比难以回忆的对象出现得更频繁，人们经常使用容易记起的实例作为这些实例类别提示（Tversky，1973）。而概念启动的流畅性取决于先前激活的语义概念更容易处理和从记忆中检索（Reder，1987）。在多个领域中，概念启动产生的效果与其他流畅性操作相似（Adam & Daniel，2008；Boven & Caruso，2015）。远处的物体很难看到（如在线购买的产品不可触摸），因此感觉不流畅。感受者倾向于把不流畅处理刺激物解释为心理距离更远（Adam & Daniel，2008），因此被判断为更遥远，感知更抽象，从而削弱感知者对目标细节的感知能力，直接导致对目标更抽象的解释（Adam & Daniel，2008），消费者更有可能启动面向结果的心理模拟，即在线购买过程中关注产品的价格等外在产品利益提示信息。相反，人们更有可能遇到在空间或距离上更接近的事件，这样的反复接触会导致概念的流畅性增加（Reder，1987），而流畅程度的增加会更容易形成心理模拟（Reder，1987），从而导致心理模拟的流畅性（Petrova & Cialdini，2005；Risen & Critcher，2011）。感受者倾向于把流畅处理刺激物（如心理模拟流畅的事物）解释为心理距离更近（Adam et al.，2008），从而感知者可以增强对目标细节的感知能力，直接导致对目标更具体的解释。另外，消费者感知到的更近的心理距离会导致其更有可能进行面向过程的心理模拟，即强调取得成果所必需的行动（Escalas，2004；Oettingen & Mayer，2002）；在线购买中，消费者更关注的是产品的具体触觉属性等细节信息。因此，在线产品展示中，消费者需要更好地获得产品的触觉信息或体验。产品隐喻的图文展示更能产生概念启动的流畅性，从而导致更流畅的心理模拟过程，进一步形成生动具体的触觉意象。

综上所述，本书假设：

理论假设 H2：触觉高显著性产品情境下，相较于产品直白图文展示方式，产品隐喻图文展示方式更能诱发产生消费者触觉意象。

5.1.1.4 触觉意象能激发消费者产生积极的学习效应

触觉在产品判断过程中发挥了重要作用。一方面，通过触摸可以观察特定的工具性产品信息，产品内在的感官属性可通过触摸来探索感知，如产品表面的纹理和材料属性，同时消费者在情感上感受到对产品的依恋（Atakan，2014；Peck & Wiggins，2006；Shu & Peck，2011）。另一方面，触摸一个令人愉快的有价物体体验可以影响说服，即使触摸元素没有提供关于产品的信息（Peck & Wiggins，2006）。心理意象是一种准感官或准感性体验，触觉意象作为内源性感官，能够发挥与外源性真实触觉等效的作用。不仅感官意象真实存在，并且属于多模态感官模式意象，个体可以比其他人更专注于一个感官体验（Belardinelli et al.，2009）。触觉意象也是存在的，触觉意象的作用应与实际触觉相似，触觉意象所传达的信息内容应与触觉所提取的信息相对应（Klatzky et al.，1991）。在许多方面，意象可以“暂时代替”（或者说是代表）一个感知刺激或情形。意象不仅涉及运动系统，还对身体反应造成影响，而这种影响和实际感知体验所带来的影响一样（Kosslyn et al.，2001）。例如，触摸募捐宣传册中方形砂纸的经历可能会让人们想象需要求助孩子的痛苦画面，并由此产生同情的情感反应，从而引起人们向慈善机构捐款（Peck & Wiggins，2006）。那些会唤起更强烈的意象的具有说服力的信息会引发对广告和品牌更强烈的态度及行为意图，意象的程度与行为意图正相关（Bone & Ellen，1992）。产品展示所引发的意象越强烈，消费者越有可能感觉到未来同产品或服务的交互感。比如，在消费者做出判断时，服装在消费者心中的心理意象可能会成为主要来源信息。当消费者体验到高水平的心理意象时，他们可能无须直接的产品交互经历就能获得足够的信息来做出购买决定（Yoo & Kim，2014）。

在电子商务环境下，由于通过互联网进行的交易所涉及的不确定性和风险，例如因为缺乏触觉意象而导致产品不吸引消费者感官时，消费者可能会认为产品乏味，甚至害怕对其属性做出错误的推断（Ng et al.，2013）。因此互联网的信任与消费者行为更相关（Pizzutti & Fernandes，2010）。因此，感知的触觉意象与消费者对产品质量的感知之间存在正相关（Park，2006）。网站上呈现的各种感官信息组合可以强烈地唤起心理意象，这可以极大地影响消费者的态度和行为意愿（Lee et al.，2010）。触觉意象能够显著增加消费者的信任，进而会在在线和传统购买环境中产生更高的购买意愿（Aguirre et al.，2015；Benedicktus et al.，2010）。

综上所述，本书假设：

理论假设 H3：消费者所诱发的触觉意象越高，消费者越能产生积极的感知产品展示诊断性、产品态度和消费者购买意愿。

因此，综合理论假设 H2 和假设 H3，本书进一步假设：

理论假设 H4：触觉高显著性产品情境下，触觉意象在在线产品展示方式对消费者学习效应（即感知产品展示诊断性、产品态度和消费者购买意愿）的影响中发挥中介作用。

5.1.1.5 排除其他的中介解释机制：隐喻理解的解谜式愉悦感

广告商采用隐喻广告而不直接交流的一个原因是希望给观众带来愉快的体验。解决一个谜题是一种愉快的经历，因为解谜通过向观众展示他们有解决问题的相关知识来显示他们的智力和能力（Phillips，1997）。隐喻能给受众带来积极的情感体验，比如对隐喻进行成功解读后所带来的成就感和乐趣（Tonar & Munch，2001）。谜题的解决可以在交流者和观众之间建立融洽的关系，愉悦感可能抑制与积极体验相关的想法（Mulken et al.，2014）。依据隐喻广告相关研究结果，本书推测，消费者在浏览在线产品隐喻图文展示页面后，如果理解了电商企业力图表达的隐喻意图，也会产生解谜式的愉悦感和成就感。

因此，本书假设：

理论假设 H5：消费者浏览产品隐喻图文组合展示页面后，会产生解谜式的愉悦感和成就感。

5.1.1.6 焦点人物变量对于触觉意象的中介解释机制的强化

营销人员需要探索在他们控制之下的其他要素，这些要素可以增强信息所唤起的意象的程度。博恩和艾伦（Bone & Ellen，1992）表明，意象不仅仅是具体的词语、具体的句子或想象的指令作用的结果，还应该考虑到意象本身的内容在某种程度上受传播者的控制，因此还存在两个潜在的元素，即想象情况的焦点人物和合理性也会影响意象。因为本书主要探讨的是在线产品触觉属性的隐喻，始源域触觉信息与体验目标产品触觉属性都属于消费者能够直接感知和体验到的直接经验，因此，不存在隐喻关系中始源域与目标域不一致性和不合理的情况，故重点讨论消费者心理意象过程中的焦点角色。

唤起生成的意象可以是和自我相关，也可以是与其他人相关。意象场景的焦点任务会影响意象处理的程度，从而意象可能会对随后的评估和行为产生不同的影响（Bone & Ellen，1992；Escalas，2004）。意象自相关是指消费者想象自己参与了某种行为，而与其他相关是指消费者想象其他人参与了该行为。由于个人对产品或者体验的了解有助于想象过程，因此与自身相关的意象应比其他人相关的意象更易于创建，且唤起生成意象的生动度和数量/易用性就更高，这是因为个人可以借鉴更丰富的自我的相关图式；与其他人相比，个人对自身的了解和熟悉程度更高（Bone & Ellen，1992）。许多研究表明如果涉及的是自我想象，而不是另一个人（West et al.，2004），那么意象化对个人意愿有更强烈的影响。当消费者想象自己使用产品而不是他人时，他们更有可能购买产品，这是因为当他们想象对一种产品的体验时，消费者更多依赖于自己对以往相似产品的体验（Petrova & Cialdini，2007）。这种自我相关效应是由自我与产品之间建立的认知联系产生的（Bone & Ellen，1992）。由于心理意象是一种自我生成的认知过程，因此可以认为意象与个人更相关，因此导致自我产生说服和更强的态度（Escalas，2004）。

综上所述，本书假设：

理论假设 H6：相较于想象其他人购买，想象自己购买能够带来更生动的触觉意象，并能更积极影响消费者学习效应，即感知产品展示诊断性、产品态度和消费者购买意愿。

5.1.2 理论模型

依据研究理论预期，经过严密的理论推演得到上述相关理论假设。基于已有心理意象相关研究，最终构建了本章理论模型。本书聚焦于在线零售领域，理论模型中，自变量为在线产品展示方式，包括产品直白图文组展示方式和产品隐喻图文展示方式，中介解释变量为触觉意象，结果变量为感知产品展示诊断性、产品态度和购买意愿。本章理论模型如图 5 – 1 所示。

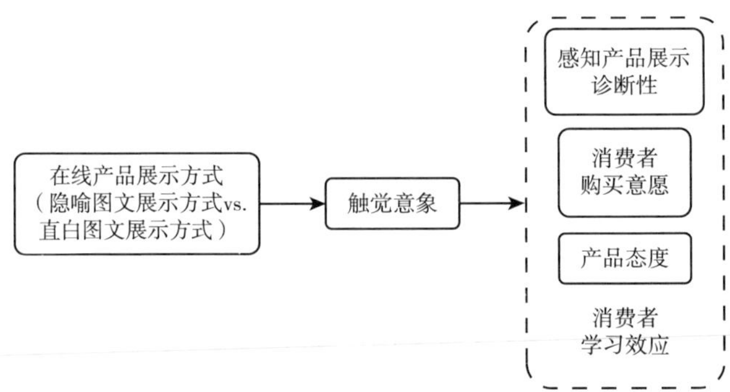

图 5 – 1　第 5 章理论模型

本书将所构建的理论模型与已有相关研究进行汇总比较，具体情况如表5－1所示。

表5－1　心理意象研究中实验刺激物及理论模型回顾

文献	刺激	变量关系研究	领域
巴宾和伯恩（Babin & Burns，1997）	图片（具体，少量具体和无图片）；想象指示（存在，不存在）	刺激—心理意象—态度	印刷广告
博恩和艾伦（Bone & Allen，1992）	广播广告的聚焦性和合理性	刺激—心理意象—态度、行为意愿	广播广告
伯恩等（Burns et al.，1993）	想象指示（存在，不存在）； 文本（具体，抽象）； SOP（可视化，语言化）	刺激—心理意象—态度、行为意愿	印刷广告
米勒和斯托伊卡（Miller & Stoica，2003）	图片（相片，电子图，水彩画）	刺激—心理意象—态度、旅行回忆、行为意愿	旅游广告
沃尔特斯等（Walters et al.，2007）	图片（具体，少量具体和无图片）； 文本（具体文字，想象指示，两者兼具）	刺激—心理意象	旅游广告
尤和金（Yoo & Kim，2014）	图片（具体消费背景，纯白色背景）； 文本（具体说明消费背景，无具体说明）	刺激—心理意象—积极情绪、行为意愿	在线零售
本研究	图片（直白图片，概念张力大隐喻图片1，概念张力小隐喻图片2）； 文本（直白文本描述、静态隐喻文本描述、动态隐喻文本描述）； 图文不同组合	刺激—触觉意象—感知产品展示诊断性、产品态度、购买意愿	在线零售

5.2　预实验

5.2.1　预实验目的

预实验中需要检验操控三个变量，即研究产品类型、实验刺激材料和前瞻性意象任务。首先确定产品类型。其次，确定实验刺激材料的隐喻表达操控。最后，本书主要是研究心理意象中的感官意象，主要聚焦于消费者在线购买过程中的触觉意象。因此，预实验中首先要求实验参与者完成前瞻性触觉意象任务，以确认触觉意象的真实存在并判断被试的个人意象能力，特别是调查被试能否真实诱发产生高质量的触觉意象。

5.2.2 预实验设计

5.2.2.1 产品类型操控设计

基于第4章实验4-1中产品类型预实验的方法，要求实验参与者进行在线购买产品决策，对相关产品的触觉信息重要性和视觉信息重要性，按照李克特5点量表，从“极为不重要（1）”到“极为重要（5）”进行打分。基于实验4-1中产品类型预实验的结果，本章确定5个触觉诊断性产品，包括四件套、凉席、握力器、按摩拖鞋和羊毛衫等。考虑到实验研究的外部效度，本章确定触觉诊断性产品凉席作为触觉属性高显著属性产品，并作为研究的实验产品。

5.2.2.2 实验刺激材料操控

按照第4章的3个实验的操控思路和方法，首先需要最小化实验刺激材料之间的差异，并将有可能影响消费者反应的因素或变量进行有效的隔离。本实验在电商平台上的商品详情介绍页面基础上，使用Photoshop8.0软件对页面截图进行处理，形成直白展示页面和隐喻展示页面，两组商品展示页面截图在尺寸、颜色、主题、描述语等其他视觉元素方面相同，以减少任何混淆的影响。其中，分辨率为1242×2208，不透明度都是100%，宽度44.82厘米，高度为77.89厘米。同样，本次研究中所涉及的品牌均设计为虚拟品牌，所有标识真实品牌信息均被数字化删除，因而对所有的被试而言都是陌生品牌；并且只假定在某一个电商终端进行网络购买，但却并不明确具体的电商平台，因此这些操控尽可能排除电商平台知名度、品牌熟悉度和价格等因素对实验结果的影响。另外，为了尽可能模拟真实网购情境，本书随机在电商平台上选择的真实产品展示页面，并在此基础上按照实验要求进行相应图像处理，以达到实验要求。

本章实验刺激材料具体操控分为两个部分，即视觉隐喻设计和文字隐喻设计。视觉隐喻方面，两组产品展示页面进行严格的处理。首先，两组商品展示页面在尺寸大小、颜色、透明度、主题、品牌产品名称等其他视觉元素方面相同，以减少任何混淆的影响；按照网上凉席通用的展示方法，在产品展示页面的图像中直接展开凉席，并对图像的光线明亮度、清晰度等方面进行优化处理，实现最佳的展示效果。其次，两组页面唯一的区别是本书有意识地操控的细微差别，其中，直白展示页面中仅仅展示凉席，隐喻展示页面中在凉席下面添加了水幕。本书主要聚焦于个体通过手部按压的动作来判断产品的硬度和质地等触觉属性。在隐喻展示的操控方面，隐喻展示页面中凉席和水幕进行并置摆放，因此在视觉场景维度上操控为虚拟性共生，重点是用熟悉的水幕所带来的清凉的温度体验这一始源域隐喻凉席的天丝材质的柔软顺滑散热的产品属性。水幕的清凉体验都需要个体通过手部进行触觉探索活动才能感知，通过这一隐喻，直观形象地向消费者传递凉席产品的相关触觉产品属性。

文字隐喻方面，同样参考借鉴哈特曼和帕拉迪斯（Hartman & Paradis，2018）所提供的心理治疗过程中用于描述感官体验的经验比较识解隐喻语句方法，本书利用比较识解操作来实现对产品触觉属性或体验的隐喻描述，并设计了如下比较识解文字说明：

想象一下，在那炎炎夏日的午后，您只身跳进阴凉树荫下的游泳池，凉快的水滴迅速地浸透了全身上下，突然而至的凉意瞬间赶走了令人窒息的滚烫热气。此时，您必定感受到凉爽的水流缓缓穿过手指和脚尖，涓涓不断的凉意和舒适的细腻感让人心旷神怡。于您而言，我们相信，夏日体验本产品的感觉几乎与此感觉相同。本品采用会呼吸的冰丝纤维面料，吸湿透气，散发大自然的凉感；柔软丝滑渗透每一寸肌肤。夏凉产品界的“天然空调”，感受丝丝清凉，是您夏日的好伴侣。

本书所设计的这则比较识解文字说明中，目标域是用手指触摸凉席产品所引起的一种顺滑清凉的触摸感觉，始源场景是一种消费者非常熟悉的夏天游泳的感觉，即清凉的水瞬间消散暑热的愉悦的体验。这则比较识解描绘了始源域和目标域之间的触觉对应关系，同时也同模态地表征了触觉感官与体验。配置联系对应通过因果关系链与因果联系在一起：原因→情感/感觉→行动。始源场景的致因配置实例化为“凉快的清水→凉意的温度感知和顺滑的触觉感知→心旷神怡”，目标场景的致因配置实例化为“凉席产品→清凉顺滑触摸感知→积极购买行为意愿”。除了直接阐述表达了影响触摸的感官意义，本例中还潜在地唤起身体的本体感觉（凉感）、动作倾向（神清气爽）、对使用场景的评估（沉浸感）以及情绪（放松、愉悦和喜爱等）。而实现这一切积极感知的是本例中所设计的比较识解文本唤起消费者实现具身模拟——炎热的暑日跳进清凉的游泳池中，阴凉的清水瞬间包裹全身，这对很多人来说，这个文本能够产生强烈的身体体验的意义。这种场景通过引发消费者的具身模拟，高度地唤起消费者的触摸感觉以及愉悦的情绪反应等。

综合上述的视觉隐喻和文本隐喻设计，本书模拟电商平台产品详情页面的形式，将隐喻图像和隐喻文本进行组合形成产品隐喻展示页面。另外，同样参考借鉴佩克和奇德尔斯（Peck & Childers，2003）的方法，在电商平台中收集了多则凉席的真实产品详情介绍，将其中涉及触觉等感官描述的信息和前置形容词等剔除，只是保留对凉席产品客观直接的文字描述，主要内容为介绍凉席产品非触觉相关信息，如原材料、制作工艺、质量标准、产品特点等产品信息，最终形成产品直白文本描述和图像。据此分别设计了产品直白图文展示页面和产品隐喻图文展示页面，如图 5 -2 和图 5 -3 所示。

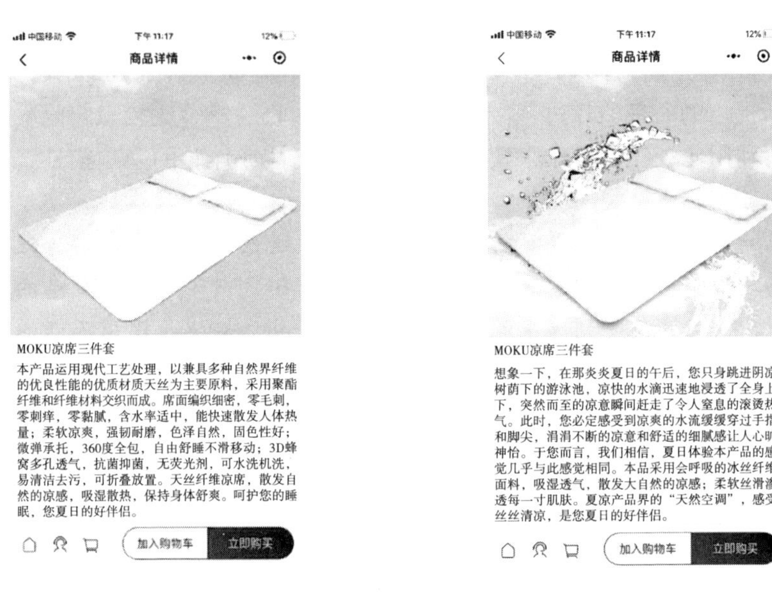

图 5 -2　凉席直白图文展示　　　　**图 5 -3　凉席隐喻图文展示**

5.2.2.3　前瞻性心理意象任务预实验

心理学领域开展心理意象主题的研究前，必须进行前瞻性意象任务的预实验，即确认被试能够诱发产生高质量的心理意象。预实验肯定结果确认之后，才能进行正式实验，用以研究心理意象诱发的前因以及后果等。前瞻性意象任务（prospective imagery task，PIT）（Stöber，2000）要求被试完成积极心理意象生动度和消极心理意象生动度的区别测量，即要求被试在假想的场景中产生与自己相关的心理意象，并要求参与者对脑海中每个意象的生动程度进行打分，分值为 1 分（没有意象）到 5 分（非常生动）。许多高质量意象的研究，如伦纳（Renner et al.，2016）和威尔逊等（Wilson et al.，2017）研究中均进行了线下和在线的相关预实验。类似的研究，如伊奇尼（Iachini et al.，2018）前瞻性意象任务中要求被试必须唤起四种心理意象，如目前不与您在一起的亲爱的人、早上升起的太阳、社区里面的商店和乡村风景，并要求被试对这些产生的心理意象的生动性从“根本没有心理意象（1）”到“非常清晰和生动，仿佛你看到了真实的画面（5）”进行评分。

本书主要是研究心理意象中的感官意象，聚焦于消费者在线购买过程中的触觉意象。因此，预实验中首先要求实验参与者完成前瞻性触觉意象任务，以确认触觉意象的真实存在，特别是调查被试能否真实诱发产生高质量的触觉意象。安德拉德（Andrade et al.，2013）所开发的普利茅斯（Plymouth）感官意象问卷中包含了视觉、听觉、触觉、嗅觉等五种感官意象的相关测项量表。借鉴 Marks 视觉意象生动性问卷（VVIQ，Marks，1973）以及麦凯维（McKelvie，1995）和安德拉德等（Andrade et al.，2013）所开发的相关心理意象测量量表，本书设计了一个前瞻性触觉意象任务，同样要求被试睁开眼睛想象触摸皮毛、温暖的沙滩、软毛巾、冰冷的水、针的尖端等 5 个触摸体验场景，然后完成触觉意象生动性程度自我评价，即触觉意象的生动性，包括没有意象（1）、只有大概印象（2）、模糊暗淡（3）、比较生动清晰（4）、鲜明生动（5）和栩栩如生（6）等 6 个生动性标准。

5.2.3　预实验结果

5.2.3.1　预实验过程

招募到 62 名江西某大学商学院研究生和本科生作为样本参加预实验。所有被试首先完成前瞻性心理意象任务的实验，完成触觉意象生动性程度自我评价和报告后，所有被试再要求完成产品类型确认任务，要求对凉席触觉诊断性产品进行触觉属性重要性和视觉属性重要性进行判断。最后，采用单因素组间设计方式，所有参与实验的大学生被随机分成 2 个实验小组，人数分别是 33 人和 29 人。各实验小组分别浏览图 5－2 和图 5－3 的两则产品详情介绍页面。所有被试在浏览完产品详情介绍页面后，要求回答并报告其所浏览的产品展示是“直白的、反映事实的”还是“比喻的、抽象的”，采用“一点也不重要（1）”到“极其重要（7）”的李克特 7 点量表测量其对产品展示页面的判断结果。

5.2.3.2　预实验结果

1. 实验产品和刺激材料操控结果

产品类型方面，预实验统计结果显示，凉席（样本数量 $N=62$，触觉信息重要性 $TI=4.61$，视觉信息重要性 $VI=3.37$，$p<0.001$）属于触觉诊断性产品。因此，凉席作为触觉高显著性产品，并确定为研究产品。

实验刺激材料操控方面，独立样本 t 检验结果表明，被试（$N=62$）对隐喻图文组合页面的隐喻表达感知得分均值（$N = 33$，$M_{隐喻} = 4.87$，$SD = 1.979$）高于对直白图文组合页面的隐喻表达感知（$N = 29$，$M_{直白} = 3.42$，$SD = 1.669$），$t = -3.122$，$p = 0.003$。所以，这表明预实验中对产品展示页面的隐喻表达的操控是成功的。

2. 前瞻性心理意象任务操控结果

描述性统计结果显示，被试（$N = 62$）在前瞻性意象任务中得分均值比较高，$M = 4.87$，$SD = 0.806$。进一步，以被试得分的中位数 3 为基准进行单样本 t 检验，$t = 12.926$，$p < 0.001$。这说明被试适合并有能力完成需要心理意象启动的相关认知任务。

5.3 正式实验 5 - 1

本章的研究目的是探索电商在线产品隐喻图文展示对消费者学习效应影响的中介作用机制。具体而言，探索消费者触觉意象是电商在线产品隐喻图文展示影响消费者学习的中介解释机制。实验 5 - 1 目的是检验研究假设 H2 ~ 假设 H5，研究理论模型如图 5 - 1 所示。

5.3.1 实验设计

5.3.1.1 实验样本选择

同样选择高校商学院大学生作为实验被试。江西三所大学共 250 名大学生参加本实验，并被随机分为两个实验小组，人数分别是 169 人和 121 人。其中，女性为 55.9%，98% 集中在 18 ~ 25 岁，所有被试都有在线购买的经历。

5.3.1.2 实验过程

实验 5 - 1 的实验情境和实验过程与第 4 章的 3 个实验过程一样，所有被试同样通过手机微信或 QQ 社交软件接受实验人员转发的模拟在线购物产品介绍页面链接，并填写相应问卷。实验 5 - 1 的具体流程如下：首先所有被试完成产品类型、实验刺激材料隐喻感知程度检验；其次，按照实验文字引导指令，各实验组被试要求认真浏览图文组合的产品详情介绍页面（浏览时间由其自行决定），其中隐喻组浏览隐喻图文组合展示页面，直白组浏览直白图文组合展示页面。

特别强调的是，本章的实验流程与第 4 章的实验设计一样，唯一的区别就是在产品展示页面中添加并呈现引导实验参与者进行心理意象处理的实验文字引导指令。这是因为，心理意象的指示不仅仅诱发被试产生视觉心理意象，还能够让被试产生触觉意象（Peck et al.，2013）。例如，实验中要求 69 个学生写下形容词来描述他们想象的毯子，并分析触觉词的数量（如“软”“平滑”）和非触觉词的数量（如“蓝色”），调查发现 68% 的实验参与者用来描述意象的词语是体现触觉的（Peck et al.，2013）。再如，海伦等（Helen et al.，2012）在实验研究中，先给被试展示了实验图片，然后要求被试按照具体的实验指令完成相应的任务，其实验指令是“想象你感觉到这幅画的内容唤起了你手和手指的皮肤的感觉。”佩克等（Peck et al.，2013）研究设计的意象指令：“闭上眼睛，想象你在触摸那个球/毯子。想象一下把毯子拿在手里，会有什么感觉。请花一分钟的时间从你坐的地方评估一下这个球/毯子。记得闭上双眼！”参考并借鉴已有研究意象指令的设计，本书设计的心理意象指令如下：

“你现在要通过手机电商平台购买凉席，想象你触摸到了凉席，或想象你感觉到产品展示中的图片和文本的内容唤起了你某种熟悉的触摸感觉和体验。”

随后，所有实验参与者填写了触觉意象、感知产品展示诊断性、产品态度和购买意愿等相关研究量表。完成所有实验流程后，每个被试得到感谢。

特别强调的是，本章的实证研究需要对被试进行几次预实验，这导致实验调查时间长，疲劳会降低实验的可靠性，因此实验中尽可能缩短了时间，平均每个参与者完成实验任务花费 3 ~ 5 分钟；同时还在调查问卷中设计了注意力观察测项，以确保被调查者正在集中注意力（Gensler et al.，2017）。

5.3.1.3 研究变量

本章中涉及的研究变量有产品展示方式、触觉意象、愉悦成就感、感知产品展示诊断性、产品态度和购买意愿。其中，除触觉意象和愉悦成就感两个变量外，第 4 章中对其他几个变量已有详细的说明。故本章重点阐述触觉意象和愉悦成就感这两个变量。其中，触觉意象为本书重点研究的中介变量，愉悦成就感是其他的中介解释变量。

1. 以触觉意象为主的多感官意象

心理学领域，心理意象测量一般使用希恩（Sheehan，1967）的心理意象问卷进行测量，该量表包含三个维度，即所唤起心理意象的数量、易用性和生动性，其中生动性主要是用于测量受试者对刺激的反应后所产生的心理意象生动性程度（Bone & Ellen，1992），如心理意象清晰、生动、强烈、栩栩如生、锐利且定义清晰。米勒等（Miller et al.，2000）所开发的广告诱发心理意象量表，主要是通过语义差异来测量参与者的反应，即从五个方面来评价意象的质量——生动度、清晰度、强度、清晰度和吸引力。在此基础上，沃尔特斯等（Walters et al.，2007）修订形成了面向旅游行业的消费愿景测量问卷，用于测量消费者在浏览旅游目的地网站时所唤起的旅游消费意象。在此基础上，威尔逊等（Wilson et al.，2017）修订开发的心理意象量表由四个维度构成，包括心理意象的生动性、数量、效价和模态。消费者行为领域，帕克（Park，2006）、佩克等（Peck et al.，2013）、赵宏霞等（2014）、奥维马斯和波尔（Overmars & Poel，2015）等的研究中，设计用于测量消费者感官意象（如触觉意象）的量表，主要聚焦于消费者对外部图文刺激所形成的触觉感知的反应，如可感知的触觉（perceived feelings of touch）（Peck et al.，2013）等。综上所述，本书综合借鉴和参考已有研究（Miller et al.，2000；Park，2006；Walters et al.，2007；Peck et al.，2013；Lee & Gretzel，2012；赵宏霞等，2014；Overmars & Poel，2015；Wilson et al.，2017）中对心理意象，特别是感官意象和触觉意象的成熟量表，修订并形成了触觉意象测量量表，主要包括了对触觉意象的数量、生动性以及感官模态三部分内容。

本书中，实验参与者要求填写包括 8 个题项的触觉意象量表（内部一致性 a = 0.954），采用李克特 7 点量表。这 8 个题项是：

（1）在该网店选购商品时，我可以想象手指在产品上触摸的感觉（1 = “非常不同意”，7 = “非常同意”）。

（2）在该网店选购商品时，我能逼真地感受到产品的质地纹理（1 = “非常不同意”，7 = “非常同意”）。

（3）在该网店选购商品时，我感觉产品是柔软光滑的（1 = “非常不同意”，7 = “非常同意”）。

（4）当我浏览这则商品展示时，浮现在我脑海中的触摸画面的数量是（1 = “非常少”，7 = “非常多”）。

（5）当浏览完这则商品详情页面，总体而言，我头脑中的触觉意象是（1 = “模糊”，7 = “清晰”）。

（6）当浏览完这则商品详情页面，总体而言，我头脑中的触觉意象是（1 = “微弱”，7 = “强烈”）。

（7）当浏览完这则商品详情页面，总体而言，我头脑中的触觉意象是（1 = “单调”，7 = “生动”）。

（8）当浏览完这则商品详情页面，总体而言，我头脑中的触觉意象是（1 = “迟钝”，7 = “敏锐”）。

其中题项（1）~题项（3）主要是测量触觉意象的触觉模态，题项（4）测量触觉意象的数量多少，题项（5）~题项（8）主要是测量触觉意象的生动性。

心理意象一般都是多感官模式的，是两种或多种不同感官模式相互作用的产物。网络虚拟环境中，消费者可以通过模拟直接体验特性的多感官意象表征与对象和产品进行交互（Li et al.，2003）。多感官模式意象中，个体可以比其他人更专注于一个感官体验（Belardinelli et al.，2009）。因此，本书重点聚焦研究以触觉意象为主的多感官意象，实验中还测量了被试在浏览完产品详情页面后，还是否会产生视觉意象和嗅觉意象。参照触觉意象量表，本书设计了两个题项，用于测量消费者对视觉意象和嗅觉意象的感知（内部一致性 a = 0.938）。这两个题项是：

（1）在该网店选购商品时，我好像真实地看到了产品就在我眼前（1 = "非常不同意"，7 = "非常同意"）。

（2）在该网店选购商品时，我似乎闻到了产品所散发的味道（1 = "非常不同意"，7 = "非常同意"）。

2. 愉悦成就感

为了探究产品隐喻展示的作用机制，排除其他的备择中介解释机制，本书推理，消费者在浏览完产品隐喻展示页面后可能会产生对隐喻理解的解谜式愉悦感。因此，本书设计了两个题项，用于测量消费者对隐喻展示的成功解读所带来的成就感和愉悦感（内部一致性 a = 0.938）。这两个题项是：

（1）当浏览完这则商品详情页面，我猜出并理解了商家所要表达的意图，此刻我的心情是愉悦的（1 = "非常不同意"，7 = "非常同意"）。

（2）当浏览完这则商品详情页面，我猜出并理解了商家所要表达的意图，此刻我充满了成就感（1 = "非常不同意"，7 = "非常同意"）。

5.3.2 实验结果

5.3.2.1 实验操控检验

首先对产品类型进行操控检验，正式实验 5 - 1 中使用凉席作为实验产品。其次，对实验刺激材料适合程度进行检验。独立样本 t 检验的结果显示，被试对隐喻图文组合页面的隐喻表达感知（N = 149，M = 4.55，SD = 1.239）高于对直白图文组合页面的隐喻表达感知（N = 141，M = 2.99，SD = 1.381），t（290） = -9.887，$p < 0.001$。所以，实验 5 - 1 中对产品展示页面的隐喻表达的操控是成功的。另外，描述性统计结果显示，被试（N = 290）在前瞻性意象任务中得

分均值比较高，$M=4.68$，$SD=1.103$。以被试得分的中位数 3.18 为基准进行单样本 t 检验，$t=25.347$，$p<0.001$，这说明被试适合完成需要心理意象启动的相关认知任务。

5.3.2.2 理论假设检验

1. 检验触觉意象的中介效应

首先，产品展示方式对消费者触觉意象的影响检验。采用 ANOVA 来验证假设 H2，检验产品展示方式对触觉意象的影响。ANOVA 分析结果显示，隐喻图文组合展示页面所诱发的触觉意象（$N=149$，$M_{隐喻}=4.408$，$SD=0.893$）高于对直白图文组合页面所诱发的触觉意象（$N=141$，$M_{直白}=3.313$，$SD=1.079$），$F(1,288)=89.027$，$p<0.001$。这说明隐喻图文组合展示页面的确更能诱发消费者触觉意象，因此假设 H2 得以验证。

另外，本实验进一步试探性发现，消费者浏览产品详情展示页面时会产生多感官意象的现象。消费者不仅仅会产生视觉意象，甚至会产生嗅觉意象，特别是隐喻图文展示页面诱发消费者产生更高水平的多感官意象。ANOVA 分析结果显示，隐喻图文组合展示页面所诱发的视觉意象得分均值（$N=149$，$M_{隐喻}=4.530$，$SD=1.069$）高于对直白图文组合页面所诱发的视觉意象得分均值（$N=141$，$M_{直白}=3.59$，$SD=1.159$），$F(1,288)=51.773$，$p<0.001$；隐喻图文组合展示页面所诱发的嗅觉意象得分均值（$N=149$，$M_{隐喻}=4.480$，$SD=1.069$）高于对直白图文组合页面所诱发的嗅觉意象得分均值（$N=141$，$M_{直白}=4.05$，$SD=1.436$），$F(1,288)=8.566$，$p=0.004$。

其次，检验触觉意象在产品展示方式对消费者学习效应影响的中介作用。为检验触觉意象的中介作用，分别将消费者学习效应的测量变量购买意愿、感知产品展示诊断性和产品态度作为因变量，触觉意象为中介变量，产品展示方式为自变量。按照赵等人（Zhao et al.，2010）提出的中介效应分析程序，采用佩瑞奇（Preacher et al.，2007）和海耶斯（Hayes，2013）提出的自助法（bootstrap）进行中介效应检验，选择中介分析模型 4，样本量选择 5000，在 95% 置信区间下，取样方法为选择偏差校正的非参数百分位法，分别对触觉意象的中介作用进行检验。

SPSS 中的中介效应检验（Process 检验方法）结果显示，当因变量为购买意愿时，间接效应大小的均值为 0.3847，Bootstrap 检验的置信区间为［LLCI = 0.2081，ULCI = 0.5792］，区间内不包含 0，这表明触觉意象的中介效应显著，如图 5-4 所示。因此，触觉意象在产品展示方式对消费者购买意愿影响中发挥中介作用。

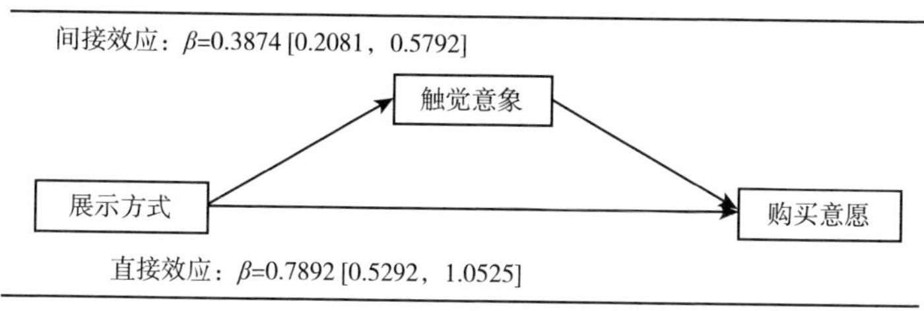

图 5－4　触觉意象的中介效应（因变量为购买意愿）

当因变量为感知产品展示诊断性时，间接效应大小的均值为 0.4690，Bootstrap 检验的置信区间为［LLCI＝0.1644，ULCI＝0.5589］，区间内不包含 0，这表明触觉意象的中介效应显著，如图 5－5 所示。因此，触觉意象在产品展示方式对消费者感知产品展示诊断性影响中发挥中介作用。

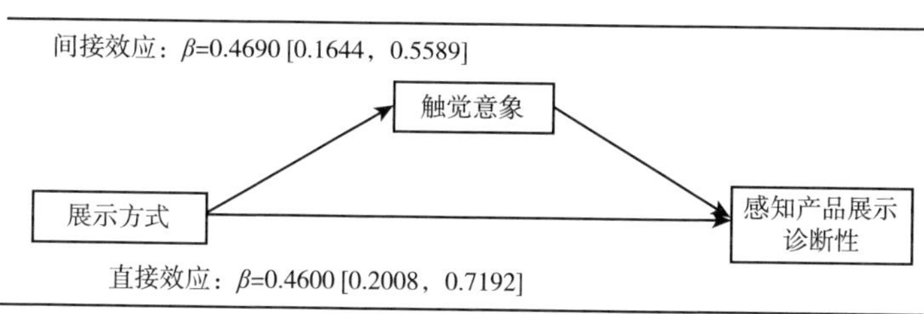

图 5－5　触觉意象的中介效应（因变量为感知产品展示诊断性）

当因变量为感知产品态度时，间接效应大小的均值为 0.4141，Bootstrap 检验的置信区间为［LLCI＝0.2200，ULCI＝0.6256］，区间内不包含 0，这表明触觉意象的中介效应显著，如图 5－6 所示。因此，触觉意象在产品展示方式对消费者产品态度影响中发挥中介作用。

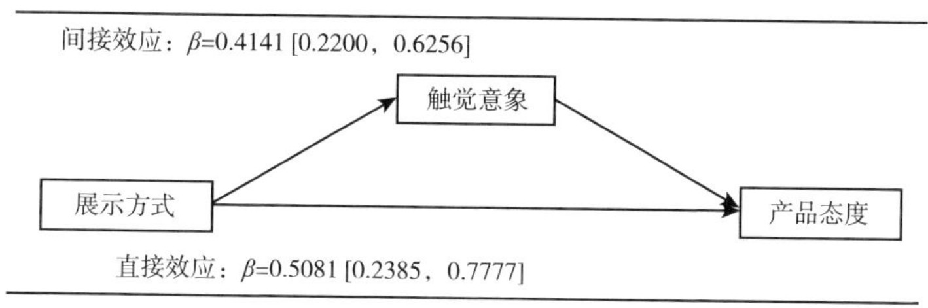

图 5－6　触觉意象的中介效应（因变量为产品态度）

具体而言，触觉意象在产品展示中对消费者学习效应各个变量影响的中介效应如表 5－2 所示。

表 5-2　触觉意象的中介效应

因变量	效应类型	中介变量	效应值	标准误	t 值	p 值	95%置信区间	
							LLCI	ULCI
购买意愿	直接效应	—	0.7892	0.1338*	5.8993	0.0000	0.5292	1.0525
	中介效应	触觉意象	0.3874	0.3874*	—	—	0.2081	0.5792
感知产品展示诊断性	直接效应	—	0.4600	0.1317*	3.4930	0.0006	0.2008	0.7192
	中介效应	触觉意象	0.4690	0.0976*	—	—	0.1644	0.5589
产品态度	直接效应	—	0.5081	0.1370*	3.7092	0.0002	0.2385	0.7777
	中介效应	触觉意象	0.4141	0.1040*	—	—	0.2200	0.6256

注：*表示 $p<0.05$。

2. 排除愉悦感作为中介机制的解释

中介效应检验数据结果显示，触觉高显著性产品而言，当因变量为购买意愿时，触觉意象间接效应的均值为-0.1976，Bootstrap 检验的置信区间为［LLCI = -0.4527，ULCI = 0.0139］，区间内包含 0；当因变量为感知产品展示诊断性时，触觉意象间接效应的均值为-0.1656，Bootstrap 检验的置信区间为［LLCI = -0.3812，ULCI = 0.0096］，区间内包含 0；当因变量为产品态度时，触觉意象间接效应的均值为-0.1845，Bootstrap 检验的置信区间为［LLCI = -0.4208，ULCI = 0.0168］，区间内包含 0。综上所述，这些结果均不支持触觉意象的中介效应。因而假设 H5 未能得到验证，从而排除了产品展示方式对消费者学习效应产生影响是因为消费者获得对隐喻理解后的愉悦成就感的这种中介机制。

5.3.3　对实验 5-1 的讨论

实验 5-1 探索了在触觉高显著性产品类别下，在线产品图文组合展示方式对消费者学习效应影响的中介作用机制。实验 5-1 数据结果显示，消费者在线购买触觉高显著性产品时，电商使用隐喻图文组合的产品详情页面会导致消费者产生更积极的学习效应，即消费者感知产品展示会提供更多诊断性的产品知识，对产品形成更积极的态度，产生更高可能性的购买意愿。这是因为产品隐喻图文组合展示能够诱发消费者产生更高水平和更生动性的触觉意象，而消费者所诱发的触觉意象水平越高，则越能产生更为积极的消费者学习效应。究其原因，产品隐喻图文组合展示的图片和文字中包含了丰富触觉信息，提供了生动性和具体性的产品触觉知识和具体线索。根据有用性—有效性假说（availability-valence hypothesis），隐喻图文展示能够诱发消费者产生生动性触觉意象。

另外，这一结论说明了触觉意象能够发挥和真实触摸相似的功能和作用，消费者感知的触觉意象与消费者对产品质量的感知之间存在正相关（Klatzky et al.，1993；Park，2006）。触觉意象不仅可以为消费者带来丰富的产品知识，也能对产品形成积极的情感和态度，从而产生积极的购买意愿。与前述理论分析和推理一致，实验5－1充分地验证了触觉意象是一种“内源性触觉感官”。总之，实验5－1验证了假设H2、假设H3和假设H4，即触觉意象作为产品展示方式影响消费者学习效应中的中介作用机制。

实验5－1进行试探性研究并有意外发现，在线产品展示一定程度上能够诱发消费者产生以触觉意象为主的多感官意象，这除了证实了触觉意象的确存在，还进一步佐证了多感官意象理论，即个体所产生的感官意象一般会同时包含几种模态的意象，而且个体会更加专注于某一种特定模态的感官意象，例如本书中被试更多的是关注触觉意象。这说明，当多感官意象出现时，个体可以将相对焦点指向特定的感官体验，产生与想象的感官体验的心理距离相一致的效果（Elder et al.，2017）。本书的实验刺激材料中，产品隐喻展示主要是基于产品触觉属性进行隐喻设计，因而消费者自然会形成以触觉为主导的多感官意象。另外，按照广告领域隐喻相关的研究结论，消费者在理解隐喻广告后会产生解谜式的愉悦感和成就感。那么，消费者所产生的积极的学习效应是否是因为消费者解谜式的愉悦感和成就感作用的结果呢？实验5－1排除了这种中介机制。

实验5－1虽然初步验证了触觉意象是产品展示方式作用于消费者积极学习效应的中介机制，通过排除消费者解谜式愉悦成就感的中介解释机制，验证了触觉意象作为中介作用机制的合理性，但是这并未完全排除其他可能性的解释。因此，仍有必要更进一步探索产品展示方式作用于消费者积极学习效应的过程的解释机制。因此，实验5－2将力图进一步探索如果消费者触觉意象受到抑制，是否会影响消费者学习效应，进而验证触觉意象是产品展示方式作用于消费者积极学习效应的中介机制。

5.4 正式实验5－2

实验5－2的目的是进一步验证触觉意象作为产品展示方式对消费者学习效应影响的中介解释机制。触觉意象属于记忆意象，主要依赖于市场上现有的产品、客户所反馈的类似产品的先验经验（Dahl et al.，1999）。因此，在相同的图文刺激情境下，心理意象处理的主体不同，则所诱发的心理意象也会不同，即基于自我主体的自我意象（self-related imagery）和基于他人主体的他人意象（others-related imagery）会诱发不同程度的心理意象（Dahl & Hoeffler，2004）。简而言之，在相同的刺激前提下，相较于自我意象，他人意象将受到一定程度的抑制。基于前述理论推理和研究预期，若消费者心理意象过程被抑制，那么产品隐喻展示产生积极消费者学习效应的主效应将不再显著。实验 5－2 增加了心理意象的焦点人物这一变量来检验心理意象处理中，焦点人物对触觉意象的影响，从而进一步强化触觉意象作为产品展示方式对消费者学习效应影响的解释机制。

5.4.1 实验过程

实验 5－2 仍采用情境模拟实验的方法，采取双因素组间设计：2（产品图文展示方式：直白式 vs. 隐喻式）x2（焦点人物：自我 vs. 他人）。来自江西两所大学的 305 名大学生参与了实验 5－2，最终 202 名被试完成了实验。被试被随机分配到 4 个实验组中，自我直白组 50 人，自我隐喻组 51 人，他人直白组 50 人，他人隐喻组 52 人。所有被试的平均年龄为 21.3 岁，实验完成有效率为 98.12%，女性为 54.2%，所有的被试都有在线购买的经历。研究产品类型、实验刺激材料和实验流程均与实验 5－1 一致。所有被试都被要求设想现在正在通过手机电商 App 进行购物，最终是否购买所浏览的商品取决于个人的意愿。

参照博恩和艾伦（Bone & Ellen，1992）的实验设计，将焦点人物变量编码为虚拟变量并进行相关操控，要求所有被试在模拟在线购买过程中想象是自己购物或想象成他人进行购物。其中，对于焦点人物的操控，自我组的被试在浏览这些实验刺激的产品详情展示页面时，实验引导口令要求被试是以自我身份购买某种产品的情境。而他人组中，被试被告知，此次购买是为某位大爷进行购买，随后要求对购买可能性进行决策评估。与此类似的是，博恩和艾伦（Bone & Ellen，1992）的实验设计中，要求被试将自己想象成是一位古怪的化学教授进行购物，实验 5－2 则要求他人组的被试想象自己成为大爷，以大爷的身份来完成模拟在线购买过程，从而来诱发他人身份参与的意象过程。这个被选择的特定角色，与目标群体（大学生）非常不同，因此不太可能属于个人“扩展自我”的一部分（Bone & Ellen，1992），从而实现对焦点人物这一变量中他人情境的操控。产品展示页面呈现完之后，所有被试需要填写触觉意象、感知产品展示诊断性、产品态度和购买意愿等量表。在实验的最后部分，被试还需要填写人口统计变量，填写完之后，所有参与实验的大学生得到感谢。

5.4.2 实验结果

5.4.2.1 实验操控检验

首先对产品类型进行操控检验，实验 5 - 2 中使用凉席作为实验产品。其次，对实验刺激材料适合程度进行检验。独立样本 t 检验的结果显示，被试对产品隐喻图文组合展示页面的隐喻表达感知（N = 169，M = 4.47，SD = 1.173）高于对产品直白图文组合展示页面的隐喻表达感知（N = 131，M = 3.02，SD = 1.241），t（300） = -11.537，p < 0.001。所以，实验 5 - 2 中对产品展示页面的隐喻表达的操控是成功的。

5.4.2.2 理论假设检验

本书参照穆勒（Muller et al.，2005）提出的中介效应检验方法，首先检验自变量产品展示方式与调节变量焦点人物对中介变量触觉意象和因变量消费者学习效应的交互作用，然后再根据调节变量焦点人物的不同水平分析自变量产品展示方式对因变量消费者学习效应影响的中介路径。

1. 触觉意象处理中的焦点人物对消费者学习效应（购买意愿）的影响检验

采用多元方差分析（MANOVA）来验证假设 H6，即检验触觉意象处理中的焦点人物这一变量对消费者学习效应（购买意愿）的影响。实验 5 - 2 重点是检验触觉意象的中介机制作用，为简化这一研究结果，实验 5 - 2 中因变量仅考虑消费者学习效应中的购买意愿，即以购买意愿作为消费者效应评价指标的代表。以购买意愿为因变量，检验产品展示方式与焦点人物是否存在交互效应。MONAVA 分析结果表明，产品展示方式的主效应显著，F(1,298) = 30.240，p < 0.001；焦点人物的主效应也显著，F(1,298) = 2.252，p < 0.001，这说明产品展示方式和焦点人物对消费者购买意愿产生显著性影响。另外，产品展示方式与焦点人物的交互项显著，F(1,298) = 47.758，p < 0.001，这说明焦点人物调节产品展示方式对消费者购买意愿的影响。

因为产品展示方式与焦点人物的交互项显著，F(1,298) = 47.758，p < 0.001，需要进一步进行简单效应检验。通过 SPSS 编写语句，工具框中编写添加语句添加一个命令：/DESIGN = ZS WITHIN JD（1）ZS WITHIN JD（2）。其中，ZS 代表产品展示方式变量（包括隐喻图文展示与直白图文展示），JD 代表焦点人物虚拟变量（1 代表自我，2 代表他人）。结果如图 5 - 7 所示。当焦点人物是自我时，产品隐喻图文展示比产品直白图文展示导致更高的购买意愿，方

差分析表明两者存在显著差异，[$M_{隐喻}=4.928>M_{直白}=3.204$，$SD_{隐喻}=0.940$，$SD_{直白}=1.184$，$F(1,298)=103.929$，$p<0.001$]。但是，当焦点人物为他人时，则出现和之前实验不一致的结果，产品隐喻图文展示比产品直白图文展示在导致被试购买意愿上并不存在显著差异，方差分析表明两者不存在显著差异，[$M_{隐喻}=4.288$，$M_{直白}=4.485$，$SD_{隐喻}=1.254$，$SD_{直白}=1.249$，$F<1$，$p=0.956$]。

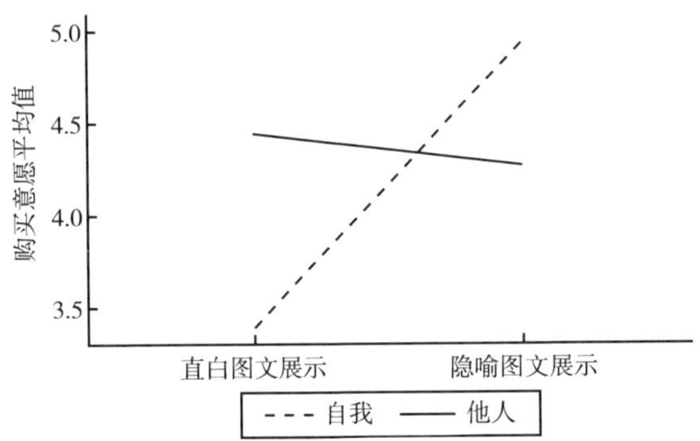

图5-7　产品展示方式与焦点人物交互对购买意愿的影响

因此，需要进一步分析是何种作用机制导致焦点人物为他人时不会导致产品展示方式对购买意愿产生显著性影响。前述理论推测，这是因为当焦点人物为他人（大爷）时，会抑制消费者产生相应的心理意象。因此，继续以触觉意象为因变量来检验产品展示方式与焦点人物交互效应的结果。MANOVA 分析结果表明，产品展示方式的主效应显著，$F(1,298)=30.471$，$p<0.001$；焦点人物的主效应也是显著，$F(1,298)=6.904$，$p=0.009$，这说明产品展示方式和焦点人物对消费者触觉意象产生显著性影响。另外，产品展示方式与焦点人物的交互项显著，$F(1,298)=24.601$，$p<0.001$，这说明焦点人物调节产品展示方式对消费者触觉意象的作用。

简单效应检验进一步发现（见图5-8），当被试是以自我的焦点人物身份进行购买时，产品隐喻图文展示比产品直白图文展示诱发被试更高的触觉意象，方差分析表明两者存在显著差异，$M_{隐喻}=4.733>M_{直白}=3.673$，$SD_{隐喻}=0.874$，$SD_{直白}=3.678$，$F(1,298)=6.766$，$p=0.01$。但是，当焦点人物为他人（大爷）时，则出现和之前实验不一致的结果，产品隐喻图文展示和产品直白图文展示在诱发被试触觉意象上并不存在显著差异，方差分析表明两者不存在显著差异，$M_{隐喻}=4.118$，$M_{直白}=4.328$，$SD_{隐喻}=1.022$，$SD_{直白}=1.132$，$F(1,298)=1.369$，$p=0.244$，$p>0.05$。因此，H6 得以验证，并且进一步强化了触觉意象作为展示方式影响消费者学习效果的中介作用机制的解释。

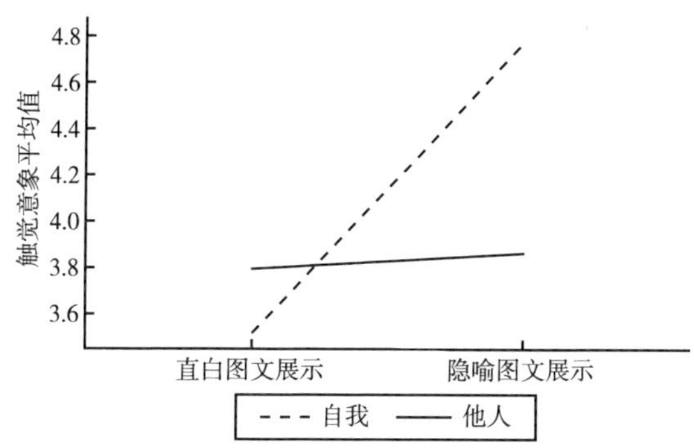

图 5-8　不同展示方式与焦点人物交互对触觉意象的影响

2. 触觉意象中介效应的再次检验

再次检验触觉意象的中介作用。中介效应检验数据结果显示，在焦点人物是自我的情境中，当因变量为购买意愿时，触觉意象间接效应的均值为 0.0907，Bootstrap 检验的置信区间分别为［LLCI = 0.0009，ULCI = 1.2222］，区间内不包含 0，这一结果说明间接效应显著，即触觉意象的中介效应是存在的。相反，在焦点人物是他人（大爷）的情境中，触觉意象间接效应的均值为 -0.1426，Bootstrap 检验的置信区间为［LLCI = -0.3826，ULCI = 0.1086］，区间内包含 0。这一结果说明间接效应不显著，即触觉意象的中介效应是不存在的。具体而言，触觉意象在产品展示对消费者购买意愿影响的中介效应如表 5-3 所示。

表 5-3　不同焦点人物情境中触觉意象的中介效应

焦点人物	效应类型	中介变量	效应值	标准误	t 值	p 值	95%置信区间	
							LLCI	ULCI
自我	直接效应	—	1.6333	0.1696	9.6320	0.0000	1.2983	1.9682
	中介效应	触觉意象	0.0907	0.4566*	—	—	0.0009	1.2222
他人	直接效应	—	0.1543	0.1714	0.8999	0.3697	-0.1846	0.4931
	中介效应	触觉意象	-0.1426	0.1216	—	—	0.3826	0.1086

注：* 表示 $p < 0.05$。

因此，实验 5-2 进一步强化了触觉意象作为中介机制的解释。综合以上结果，触觉意象在产品展示方式对消费者学习效应影响中发挥中介作用，因此，假设 H4 再次得到验证。

5.4.3 对实验5－2的讨论

实验5－2进一步强化了触觉意象作为产品图文展示方式对消费者学习效应影响的中介作用机制。已有感官意象的研究更多聚焦于学界熟知共识的视觉意象领域，而触觉意象等其他模态的感官意象未得到学界的重视，鲜有研究关注触觉意象的形成机制和影响结果，甚至连触觉意象是否真实存在都成为学界一直争论的问题。

本章实验5－1和实验5－2均验证了触觉意象是真实存在的感官意象，在消费者在线购买过程中也会产生这种类真实触摸的产品触觉意象，并对其购买决策过程产生重要影响。在线购买触觉高显著性产品情境下，触觉属性是消费者购买决策过程中最重要的显著性产品属性。因而，产品隐喻展示能够较好地诱发消费者产生生动性触觉意象，并发挥外源性真实触觉的功能和作用，实现在线购买过程中的触觉补偿结果。这一研究发现进一步验证了克拉茨基（Klatzky et al.，1991）提出的触觉意象系统的两个一般性原则：一是触觉意象的作用应与实际触觉相似，二是触觉意象所传达的信息内容应与触觉所提取的信息相对应。

实验5－2进一步探索发现，在线购买触觉高显著性产品过程中，如果消费者的触觉意象受到抑制，那么其购买意愿（学习效应）也受到相应的抑制。这一结论进一步强化了触觉意象作为产品隐喻图文展示方式对消费者学习效应影响的中介作用机制。另外，实验5－2结果也为电商企业在设计产品详情展示页面提供了建议，一方面要尽可能利用文字等形式的意象引导指令来启动消费者的心理意象处理过程，诱发消费者进行心理模拟；另一方面，这种心理意象处理的诱发过程必须基于消费者自我主体来展开，例如使用类似的意象指令“请您想象一下……”，即人称代词必须要指向消费者本人。

5.5 本章小结

本章的研究目是探索产品隐喻展示对消费者学习效应的中介作用机制，并尽可能排除可能的中介解释。本章设计了实验5－1和实验5－2来验证假设H2～假设H6，实验数据结果显示，相较于在线产品直白图文展示，产品隐喻图文展示能够更好地诱发消费者产生更生动的多感官意象，在本书中主要是触觉意象；同时消费者所诱发的触觉意象水平越高，则产生的学习效应越积极。本章不仅验证了触觉意象的真实存在，而且进一步发现消费者在线购买触觉高显著性产品过程中，的确是触觉意象对在线购买中所缺失的触觉探索和体验进行了有效的补偿，从而导致更为积极的消费者学习效应。这一研究发现进一步验证了本质上实现感官补偿效应是认知补偿机制，而不仅仅是知觉补偿机制。

在线零售情境下，仅仅简单地提供产品图片和文字介绍还不足以让消费者感知产品的触觉属性和体验，需要通过隐喻图文展示，让消费者通过配对联想学习的认知方式，进一步诱发消费者的非视觉化意象，如触觉意象，这进一步佐证了感官补偿理论的认知补偿理论。

另外，这一研究发现也进一步揭示了消费者事实上是基于具身认知的方式进行在线购买决策的。具身认知理论提出心理模拟、身体状态和情景行为都是认知的基础（Barsalou，2008），而且解剖意义上的身体被心理模拟所替代，即使是心理意象或心理模拟也可能足以驱动认知（Krishna，2011）。除了大量使用的视觉意象，这些心理意象还可能涉及其他形式的心理意象，如听觉、触觉等的心理意象（Barsalou，2008）。这说明即使在在线购买情境中，消费者也是采用具身认知的方式来进行，而且心理意象，特别是感官意象充当了身体的角色。

另外，本章进一步发现，一旦消费者的触觉意象诱发过程和效果受到有意识地抑制，那么消费者积极学习效应也会相应地受到影响，这一发现更加强化触觉意象是产品展示方式对消费者学习效应的中介作用机制。

根据前述理论推演的预期可能性，本章还排除了消费者理解产品隐喻展示后的愉悦成就感作为可能的中介作用机制。

综上所述，第 4 章主要回答了在线产品隐喻展示页面能否产生积极的消费者学习效应以及哪种隐喻方式产生更积极的学习效应。本章则回答了在线产品隐喻展示页面如何产生积极的消费者学习效应，即消费者积极学习效应的中介作用机制，换言之，就是电商的触觉补偿机制是什么。但是，第 4 章和第 5 章均只是考虑触觉高显著性产品，电商企业可能更关心的是：面向所有类型的产品或者所有的消费者，实施这种产品隐喻展示策略是否都有效呢？这里涉及产品类型和消费者个体特征是否起调节作用，第 6 章将力图探索产品类型和消费者个体特征（个体结构需求）在产品展示方式对消费者学习效应影响的调节机制。

6 个体结构需求与产品类型对产品隐喻展示积极效应的调节机制研究

第4章和第5章验证了电商产品展示的隐喻效应的主效应和中介效应，那么这种隐喻效应是否存在一定的边界或者调节机制？或者说，这种隐喻是否对所有的消费者均是有效的？还有，是否所有类型的产品都适用于采取这种隐喻展示策略呢？据此，第6章主要对产品展示隐喻效应的调节机制进行研究。

根据已有研究的结论，消费者的个体特征和产品类型是最重要的调节变量。首先，消费者处理信息的个人差异是影响隐喻展示效果的一个重要因素，在隐喻相关研究中是必须考虑的一个潜在的调节因素。例如，消费者处理信息的个人差异（Morgan & Reichert，1999）、认知能力发展及性别差异（Pawlowski et al.，1998）、产品类别（Ang & Lim，2006）等都被作为影响广告隐喻的效果的因素而进行了实验分析。其中，个体信息处理方式这一个调节变量影响图文并茂的产品展示唤醒心象的程度（Yoo & Kim，2014）。施卓敏和郑婉怡（2014）指出，其视觉隐喻广告研究中，只对产品卷入度调节变量进行了分析，未来尚需对消费者认知需求和说服知识等调节变量做深入研究。吴水龙等（2017）也指出鲜有研究从消费者个体差异的视角探究隐喻广告效果的边界条件，即隐喻广告对什么样的消费者更有效。

其次，产品的类型影响消费者处理网页上产品相关信息的方式。比如，产品的性质对消费者的任务有重要的影响（McCabe & Nowlis，2001），产品的属性会影响消费者搜索和获取信息以及做出购买决定的任务（Levin et al.，2003）。换言之，产品属性、产品复杂程度和用户的参与程度都会影响消费者寻找、关注和处理产品信息的方式，甚至这些因素比其他信息线索更加重要（Suh & Lee，2005；Huang et al.，2009）。很多研究都将产品类别作为影响广告隐喻效果的因素进行实验分析（Ang & Lim，2006）。鉴于产品类型对消费者任务和对隐喻展示的影响，在线产品隐喻展示优势体现在产品的关键属性（如感官属性），可以通过隐喻对比机制得到充分的呈现。

因此，本章的目的是进一步探讨个体结构需求和产品类型对产品隐喻展示积极效应的调节机制，探讨在不同结构需求水平和不同产品类型情境中，产品展示方式是否存在差异化效果。为了验证这些理论预期，第6章设计了两个实验，其中实验6－1力图验证消费者个体结构需求的调节作用，实验6－2则是进一步验证产品类型的调节作用。

6.1 理论假设与理论模型

6.1.1 理论推理与假设

6.1.1.1 消费者结构需求在消费者触觉意象诱发过程中的调节机制

结构需求是一种非常重要的与个体信息处理相关的人格特征。结构化是指个体对非结构化的环境的反感，对确定和可预测事物或环境的偏好（Thompson et al.，2001）。而结构需求（personal need for structure，PNS）是个体的一种稳定的心理表征和动机，是指个体对简单结构、清晰有条理的事物和环境的偏爱和需要，对个体的信息处理和认知加工过程都有较大的影响，而且存在较大的个体差异性（Neuberg & Newsom，1993；刘艳丽等，2016）。对结构化知识需求高的个体当处于一种新的且未经历的环境中会特别强烈感受到一种不适应的压力（Rietzschel et al.，2007）。因而高结构需求水平个体倾向于将复杂信息简单化，使之变得有规律和有组织（Neuberg & Newsom，1993）。高结构需求水平的个体必须采用简单惯例化的规范来界定环境，以清晰和简单的表征与描述去理解和建构他们的世界，即通常习惯使用已有的规则和判断去加工处理复杂的信息，从而减少认知资源的支出与消耗，维持认知与行为倾向的内在稳定，由此可以有效快速对复杂的环境进行处理和应对（Neuberg & Newsom，1993；刘艳丽等，2016）。兰道等（Landau et al.，2010）将这种较高结构需求水平的个体称为“认知吝啬者”（parsimony of the cognitive），这种结构需求容易在某些紧急情况和特殊情境下被激发出来。

网络环境中，消费者必须对海量信息进行复杂的认知加工和处理，这导致在很多情境中无法有效正确地进行决策处理。例如，消费者在线购买过程中，因为触觉等感官缺失而导致在购买高触觉显著属性类的产品时面临巨大的决策风险。因此，消费者会有意识地简化与概括进行在线购买决策所需关注信息的数量和复杂性，以尽可能地节约认知资源，并提高正确决策和风险规避的效率。这种节约认知资源的简化认知策略是一种抽象的心理表征（abstract mental representations），包括很多形式，比如启发式（heuristics）、原型（prototypes）、图式（schemata）、脚本（scripts）与刻板印象（stereotypes）等（刘艳丽等，2016）。这些简化策略（如认知启发式、脚本和架构）具有共同过程和特征，都是通过过往的经验获得的（Rietzschel et al.，2007），并使用简化概况的已有经验去高效表征新的事件和情境（Fiske & Taylor，1991）。因此，隐喻认知属于典型的认知资源简化策略，其心理处理与表征过程与上述简化策略类似。

个体结构需求水平在隐喻理解和认知中起调节作用。隐喻的功能是使人们以具体化的结构和范畴实现对抽象、未知的信息的认知，因此人们在避免加工复杂、抽象信息倾向上的差异可能会影响到他们隐喻化思维的强度。比如，结构需求高的个体可能更倾向于使用隐喻认知进行复杂信息加工和抽象性思维（殷融等，2013）。网络购物虚拟的商务情境中，消费者面临产品的触觉感官信息缺失的复杂特殊情况，而这种感官信息的缺失对其产品评价和购买决策会产生重要的负面影响。因此，本书推断，这种环境中，个体结构需求更容易被激发出来。结构需求水平较高的消费者更有可能应用隐喻认知的方法，利用工作记忆中的所存储的先验性熟悉的触觉经验和知识去组织和加工在线购买产品的相关触觉属性信息。这种简单、清晰和熟悉的心理表征过程有助于消费者更加有效和快速地对在线购买高触觉属性产品进行诊断和决策。相反，结构需求水平较低的消费者缺乏这种认知简化的动机和倾向，当面临在线购买高触觉属性产品这种结构混乱的情况或问题时，因为相关诊断性信息缺乏，要么选择直接放弃购买，要么为做出正确的决策而投入尽可能多的认知资源去搜寻更多更可靠的信息进行评估判断。换句话说，在线产品展示不管采取哪种方式，对结构需求水平较低的消费者而言都不能有效地帮助其做出购买决策，因而对其影响都不大。

综上所述，本书假设：

理论假设 H7：相较于结构需求水平较低的消费者，结构需求水平较高的消费者对隐喻产品展示更能唤起生动的触觉意象，并产生更积极的消费者学习效应，即感知产品展示诊断性、产品态度和消费者购买意愿。

6.1.1.2 产品类型在产品展示方式隐喻效应中的调节作用

本书基于产品的显著性属性理论，将产品分为触觉高显著性产品和触觉低显著性产品。第 4 章和第 5 章已经对触觉高显著性产品进行了详细的阐述。另外，触觉低显著性产品与搜索产品和几何产品等类似，这一类产品主要与视觉有关，仅仅采用视觉观察就可以进行判断。消费者依据搜索属性可较为容易判断产品质量（Mudambi & Schuff，2010），不需要直接经验的体验，主要涉及使用这些感官的搜索属性（例如食物的热量），间接经验就足够了（Wright & Lynch，1995）。对于具有鲜明视觉特征的产品，消费者只需看一眼就能满意地选择（Suh & Lee，2005）。因此，消费者仅仅通过在线产品展示中相关术语和参数的直接描述就能准确地判断产品的质量。例如，iPad 的可靠性可以通过二手资料进行令人满意的观察，并不需要消费者的实际经验。

按照资源匹配假说，要使隐喻说服达到最大化，需要在接受者可用的认知资源和解决谜题所需的认知资源之间取得平衡（McQuarrie & Mick，1996；Larsen et al.，2004）。认知资源的不协调可能会产生有害的影响，因为消费者可能无法处理信息的内容，甚至可能产生更多的异质想法，这可能会对说服产生负面影响（Larsen et al.，2004）。一方面，接受者期望决策消息处理成本越高，他们获得的效果就越好。他们可能愿意付出更多的认知努力，只要他们能获得更多的信息，也就能获得更多的快乐（Forceville，1996）。另一方面，如果信息被认为太难解决，需要太多的认知处理努力，读者/观众可能会选择退出，欣赏度就会下降（Phillips，2000）。对触觉低显著性产品而言，这类产品显著属性并非触觉等感官属性。这种情况下，在线产品展示中采用以触觉属性等感官属性为共性关系的隐喻比较，但是消费者并不关注这一类感官属性，消费者缺乏明确的信息搜索目标，因而更多采用弱蕴涵解释来理解在线产品隐喻展示，相对而言更难理解隐喻展示所实现的信息意图，从而产生有关产品的多重、独特和肯定的推想（Pillips，1997）。消费者对这一类产品的信息加工缺乏深度，因此，产品展示的触觉信息隐喻表达将变得因难以理解而丧失说服优势（Morgan & Reichert，1999）。总之，这种情形中，隐喻展示造成了消费者的认知不协调，需要付出更多的认知处理努力来获取处理关系并不密切相关的感官信息，反而带来了认知处理负荷，从而对隐喻展示的欣赏度不高，甚至产生负面的看法。

综上所述，并结合第 4 章和第 5 章有关于触觉高显著性产品情境在线产品隐喻展示的积极学习效应的研究假设，本章提出一个总假设和两个分假设：

理论假设 H8：产品类型在在线产品隐喻图文展示方式对消费者学习效应影响中发挥调节作用。

理论假设 H8a：触觉高显著性产品情境下，相较于在线产品直白图文展示方式，在线产品隐喻图文展示方式更能对消费者学习效应，即感知产品展示诊断性、产品态度和购买意愿，产生积极影响。

理论假设 H8b：触觉低显著性产品情境下，相较于在线产品隐喻图文展示方式，在线产品直白图文展示方式更能对消费者学习效应，即感知产品展示诊断性、产品态度和购买意愿，产生积极影响。

6.1.2 理论模型及研究变量

6.1.2.1 理论模型

依据前述研究理论预期，经过严密的理论推理得到上述相关理论假设，最终构建了本章理论模型。第6章理论模型中，自变量为图片和文本组合构成的在线产品展示方式，中介变量为触觉意象，调节变量为个体结构需求和产品类型，因变量为感知产品展示诊断性、产品态度和购买意愿。本章理论模型如图6-1所示。

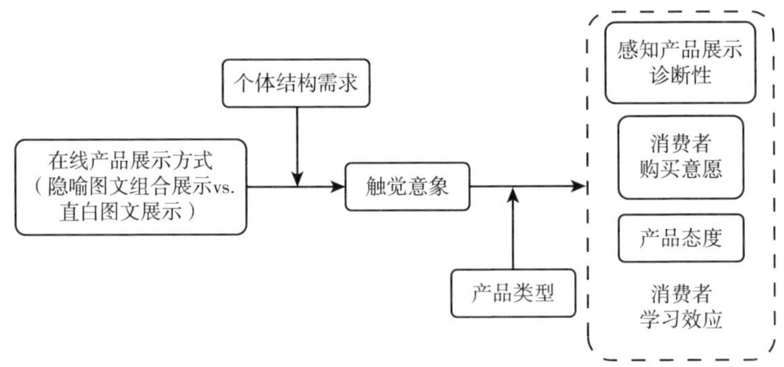

图6-1 第6章理论模型

6.1.2.2 研究变量

第4章和第5章详细地阐述了产品展示方式、触觉意象和消费者学习效应等变量的内涵和测量量表，本章重点阐述产品类型和个体结构需求这两个调节变量内涵及测量量表。

1. 产品类型

本书基于产品的显著性属性理论，将产品分为触觉高显著性产品和触觉低显著性产品。触觉高显著性产品包含了丰富的诊断性触觉线索（包括工具性触觉信息和享乐性触觉信息），而触觉低显著性产品则不含或含有少量的诊断性触觉线索，消费者主要关注的是产品的其他诊断性感官线索，如诊断性视觉线索等。

2. 个体结构需求

结构化是指个体对非结构化的环境的反感，对确定和可预测事物或环境的偏好（Thompson et al.，2001）。个体结构需求是个体的一种稳定的心理表征和动机，是指个体对简单结构、清晰有条理的事物和环境的偏爱和需要（Neuberg & Newsom，1993；刘艳丽等，2016）。根据纽伯格（Neuberg，1993）、汤普森（Thompson，2001）、里兹切尔（Rietzschel，2007）和陈阳等（2009）等人所开发的个体结构需求量表进行适当的改编，适当调整后的结构需求量表一共有11

个题项，其中包括3个反向测量题项。综合借鉴这些相关研究成熟的量表，本书中实验参与者要求填写包括11个题项的结构需求量表（内部一致性 a = 0.866），采用李克特7点量表，例如：清晰、有条理的生活模式更适合我（1 = “非常不同意”，7 = “非常同意”）；所有的事情都各就其位，井井有条符合我的习惯（1 = “非常不同意”，7 = “非常同意”）；我发现建立起一贯的常规让我觉得生活更舒适（1 = “非常不同意”，7 = “非常同意”）；我发现按部就班的规律生活令我感到单调乏味（1 = “非常不同意”，7 = “非常同意”）；当我处于不确定型的情境时我感到愉悦（1 = “非常不同意”，7 = “非常同意”）；我不会因为常规生活被扰乱而心烦（1 = “非常不同意”，7 = “非常同意”）；等等。

6.2 预实验

预实验的目的是检验对两个变量的操控，即研究产品类型和实验刺激材料。首先，确定产品类型。按照前述的理论研究预期，本章需要确定触觉高显著性产品和触觉低显著性产品。其中，触觉高显著性产品继续使用第5章的研究产品凉席，因此预实验需要确定另一种触觉低显著性产品。其次，对触觉低显著性产品的实验刺激材料进行隐喻操控。

6.2.1 预实验设计

6.2.1.1 产品类型操控

基于第4章实验4-1中产品类型预实验的方法与实验结果，本书确定了5种视觉诊断性产品（U盘、书包、手表等）、16种混合产品（围巾、袋装薯片、花露水等）。本章选择触觉诊断性产品凉席作为触觉高显著属性产品。另外，考虑到实验研究的外部效度，选择视觉诊断性产品U盘作为触觉低显著属性产品。本书推测，实验参与者对凉席和U盘这两种产品应该都很熟悉。

6.2.1.2 实验刺激材料适合程度操控

按照第4章和第5章中所设计实验的操控思路和方法，本章的实验设计和操控采用同样的方法和步骤。本实验中主要是设计和操控U盘的两组产品详情展示页面，同样将U盘产品展示页面的设计分为视觉隐喻和文字隐喻两个部分。

首先，视觉隐喻方面，对两组产品展示页面进行严格相似性处理，两组商品展示页面截图在尺寸大小、颜色、透明度、主题、品牌产品名称等其他视觉元素方面相同，以减少任何混淆的影响。按照网上 U 盘通用的展示方法，在产品展示页面中的图像展示插入电脑中的 U 盘。直白图文展示页面和隐喻图文展示页面唯一的区别在于本书有意识操控的细微差别，其中，直白图文展示页面仅是简单地呈现两个 U 盘产品，而隐喻图文展示页面将其中一个 U 盘替换成剥了一部分壳的熟鸡蛋。隐喻展示页面中将 U 盘和剥壳的熟鸡蛋进行并置，在视觉场景维度上操控为虚拟性共生，重点用刚剥壳鸡蛋表面细腻滑溜的材质这一始源域隐喻 U 盘外壳材质平顺舒适的触感属性，从而直观形象地给消费者传递 U 盘外壳的相关触觉产品属性。

文字隐喻方面，同样参考借鉴哈特曼和帕拉迪斯（Hartman & Paradis，2018）所提供的比较识解动态隐喻文本描述方法，设计了如下比较识解隐喻语句：

想象一下，刚煮熟的鸡蛋剥壳后，您用手指轻轻触碰那白嫩的蛋白，那应该是多么细腻滑溜的感觉，是滑滑的，没有任何颗粒感和粗糙感。于您而言，我们相信，用手摸捏本品的感觉几乎与此感觉相同。本品滑盖式设计实用方便快捷，百搭的色彩和沉稳大气的外观令人过目不忘。最关键的是，本品坚固外壳属于特氟龙塑料材质，质地厚实，耐磨且耐高温，具有自润滑的特性，触感平滑细腻，小巧方便。商务利器，高端大气上档次。

本书中 U 盘的比较识解语言描述始源域和目标域之间的触觉对应关系，同时也同模态地表征了触觉感官与体验。配置联系对应通过因果关系链与因果联系在一起：原因→情感/感觉→行动。始源场景的致因配置实例化为“鸡蛋蛋白滑溜→顺滑的触觉感知→愉悦情绪”，目标场景的致因配置实例化为“U 盘产品→外壳平整光滑的触摸感知→积极购买行为意愿”。实现这一触觉感知和积极情绪的是本例中所设计的比较识解文本，它能唤起消费者实现具身模拟——使用手指触摸光滑的剥壳的熟鸡蛋。这个文本同样能够产生强烈的身体体验的意义，这个场景通过引发消费者的具身模拟而高度地唤起了消费者的触摸感觉。

综合上述的图像隐喻和文本隐喻设计，本书模拟电商平台产品详情展示页面的形式，将隐喻图像和隐喻文本进行组合，最后形成产品隐喻图文展示页面。

另外，同样参考借鉴佩克和奇德尔斯（Peck & Childers，2003）的方法，在电商平台中收集了多则 U 盘的真实产品详情文本描述，说明 U 盘产品非触觉相关信息，如原材料、制作工艺、质量标准、产品特点等产品信息，最终形成产品详情介绍的直白文字说明和图片。据此，分别设计了 U 盘和凉席的产品直白图文展示页面和产品隐喻图文展示页面，如图 6－2 和图 6－3 所示[①]。

① 本章图中产品品牌均为作者设计的虚拟品牌。

商品详情

DAKA U盘

滑盖式设计实用方便快捷并能妥善保护数据接口；精细做工和坚固外壳安全无忧；百搭的色彩和沉稳大气的外观适合各种应用场景。USB3.0高速读写海量数据，数据读取速度高达130MB/秒，写入速度可达15MB/S，可支持FAT32、exfat、NTFS等多个文件系统。具备16GB-256GB多种容量可供选择，满足您个性需求。精选用料和严苛的生产检测，提供五年质量保证服务以及免费技术咨询服务。

（a）直白图文展示

商品详情

DAKA U盘

想象一下，刚煮熟的鸡蛋剥壳后，您用手指轻轻触碰那白嫩的蛋白，那应该是多么细腻滑溜的感觉，是滑滑的，没有任何颗粒感和粗糙感。于您而言，我们相信，用手摸捏本品的感觉几乎与此感觉相同。本品滑盖式设计实用方便快捷，百搭的色彩和沉稳大气的外观令人过目不忘。最关键的是，本品坚固外壳属于特氟龙塑料材质，质地厚实，耐磨且耐高温，具有自润滑的特性，触感平滑细腻，小巧方便。商务利器，高端大气上档次。

加入购物车 立即购买

（b）隐喻图文展示

图 6－2 U 盘图文展示页面

商品详情

MOKU凉席三件套

本产品运用现代工艺处理，以兼具多种自然界纤维的优良性能的优质材质天丝为主要原料，采用聚酯纤维和纤维材料交织而成。席面编织细密，零毛刺，零刺痒，零黏腻，含水率适中，能快速散发人体热量；柔软凉爽，强韧耐磨，色泽自然，固色性好；微弹承托，360度全包，自由舒睡不滑移动；3D蜂窝多孔透气，抗菌抑菌，无荧光剂，可水洗机洗，易清洁去污，可折叠放置。天丝纤维凉席，散发自然的凉感，吸湿散热，保持身体舒爽，呵护您的睡眠，您夏日的好伴侣。

（a）直白图文展示

商品详情

MOKU凉席三件套

想象一下，在那炎炎夏日的午后，您只身跳进阴凉树荫下的游泳池，凉快的水滴迅速地浸透了全身上下，突然而至的凉意瞬间赶走了令人窒息的滚烫热气。此时，您必定感受到凉爽的水流缓缓穿过手指和脚尖，涓涓不断的凉意和舒适的细腻感让人心旷神怡。于您而言，我们相信，夏日体验本产品的感觉几乎与此感觉相同。本品采用会呼吸的冰丝纤维面料，吸湿透气，散发大自然的凉感；柔软丝滑渗透每一寸肌肤。夏凉产品界的“天然空调”，感受丝丝清凉，是您夏日的好伴侣。

加入购物车 立即购买

（b）隐喻图文展示

图 6－3 凉席图文展示页面

6.2.2 预实验过程

江西某大学商学院50名研究生和本科生参加了本次预实验，最终48名被试顺利完成实验。首先，所有被试要求完成产品类型确认任务，要求对凉席和U盘等产品进行触觉属性重要性和视觉属性重要性进行判断，从而确定触觉高显著性产品和触觉低显著性产品。其次，采用单因素组间设计方式，参与实验的所有大学生被随机分成两个实验小组，各小组人数分别是28人和23人。各实验小组要求分别浏览上述两种产品的4则详情介绍页面。所有被试在浏览完详情介绍页面后，要求回答并报告其所浏览的产品展示是“直白的、反映事实的”还是“比喻的、抽象的”，采用“一点也不重要（1）”到“极其重要（7）”的李克特7点量表测量其对产品展示页面的判断结果。

6.2.3 预实验结果

6.2.3.1 实验产品和刺激材料操控结果

产品类型方面，预实验统计结果显示，凉席（触觉信息重要性 TI = 4.85，视觉信息重要性 VI = 3.42，$p < 0.001$）属于触觉诊断性产品；U盘（触觉信息重要性 TI = 3.58，视觉信息重要性 VI = 4.63，$p = 0.001$）属视觉诊断性产品。因此，本章将凉席作为触觉高显著性产品，将U盘作为触觉低显著性产品。

6.2.3.2 实验刺激材料操控结果

实验刺激材料操控方面，独立样本t检验的结果显示，被试（N = 23）对U盘的隐喻图文展示页面的隐喻表达感知（N = 23，M = 5.24，SD = 1.662）高于对直白图文展示页面的隐喻表达感知（N = 25，M = 2.86，SD = 1.274），$t = -6.119$，$p < 0.001$。所以，预实验中对U盘产品展示页面的隐喻表达的操控是成功的。

同样，独立样本t检验的结果显示，被试（N = 25）对凉席的隐喻图文展示页面的隐喻表达感知（N = 25，M = 4.68，SD = 1.086）高于对直白图文展示页面的隐喻表达感知（N = 23，M = 3.25，SD = 1.616），$t = -16.271$，$p < 0.001$。所以，预实验中对凉席产品展示页面的隐喻表达的操控是成功的。

6.3 正式实验6-1

实验6-1的目的是检验消费者结构需求在消费者触觉意象诱发过程中的调

节机制，即检验研究假设 H7，研究理论模型如图 6 - 1 所示。

6.3.1 实验过程

同样选择商学院大学生作为实验被试。湖南一所大学共 318 名大学生参加本实验，最终 314 名被试完成所有的实验。其中，被试中女性为 55.8%，95% 集中在 18 ~ 25 岁，所有的被试都有在线购买的经历。

本实验过程与第 5 章实验 5 - 1 的实验过程一样，所有被试同样通过班级等微信群或 QQ 群接受实验人员随机发送的实验问卷链接，并要求填写相应测项。需要强调的是，与第 5 章实验 5 - 1 不同，所有被试要求填写个体结构需求量表，然后将被试的结构需求得分的平均值按照从大到小的顺序排列，然后采取中位数分割法对被试进行归类。其中个体结构需求值中位值及以上的被试归类到高结构需求组，中位值以下的归类为低结构需求组。然后高结构需求组和低结构需求组在组内再随机分配为隐喻组和直白组。具体分组结果为："隐喻展示—高结构需求组" 79 人；"隐喻展示—低结构需求组" 77 人，"直白展示—高结构需求组" 78 人，"直白展示—低结构需求组" 80 人。各实验组按照实验文字引导指令，所有被试要求认真浏览产品图文展示页面，并填写相关变量量表和人口统计变量。

6.3.2 实验操控检验

首先对产品类型进行操控检验，本实验使用凉席作为实验产品，实验刺激材料如图 6 - 3 所示。其次，对实验刺激材料适合程度进行检验，独立样本 t 检验的结果显示，被试对隐喻图文展示页面的隐喻表达感知（$N = 156$，$M = 4.68$，$SD = 1.098$）高于对直白图文展示页面的隐喻表达感知（$N = 155$，$M = 3.05$，$SD = 1.264$），$t(314) = -8.627$，$p < 0.001$。这表明，实验 6 - 1 中对产品展示页面的隐喻表达的操控是成功的。另外，描述性统计结果显示，被试（$N = 314$）在前瞻性意象任务中得分均值比较高，$M = 4.45$，$SD = 1.243$。以被试得分的中位数 3.26 为基准进行单样本 t 检验，$t = 28.717$，$p < 0.001$，这说明本试验中被试适合完成需要心理意象启动的相关认知任务。

6.3.3 理论假设检验

实验 1 的理论模型属于有调节的中介模型，即第一阶段调节模型（first

stage moderation model）。普瑞奇等（Preacher et al.，2007）、陈瑞等（2013）认为有中介的调节（mediated moderation）模型和有调节的中介（moderated mediation）模型两者没有本质的区别，只是强调的重点不一样，两者最后对中介的检验都需要落脚于基于调节变量的不同水平对中介路径进行检验，因此均可以统一采用有调节的中介检验方法。依据第 5 章中介效应检验的方法，首先检验自变量产品展示方式与调节变量个体结构需求对中介变量触觉意象和因变量消费者学习效应的交互作用，然后再根据调节变量个体结构需求的不同水平分析自变量产品展示方式对因变量消费者学习效应影响的中介路径。

6.3.3.1 个体结构需求在产品展示方式诱发消费者触觉意象中的调节机制

采用 MANOVA 来验证假设 H7，即检验消费者结构需求在产品展示方式诱发触觉意象的边界作用。MANOVA 分析结果表明，产品展示方式的主效应显著，$F(1,311)=87.632$，$p<0.001$；但是个体结构需求的主效应不显著，$F(1,311)=1.629$，$p=0.203>0.05$，这说明产品展示方式对消费者触觉意象产生显著性影响，但是个体结构需求对消费者触觉意象并没有显著性影响。另外，产品展示方式与个体结构需求的交互项显著，$F(1,311)=10.844$，$p=0.001$，这说明消费者的个体结构需求调节产品展示方式对消费者触觉意象的影响。

本书进一步分析产品展示方式诱发消费者触觉意象的调节机制。因为产品展示方式与个体结构需求的交互项显著，$F(1,311)=10.844$，$p=0.001$，故需要进一步进行简单效应（simple effect）检验。通过 SPSS 编写语句，工具框中编写语句添加一个命令：/DESIGN = ZS WITHIN JX（1）ZS WITHIN JX（2）。其中，ZS 代表产品展示方式变量（包括隐喻图文展示与直白图文展示），JX 代表个体结构需求变量（以中位值 4.636 为基准区分为高水平和低水平）。SPSS 输出的检验结果显示，相较于浏览直白图文展示页面，结构需求水平高的被试在浏览隐喻图文展示页面时会显著诱发更高的触觉意象得分均值，$M_{隐喻}=4.778>M_{直白}=3.236$，$SD_{隐喻}=0.137$，$SD_{直白}=0.098$，$F(1,311)=82.17$，$p<0.001$。相反，相较于浏览隐喻图文展示页面，结构需求水平低的被试在浏览直白图文展示时能诱发更高触觉意象得分均值，$M_{隐喻}=4.221$，$M_{直白}=3.482$，$SD_{隐喻}=0.097$，$SD_{直白}=0.146$，$F(1,311)=16.05$，$p<0.001$，如图 6－4 所示。这说明，个体结构需求在产品展示方式诱发触觉意象的作用过程中发挥调节作用。因此，假设 H7 得以验证。

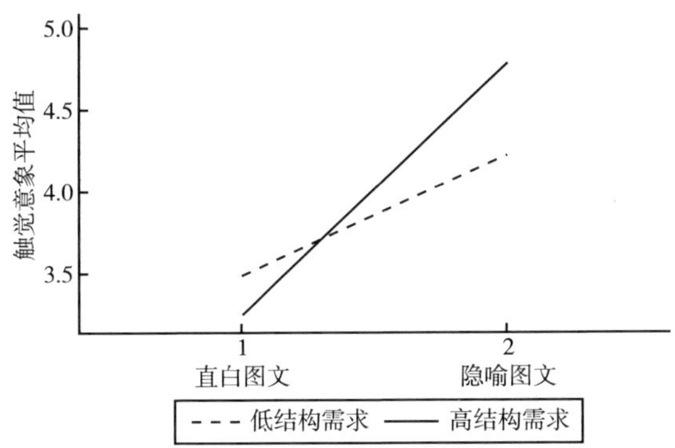

图 6－4 产品展示方式与结构需求的交互作用

6.3.3.2 个体结构需求调节效应和触觉意象中介效应进一步检验

采用与第 5 章相同的中介效应检验程序，选择有调节的中介分析模型（模型 8），样本量选择 5000，在 95% 置信区间下，取样方法为选择偏差校正的非参数百分位法，将因变量分别确定为购买意愿、感知产品展示诊断性和产品态度，分别对个体结构需求的调节作用进行检验。

SPSS 中的 Process 中介效应检验结果显示，当因变量为购买意愿时，个体结构需求的确调节了触觉意象在产品展示对消费者购买意愿影响的中介作用，调节效应大小的均值为 0.2882，Bootstrap 检验的置信区间分别为［LLCI = 0.0971，ULCI = 0.5411］，区间内不包含 0，这表明有调节的触觉意象的中介效应的确存在。具体而言，中介效应检验结果显示，对于高水平结构需求消费者而言，间接效应大小的均值为 0.5471，Bootstrap 检验的置信区间分别为［LLCI = 0.2839，ULCI = 0.8480］，区间内不包含 0，这说明间接效应显著，即对高结构需求消费者而言，触觉意象的中介效应的确存在。对于低水平结构需求消费者而言，间接效应大小的均值为 0.2589，Bootstrap 检验的置信区间分别为［LLCI = 0.1271，ULCI = 0.4274］，区间内不包含 0，这同样说明，对低水平结构需求消费者而言，触觉意象的中介效应也存在。当因变量为感知产品展示诊断性和产品态度时，中介效应检验也是相同的结果，如表 6－1 所示，这表明个体结构需求的调节作用，同时再次验证了触觉意象的中介作用，因此假设 H4 和假设 H7 均得到有效验证。

表 6－1　　个体结构需求对消费者触觉意象中介效应的调节作用

因变量	效应类型	个体结构需求	效应值	标准误	t 值	p 值	95% 置信区间	
							LLCI	ULCI
购买意愿	直接效应	—	0.7892	0.1338*	5.8993	0.0000	0.5295	1.0525
	中介效应（触觉意象）	H－PNS	0.5471	0.1435*	—	—	0.2839	0.8480
		L－PNS	0.2589	0.0771*	—	—	0.1271	0.4274
感知产品展示诊断性	直接效应	—	0.4600	0.1317*	3.4930	0.0006	0.2008	0.7192
	中介效应（触觉意象）	H－PNS	0.4934	0.1455*	—	—	0.2274	0.7969
		L－PNS	0.2335	0.0744*	—	—	0.1035	0.3971
产品态度	直接效应	—	0.5081	0.1370*	3.7092	0.0002	0.2385	0.7777
	中介效应（触觉意象）	H－PNS	0.5889	0.1529*	—	—	0.3080	0.9081
		L－PNS	0.2787	0.0824*	—	—	0.1365	0.4541

注：* 表示 $p<0.05$，H－PNS 代表高结构需求水平，L－PNS 代表低结构需求水平。

6.3.4　实验 6－1 结果讨论

实验 6－1 结果表明，消费者结构需求的确在产品隐喻图文展示影响消费者积极学习效应中发挥调节作用。消费者在购买触觉高显著性产品时，消费者对产品展示中的感官信息，特别是触觉线索具有刚性需求。消费者结构需求水平越高，则越能有效理解隐喻展示所传递的产品的触觉属性，从而诱发更高的触觉意象，最终更能产生积极的学习效应。相反，结构需求水平较低的消费者缺乏这种认知简化的动机和倾向，当面临在线购买高触觉属性产品这种结构混乱的情况或问题时，因为相关诊断性触觉信息缺乏，他们要么选择直接放弃购买，要么为做出正确的决策而投入尽可能多的认知资源去搜寻更多更可靠的信息进行评估判断（Neuberg & Newsom，1993；Rietzschel et al.，2007）。因此，本书推测，对于结构需求水平较低的消费者而言，隐喻展示只会增加其认知负荷，因此其更偏好于直白展示，因为这种展示方式更容易理解，并可能通过投入尽可能多的认知资源，如线下实体店体验、朋友咨询等方法，以便更全面了解产品，或者是简单地直接放弃网络购买，转而寻求线下的替代性购买，以避免购物风险。

6.4　正式实验 6－2

实验 6－2 的目的是检验产品类型对产品隐喻展示导致的消费者积极学习效应调节作用，即检验研究假设 H8、假设 H8a 和假设 H8b。具体而言，探索产品类别与在线产品展示的交互作用。研究理论模型如图 6－1 所示。

6.4.1 实验过程

本实验仍运用情境模拟实验方法，采取双因素简单组间设计：2（产品展示方式：直白式 vs. 隐喻式）×2（产品类型：触觉高显著性产品 vs. 触觉低显著性产品）。江西某大学 305 名大学本科生参与了实验，最终 290 名被试完成了实验，其中平均年龄为 22.3 岁，有效率为 98.12%，女性为 54.2%。被试被随机分配到 4 个实验小组中。本实验过程与第 5 章实验 5－1 的实验过程一样，所有被试同样通过班级等微信群或 QQ 群接受实验人员随机发送的实验问卷链接，并要求填写相应变量测项和人口统计变量。

6.4.2 实验操控检验

独立样本 t 检验的结果显示，被试对凉席隐喻图文展示页面的隐喻表达感知（$N=72$，$M_{隐喻}=4.75$，$SD=1.195$）高于对直白图文展示页面的隐喻表达感知（$N=70$，$M_{直白}=2.68$，$SD=1.286$），$t=-14.073$，$p<0.001$。所以，实验 6－2 对凉席产品展示页面的隐喻表达的操控是成功的。

同样，独立样本 t 检验的结果显示，被试对 U 盘隐喻图文展示页面的隐喻表达感知（$N=75$，$M_{隐喻}=5.08$，$SD=1.520$）高于对直白图文展示页面的隐喻表达感知（$N=73$，$M_{直白}=2.59$，$SD=1.437$），$t=-11.987$，$p<0.001$。所以，实验 6－2 对 U 盘产品展示页面的隐喻表达的操控是成功的。

6.4.3 理论假设检验

本书的中介模型属于有中介的调节模型，即第二阶段调节模型（second stage moderation model）。同样，依据实验 6－1 所采用的有调节的中介效应检验的方法，首先检验自变量产品展示方式与调节变量产品类型对中介变量触觉意象和因变量消费者学习效应的交互作用，然后再根据调节变量产品类型的不同类型分析自变量产品展示方式对因变量消费者学习效应影响的中介路径。

6.4.3.1 产品类型对消费者学习效应的影响

以感知产品展示诊断性、产品态度和购买意愿为因变量，检验产品展示方式与产品类型是否存在交互效应。采用多元方差分析进一步来验证假设 H8、假设

H8a 和假设 H8b。MANOVA 分析结果表明，产品类型的主效应显著，感知产品展示诊断性的 $F(1,288)=16.912$、$p<0.001$，产品态度的 $F=20.277$、$p<0.001$，购买意愿的 $F=15.528$、$p<0.001$；产品展示方式的主效应也显著，感知产品展示诊断性的 $F(1,288)=51.928$、$p<0.001$，产品态度的 $F(1,288)=38.908$、$p<0.001$，购买意愿的 $F(1,288)=44.476$、$p<0.001$。这说明产品展示方式和产品类型对消费者学习效应向产生显著性影响。另外，产品展示方式与产品类型的交互项显著，感知产品展示诊断性的 $F(1,288)=109.884$、$p<0.001$，产品态度的 $F(1,288)=98.608$、$p<0.001$，购买意愿的 $F(1,288)=127.211$、$p<0.001$。这些结果说明产品类型的确调节产品展示方式对各种消费者学习效应的影响。

简单效应检验进一步发现，当产品类型是高触觉诊断产品时，展示方式的主效应显著，隐喻图文展示比直白图文展示导致更高的消费者学习效应，方差分析表明两者存在显著差异。各变量的分析结果为：感知产品展示诊断性，$M_{隐喻}=4.598>M_{直白}=4.335$，$SD_{隐喻}=0.960$，$SD_{直白}=0.737$，$F(1,288)=141.67$，$p=0.002$；产品态度，$M_{隐喻}=4.605>M_{直白}=4.283$，$SD_{隐喻}=0.977$，$SD_{直白}=0.838$，$F(1,288)=119.13$，$p<0.001$；购买意愿，$M_{隐喻}=4.482>M_{直白}=4.068$，$SD_{隐喻}=1.057$，$SD_{直白}=0.845$，$F(1,288)=146.05$，$p<0.001$。因此，假设 H8a 得以验证。

当产品类型为低触觉诊断产品时，展示方式的主效应显著，但是出现和高触觉诊断产品试验相反的结果，即直白图文展示比隐喻图文展示在导致被试购买意愿上存在显著差异，方差分析表明两者也存在显著差异。各变量的分析结果为：感知产品展示诊断性，$M_{直白}=4.846>M_{隐喻}=3.426$，$SD_{直白}=0.7920$，$SD_{隐喻}=0.937$，$F(1,288)=8.61$，$p=0.003$；产品态度，$M_{直白}=4.756>M_{隐喻}=3.346$，$SD_{直白}=0.840$，$SD_{隐喻}=1.092$，$F(1,288)=10.78$，$p=0.001$；购买意愿，$M_{直白}=4.731>M_{隐喻}=3.108$，$SD_{直白}=0.947$，$SD_{隐喻}=1.036$，$F(1,288)=15.38$，$p<0.001$。因此，假设 H8b 得以验证。具体如图 6－5～图 6－7 所示。综上所述，假设 H8 得以验证。

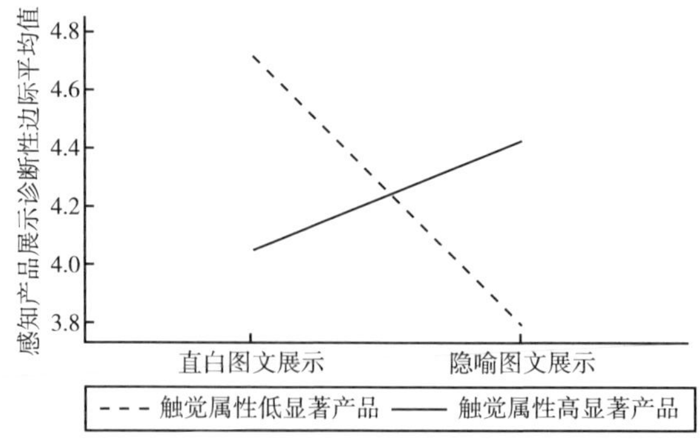

图 6－5　产品展示方式与产品类型对感知产品展示诊断性的交互效应

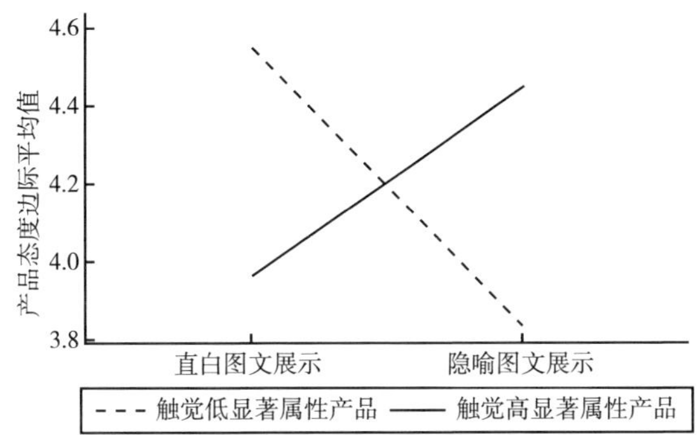

图6-6 产品展示方式与产品类型对产品态度的交互效应

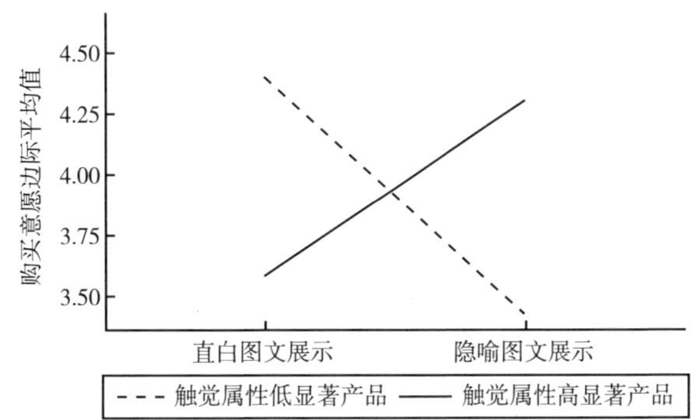

图6-7 产品展示方式与产品类型对购买意愿的交互效应

6.4.3.2 产品类型的调节效应和触觉意象中介效应进一步检验

同样采用实验6-1的中介效应检验程序，选择有调节的中介分析模型（模型8），样本量选择5000，在95%置信区间下，取样方法为选择偏差校正的非参数百分位法，中介变量为触觉意象，调节变量为产品类型，将因变量分别确定为购买意愿、感知产品展示诊断性和产品态度，分别对产品类型的调节作用进行检验。

SPSS中的Process中介效应检验结果显示，当因变量为购买意愿时，产品类型的确调节了触觉意象在产品展示对消费者购买意愿影响的中介作用，调节效应大小的均值为0.1385，Bootstrap检验的置信区间为［LLCI=0.0227，ULCI=0.2543］，区间内不包含0，这表明有调节的触觉意象的中介效应的确存在。具体而言，中介效应检验结果显示，对于触觉高显著性产品而言，间接效应大小的均值为0.1097，Bootstrap检验的置信区间为［LLCI=0.0159，ULCI=0.2144］，区间内不包含0，这说明间接效应显著，即对触觉高显著性产品而言，触觉意象的中介效应的确存在。相反，对于触觉低显著性产品而言，间接效应大小的均值为0.0712，Bootstrap 检验的置信区间为［LLCI = −0.0063，ULCI =0.1758］，区间内包含0，这同样说明，对触觉低显著性产品而言，触觉意象的中介效应并不存在。当因变量为感知产品展示诊断性和产品态度时，中介效应检验也是相同的结果，如表6−2所示，这表明个体结构需求的调节作用，同时再次验证了触觉意象的中介作用，因此假设 H4 和假设 H8 均再次得以验证。

表6−2　产品类型对消费者触觉意象中介效应的调节作用

因变量	效应类型	产品类型	效应值	标准误	t 值	p 值	95% 置信区间	
							LLCI	ULCI
购买意愿	直接效应	H−P	−1.0828	0.1472*	−7.3562	0.0000	−1.3720	−0.7936
		L−P	0.6450	0.1254*	5.1454	0.0000	0.3987	0.8913
	中介效应（触觉意象）	H−P	0.1097	0.0502*	—	—	0.0159	0.2144
		L−P	0.0712	0.0482	—	—	−0.0063	0.1758
感知产品展示诊断性	直接效应	H−P	−1.0302	0.1298*	−7.9376	0.0000	−1.2528	−0.7752
		L−P	0.3150	0.1105*	2.8503	0.0045	0.0979	0.5322
	中介效应（触觉意象）	H−P	0.0964	0.0445*	—	—	0.0120	0.1867
		L−P	0.626	0.0433	—	—	−0.0038	0.1629
产品态度	直接效应	H−P	−0.8316	0.1390*	−5.9845	0.0000	−1.1046	−0.5586
		L−P	0.4122	0.1183*	3.4833	0.0005	0.1797	0.6447
	中介效应（触觉意象）	H−P	0.1138	0.0506*	—	—	0.0163	0.2156
		L−P	0.0739	0.0489	—	—	−0.0062	0.1853

注：* 表示 $p<0.05$，H−P 代表触觉高显著性产品，L−P 代表触觉低显著性产品。

6.4.4　实验6−2结果讨论

实验6−2数据结果显示，产品展示方式与产品类型对消费者学习效应的影响的确存在交互效应，这也说明了产品类型对产品隐喻展示产生的积极效应的调节作用。对于触觉高显著性产品而言，相较于在线产品直白展示方式，在线产品隐喻展示方式更能对消费者感知产品展示诊断性、产品态度和购买意愿产生积极影响。相反，对于触觉低显著性产品而言，相较于在线产品隐喻展示方式，在线产品直白展示方式更能对消费者感知产品展示诊断性、产品态度和购买意愿产生积极影响。产品展示方式与产品类型在对消费者学习效应的影响中存在交互效应，产品隐喻展示的确能诱发消费者产生生动性的触觉意象，不管是触觉高显著性产品（凉席）还是触觉低显著性产品（U盘）。中介效应检验结果进一步发现，对触觉低显著性产品（U盘）而言，触觉意象的中介路径并不存在。这说明，U盘产品的隐喻展示的确诱发了消费者的触觉意象，但是这种生动性的触觉意象对其最终的学习效应并未产生有效的影响。本书推测，这是因为消费者在购买触觉低显著性产品时，可能更加需要的是其他的诊断性的感官信息，比如诊断性视觉信息就足以提供消费者购买决策所需要的主要信息。因此，仅仅是通过“视觉捕获”（Ernst，2004；Welch & Warren，1986），消费者就足以有信心完成触觉低显著性产品网络购买决策。

换言之，消费者在线购买触觉高显著性产品（如凉席）时，产品隐喻图文展示方式能产生更为积极的学习效应；但是在线购买触觉低显著性产品（如U盘）时，产品直白图文展示更有效。究其原因，电商如果在在线零售触觉高显著性产品中采用产品隐喻展示方式，则可以更为有效地给消费者传递产品的相关触觉属性和感官信息，而这正是消费者在线购买过程中所需要弥补的诊断性信息。相反，对于在线零售触觉低显著性产品，如果继续采用产品隐喻展示方式，那么只会给消费者带来认知资源的负担，从而导致消费者产生消极的效应。这是因为U盘是一种视觉诊断性产品，消费者仅需要通过浏览查阅产品的图片和文字说明就可以比较准确地把握产品的特征，比较准确地获取购买决策的相关信息。

另外，消费者卷入度理论也能较好地解释产品类型的调节作用。在本书中，消费者购买触觉高显著性产品，如凉席明显是高卷入行为；相反，因为U盘属于视觉诊断性产品并且价格比较低，购买U盘则属于低卷入行为。卡德斯（Kardes，1988）的研究表明，在高卷入的情况下，隐含的结论可以使消费者自己得出更有利的推论，比低卷入的情况更易形成有利的品牌态度和更高的品牌态度可达性。消费者在在线购买触觉高显著性产品（如凉席）时，属于典型的高卷入行为，产品隐喻展示方式自然能产生更为积极的学习效应。因此，如果给U盘这种视觉诊断性产品设计隐喻展示页面，实际效果只会适得其反。

本书实验中所有被试都是大学生，对凉席和U盘两种研究产品都非常熟悉。这一结论说明电商在使用隐喻方式进行产品展示时要充分考虑到产品类型的调节作用，特别是电商在销售的产品属于触觉高显著性产品类型。

6.5 本章小结

本章的研究目的是探索消费者个体结构需求和产品类型在产品展示方式对

消费者学习效应影响的调节机制，因此设计了两个实验来验证假设 H7、假设 H8、假设 H8a 和假设 H8b。本章研究结果显示，产品隐喻展示方式诱发触觉意象效应存在一定的调节机制，并非每个消费者在浏览产品隐喻展示页面后都会诱发形成触觉意象，这是因为消费者结构需求水平在此过程中起着调节作用。消费者结构需求水平越高，产品隐喻展示页面越能诱发其产生触觉意象。另外，产品类型也对产品展示隐喻效应发挥调节作用，即对触觉属性高显著的产品而言，隐喻展示能对消费者学习效应产生更积极的影响。

综上所述，第 4 章、第 5 章和第 6 章均验证了产品展示的隐喻效应，并探索了其中的中介机制以及调节机制，充分地说明了实施在线产品隐喻展示策略能够较好地实现在线感官补偿结果，从而促进消费者在线购买过程中产生更为积极的学习效应。

研究至此，本书基于多项实验室实验验证了产品隐喻展示能促进积极消费者学习效应的主效应、中介机制和调节机制等，所提出的相关理论假设均得以验证，这说明本书所构建的理论模型是合理可行的。但是还有必要在电商营销实践中进行检验，进一步检验这些研究结论的稳健性。第 7 章计划开展真实的在线购买田野实验，以验证第 4 ~6 章的相关理论探究结果。

7 基于真实网络购买田野实验的理论验证

目前的消费者行为研究大多采取实验室实验来考察消费者的感知和认知、态度、偏好、决策和行为。但是消费者真实的消费行为并不发生在实验室环境，真实环境中的各种干扰因素和噪声降低了实验室实验的研究结论的外部效度（马尔霍特拉，2009），因而存在无法复制的危机。而重度依赖单一的研究方法（尤其是实验室实验）是导致该危机的主要原因（Maner，2016）。因此，学术界开始思考将实验室实验与真实田野实验搭配使用，以增强心理学研究结论的可复制性。曼尔（Maner，2016）明确指出，田野研究（尤其是田野实验）既可以增强研究结论自身的可靠性，又可以增加研究结论在真实世界中的影响力（real world impact）。田野实验尽管相比实验室实验内部效度较低（噪声控制弱），但因为情境真实和外部效度高而近几年来受到学术界的持续关注（柳武妹等，2020）。特别是，线上田野实验具有数据收集方便客观（例如可以在后台记录顾客的点击次数，页面停留时间）、数据量大等优势，得到越来越多学者的使用（Simester，2017）。

为了进一步增强研究理论发现的稳健性，本书有必要开展真实网络购物田野实验，以验证本书研究结论的可复制性和对电商企业实践的指导价值。本书所设计的真实网络购物田野实验，属于与非学术合作方进行合作开展的田野实验，为同一产品设计了两个产品展示页面链接。其中，依据本书相关研究结论，对在线产品详情展示进行重构并优化设计，与没有进行优化处理的原产品链接进行比较，并将固定一段时间内商品的曝光率、点击率和购买订单数作为田野实验的因变量，从而验证隐喻展示页面的优势效应。

7.1 预实验

真实购买田野实验中还是需要开展预研究和预实验（柳武妹等，2020）。

因此，首先进行了预实验，预实验的目的是检验对两个变量的操控，即研究产品类型、实验刺激材料。首先确定产品类型，为了进一步增强研究的外部效度，研究选择了不同于前四个研究的产品。按照前述的理论研究预期，初步选择一种触觉高显著性产品，即握力器。其次，需要重新对握力器的实验刺激材料进行设计与操控，即分别设计产品直白图文展示页面和产品隐喻图文展示页面。

7.1.1 实验产品类型操控

基于第 4 章产品类别预实验研究的结果，触觉诊断性产品包括了床上用品、按摩拖鞋、凉席和握力器等，这些产品也是本书所界定的触觉属性高显著属性产品。为进一步提高实验研究的外部效度，并考虑到握力器在前面的研究中均未使用，故第 7 章选择并确定握力器为研究产品。

7.1.2 实验刺激材料适合程度操控

按照第 4 章、第 5 章和第 6 章所采用的实验刺激物操控思路和方法，本章也采用同样的方法和步骤，即先将握力器产品展示页面的设计分为视觉隐喻和文字隐喻两个部分，再将产品图片和文本描述组合形成基于手机版的产品详情介绍页面。首先，视觉隐喻方面，实验组产品展示页面和控制组产品展示页面进行的严格相似性处理，两组产品展示页面在图片的数量以及图片的尺寸大小、颜色、透明度、主题、品牌产品名称等其他视觉元素方面相同，以减少任何混淆的影响。按照电商企业对握力器产品通用的展示方法，在产品展示页面中直接展示一个或一组握力器。直白图文展示组和隐喻图文展示组唯一的区别在于本书有意识操控的细微差别。其中，直白图文展示页面直接展示两个握力器产品。而隐喻图文展示页面两幅图中，一幅图设计为握力器被摆放在柔软的毛毯上，且握力器的泡沫握柄上有白色轻柔羽毛的串绕。这里使用柔软的毛毯、白色轻柔的羽毛来隐喻握力器泡棉手柄的柔软舒适，握感好，不硌手。另一幅图则卡通式大象正在使用握力器，即使用大象来隐喻握力器的加粗高碳钢弹簧拥有强劲的承重能力，厚实耐用。隐喻展示页面中将握力器和毛毯、羽毛和大象进行并置，在视觉场景维度上分别操控为真实性共生和虚拟性共生，从而直观形象地给消费者传递握力器产品的泡棉手柄柔软舒适和弹簧承重能力强这两种触觉产品属性，而这种触觉产品属性也正是消费者购买决策中最为重视的显著性和诊断性产品属性。

文本隐喻方面，同样参考借鉴哈特曼和帕拉迪斯（Hartman & Paradis, 2018）所提供的比较识解隐喻方法，为手柄柔软性和弹簧承重性这两种属性分别设计了如下比较识解隐喻语句：

请回想一下双手用力拧干湿毛巾后的那种握感，柔软舒适却不打滑，而手握本品双层加厚泡棉手柄的感觉正是如此。

本品所采用的高碳钢弹簧，厚实耐用，就像您小时候跳过的蹦床，纵使被无限次数压扯，也总能完好如初。

本书所设计的比较识解文本说明中，握力器的比较识解语言描绘了始源域和目标域之间的触觉对应关系，同时也同模态地表征了触觉感官与体验。配置联系对应通过因果关系链与因果联系在一起：原因→情感/感觉→行动。另外，本例中所设计的比较识解文本能够有效地唤起消费者实现具身模拟，即双手用力拧干湿毛巾，在蹦床跳跃。同时，这个文本同样能够产生强烈的身体体验的意义，这个场景通过引发消费者的具身模拟而高度地唤起了消费者的触摸感觉。

综合上述的图像喻隐和文本隐喻设计，本章模拟电商平台产品详情页面的形式，将隐喻图像和文字进行组合形成产品的隐喻展示页面。另外，同样参考借鉴佩克和奇德尔斯（Peck & Childers，2003）的方法，在电商平台中收集了多家网店的握力器的真实产品详情介绍，将说明握力器产品非触觉相关信息进行整合，如原材料、制作工艺、质量标准和产品特点等产品信息，最终形成直白产品详情介绍页面。据此，本章分别设计了握力器直白展示页面和产品隐喻展示页面，如图 7 – 1 和图 7 – 2 所示。

隐喻展示页面（1）　　隐喻展示页面（2）

图 7 – 1　握力器隐喻展示页面

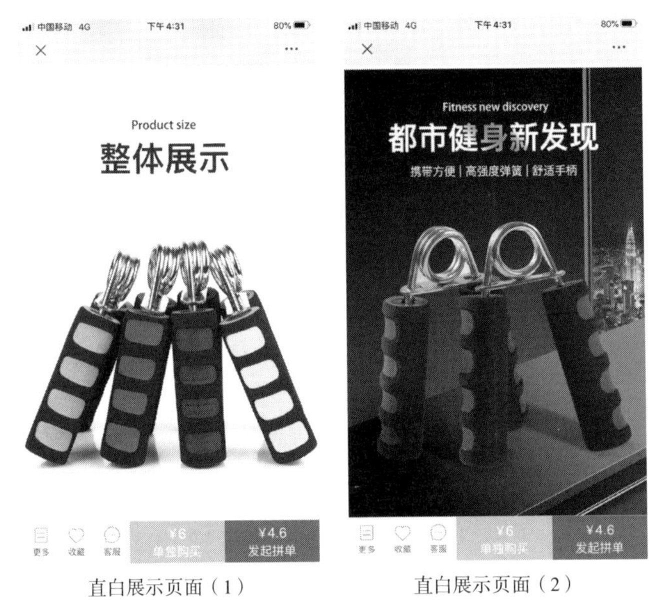

直白展示页面（1）　　直白展示页面（2）

图 7－2　握力器直白展示页面

7.1.3　预实验过程

江西某大学经济管理院 75 名研究生和本科生参加了本次预实验。首先，所有被试要求完成产品类型判断任务，即要求对握力器产品的触觉属性重要性和视觉属性重要性进行判断，从而判断握力器是否属于触觉高显著性产品。其次，为提高实验的效度，采用单因素组间设计方式，被试随机被分成两个实验小组，各小组人数分别是 38 人和 37 人。各个实验小组要求分别浏览图 7－1 和图 7－2 的产品详情介绍页面。所有被试在浏览完产品展示页面后，要求回答并报告其所浏览的产品展示是“直白的、反映事实的”还是“比喻的、抽象的”，采用“一点也不重要（1）”到“极其重要（7）”的李克特 7 点量表测量对产品展示页面的判断结果。

7.1.4　预实验结果

7.1.4.1　实验产品和刺激材料操控结果

产品类型方面，预实验统计结果显示，握力器（触觉信息重要性 TI = 4.22，视觉信息重要性 VI = 3.45，$t = 5.442$，$p < 0.001$）属于触觉诊断性产品。因此，将握力器确定为触觉高显著性产品和研究产品。

7.1.4.2 实验刺激材料操控结果

实验刺激材料操控方面，独立样本 t 检验的结果显示，被试对握力器的隐喻图文展示页面的隐喻表达感知（N = 38，M = 4.54，SD = 1.380）高于对直白图文展示页面的隐喻表达感知（N = 37，M = 3.01，SD = 1.361），t = 6.864，p < 0.001。所以，预实验中对握力器产品展示页面的隐喻表现的操控是成功的。

7.2 正式实验

本章真实网络购买实验的目的是检验前述三个研究的理论结论，重点是考察在线产品隐喻方式是否能导致消费者产生更为积极的学习效应，这非常适合采用真实网络购物田野实验研究。这是因为，首先，本书的自变量是相对外显、容易操纵的营销刺激的研究情境，即电商企业的在线产品展示方式是典型的外显的营销刺激相关的自变量；其次，本书将消费行为指标（购买行为）作为因变量，而非认知、态度等难以直接观测的变量；最后，本书探究的主题是消费者的网络购买行为，属于消费情境中且容易探究的研究主题（柳武妹等，2020）。因为田野实验中无法有效地对消费者的态度进行观测，因此本章主要考虑在线产品隐喻展示页面是否能够产生更多的实际销售数量。同样，在本次真实在线购买田野实验中，本书尽可能地为所有受试者提供共同的基准，从而可以进一步推测所有消费者的实验体验的环境和背景是相同的，因此不同条件下的差异仅是由不同的实验刺激引起的（Jiang & Benbasat，2007）。本书预期，在一定的销售时期内，网店实际销售数量的增加主要是因为产品展示页面的差异所导致，即产品隐喻的图文展示的确提升了网店实际的销售数量，当然不能排除还有其他的因素影响最终的销售数量。

7.2.1 实验过程

本书的真实在线购买田野实验设计中，包括以下几个过程。首先是前期和非学术研究合作方进行合作意向的沟通，并初步确定合作的方式。其次，操控真实购物田野实验的自变量，即设计并操控真实购买田野实验的实验刺激物，即依据前述理论研究的方法对自变量在线产品展示方式进行设计与操控。再其次，尽可能地控制好真实田野实验中的相关影响变量，以尽可能提高实验的效度。最后，观测真实购物田野实验的因变量，即对真实购买实验所取得的相关真实的销售数据等进行分析，并对实验结果进行讨论。

7.2.1.1 与非学术研究合作方沟通过程

花费一个月左右的时间找到非学术合作方，经过相关第三方引荐协调，选择确定电商企业某运动专营店作为本研究的非学术研究合作方。该运动专营店是一家在某电商平台运营了5年以上的在线零售商，主要经营产品包括电动平衡车、电动按摩器和握力器等健身器材。该电商平台是在线零售行业中主要平台电商企业。

在与非学术方合作开展的田野实验中，实现研究者的研究目标和非学术合作方的实践目标是关键。为实现本书的研究目标，经过与合作电商公司多次沟通，进一步明确了合作公司提供协助的工作内容并确保提供最终销售订单等结果数据。其中，合作电商公司可以提供如下协助工作，如公司的设计师按照本研究意图和理论预期，设计了符合在线实际展示要求的产品图文展示页面；公司运营经理在规定时间内上架了握力器产品，预算一定的推广费用，采取惯例方法和策略推广握力器，并且每天提供一次后台的相关销售订单等相关数据。另外，研究方在实验设计时，必须充分洞察并考虑非学术合作方需求（柳武妹等，2020）。比如，瓦德瓦（Wadhwa et al.，2019）选择将防晒喷雾广告作为实验材料也是因为防晒喷雾是合作零售商有兴趣紧急销售的产品。因此，在本次合作研究过程中，双方确定采用握力器作为本次田野研究的产品，这是因为电商企业有大量产品的库存积压，亟须清仓处理。研究方承诺基于这一次学术研究实验，合作在线零售商网店的销售数量会有相应的提升。另外，为进一步提高真实田野实验的效度，双方沟通过程中，研究方并未说明电商企业研究意图和具体内容，只是陈述这是一次学术研究实验。

7.2.1.2 田野实验自变量的处理和实验刺激物设计操控

消费者行为领域的田野实验中一般包含了不同类型自变量，如个体特征类自变量、产品刺激类自变量和环境情境类自变量。其中，对于产品刺激类自变量的操纵方法整体上一般分为三类：自然展示、实际记录和语言文字操纵。其中语言文字操纵用得最多，即通过非常凸显的语言文字启动产品相关信息，通过使用促销海报、店铺广告、手机信息等上面的语言文字来操纵感兴趣的自变量（柳武妹等，2020）。例如，星巴克利用两类广告以检验动机不匹配策略对产品共同创新的影响（Wang et al.，2019）。依据上述田野实验中自变量操纵的方法，考虑到本书自变量是在线产品展示方式，因此为同一个产品设计了两则产品展示页面，包括直白图文展示页面和隐喻图文展示页面。每一则产品展示页面中包括页面顶部循环展示的主要图文和网页主体详细展示的详情图文。特别是，有意识地在两则产品详情展示页面中使用同样数量和同样内容的图文，唯一的差异将直白展示页面中的两张图片替换为两张隐喻展示图片，从而设计为隐喻展示页面。

7.2.1.3 因变量确定和观测方法

网络营销和在线消费等领域中的田野实验设计中，消费者点击访问网站频率和数量、网上零售商销量、销售额和购买金额等行为结果通常作为自变量考虑（柳武妹等，2020）。因此，本书将商品访客数、商品浏览量和商品支付件数确定为真实田野实验的因变量。本书预期，这三个因变量数据能够真实全面地反映出两个商品链接的实际销售效果。

7.2.1.4 相关影响变量控制

进行田野实验设计和实验数据分析时，需要对自然环境中的噪声和干扰变量进行有效的控制（柳武妹等，2020）。因此本田野实验中尽可能地控制好一些干扰变量和噪声。

第一，确定某电商平台上的某运动产品专营店作为实施真实在线购买田野实验的电商企业。第二，真实在线购买田野实验持续时间为 2020 年 7 月 1 日到 7 月 12 日。选择这一时间段的原因如下，这一期间没有重大的促销活动与促销节日，同时包含了完整的一周和两个周末，因此可以全面观察每天实际销量的变化情况。第三，完全控制产品价格一致。实验设计中，确保两个产品展示页面中的实际销售价格是一样的。具体而言，握力器 5KG – 儿童试用款 4.6 元，握力器 50KG – 成人强劲款 12.9 元，握力器 50KG – 成人强劲款/2 只装 19.9 元等。第四，网店提供完全一样的服务保障，如所有的商品包邮、7 天无理由退换、48 小时发货等。第五，两则商品销售链接预算统一的推广费用。本书中，两个链接都使用了相同的推广经费，以达到相同的曝光率。

7.2.2 实验结果

为期 12 天的真实在线购买田野实验结束后，对网店后台相关数据进行分析整理。隐喻图文展示链接组的实际数据为，商品访客总数为 2073 人，商品浏览总量为 3241 次，最终支付件数为 61 件。直白图文展示链接组的实际数据为，商品访客总数为 1222 人，商品浏览总量为 1601 次，最终支付件数为 25 件。从各因变量指标的总数看，隐喻展示链接都好于直白展示链接，其中实验期 12 天内隐喻展示链接组的实际销量要比直白展示链接组高 144%，如图 7 – 3 和图 7 – 4 所示。

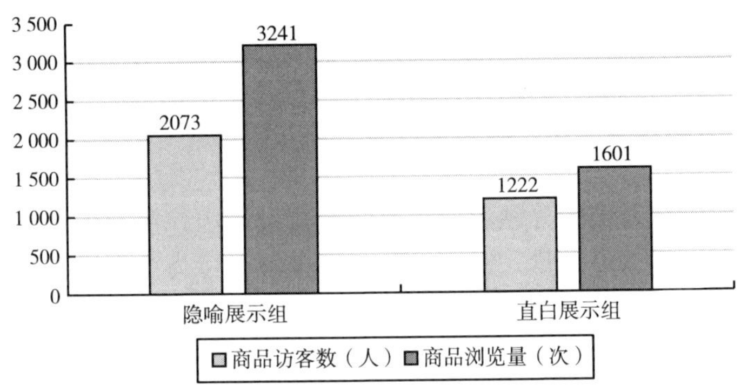

图 7－3　真实在线购买田野实验商品链接访客统计

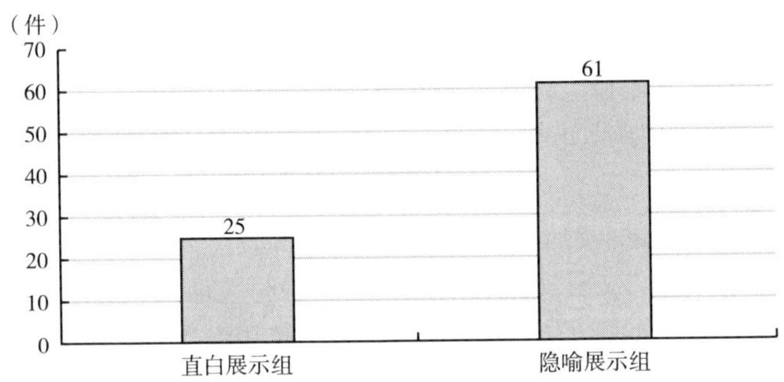

图 7－4　真实在线购买田野实验商品实际销售数量

具体至实验期间（2020 年 7 月 1 日至 7 月 12 日）每天的商品支付件数，数据显示，隐喻展示组除 7 月 5 日外，其他 11 天均高于直白展示组。其中，在 7 月 4 日和 7 月 11 日这两天，隐喻展示组的商品支付数达到销售峰值，分别为 21 件和 11 件，如图 7－5 所示。这是因为，这两天为星期六，这从侧面说明周末是消费者进行网络购物的高峰时间。

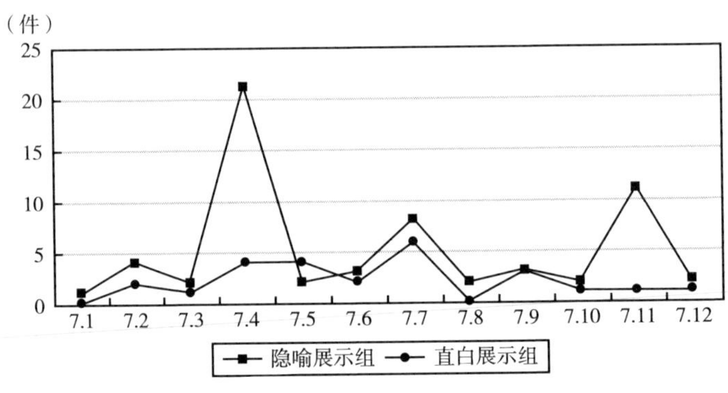

图 7－5　真实在线购买田野实验期间每天网店商品支付件数

但是，进一步的独立样本 t 检验结果表明，实验期间（N = 12 天）握力器的隐喻图文组合展示和直白图文展示的商品访客均值、商品浏览量均值和支付件数均值均不存在统计意义上显著。另外，因为平台系统要保护消费者个人信息和隐私，所有后台系统中查询不到各个订单所属的省份和地区。

7.3 本章小结

本章的真实在线购买田野实验数据结果表明，实验期 12 天内隐喻展示链接组的实际销量要比直白展示链接组高 144%，这进一步验证了本书理论模型的主效应，即在线产品隐喻展示方式的确可以产生积极的消费者购买意愿和购买行为，提升了网店真实销售订单数量，从而进一步表明电商实施在线感官策略（如实施触觉补偿策略）的可行性和巨大潜力。真实网络购买田野实验数据结果显示，电商在线产品隐喻展示方式首先能够有效提升消费者对所展示产品的注意力，提升展示页面的点击率；而且相对于产品直白式展示方式，隐喻展示方式更能促进消费者的支付购买行为。

根据柳武妹等（2020）的田野实验定义，即“一种在真实田野环境下开展的探究自变量和因变量之间因果关系的实验类型。在该类实验中，自变量是在真实田野环境下发生的、被试没有意识到的各类刺激，因变量涉及实际行为；同时，由于研究人员对实验过程无法干预，对被试无法随机分配，该类实验设计的控制本身不严密，但外部效度高”①，本章的真实在线购买田野实验不仅符合严格意义上的田野实验的相关要求，属于真实的田野实验，而且还是基于在线商务情境开展的真实在线购买田野实验。

本章的两组产品展示链接的商品访客均值、商品浏览量均值和支付件数均值均不存在统计意义上显著。究其原因，是因为田野实验设计的控制不太严密，仍然存在很多无法有效控制的其他干扰变量和噪声，如朋友的推荐、习惯性购买、促销活动等，而且因为实验时间有限，收集到的实验数据数量比较少。尽管本次田野实验的设计存在很多的不足与缺陷，但是最终的真实销售数据进一步验证了本书所构建的电商触觉补偿理论模型的理论稳健性和可靠性，这反映了本书理论模型的理论自身强健性。本章是在开展完四项实验室实验后，才开展的真实在线购买田野实验。前述四项实验室实验的理论为设计真实田野实验

① 柳武妹，黄河清，叶富荣．消费者行为研究中的田野实验：概念、操作介绍与开展建议［J］．外国经济与管理，2020，42（3）：35 - 56.

打下了良好的理论基础，从而真实在线购买田野实验得以成功完成并实现了预期的研究目标。

研究至此，第 4 ~6 章的实验室实验研究和第 7 章的真实网络购买田野实验分别在理论研究和实践检验两个角度验证了电商触觉补偿理论机制的成立，也进一步论证了该理论的稳健性和可靠性，从而为电商企业有效实施在线感官补偿策略，特别是在线触觉补偿策略提供了有益的理论基础和科学依据。这种在线触觉补偿策略属于在线非触觉性补偿策略，本书验证了在线感官营销策略的有效性。现今线上线下融合成为电商发展的主流趋势，因此还有必要进一步探索在线非触觉补偿策略和线下接触性补偿策略如何进行有机组合，以探索电商如何全面实施感官补偿策略。第 8 章的目的就是探讨如何做好线上和线下融合的感官补偿策略。

8 线上与线下触觉补偿整合策略效应研究

第4~7章从理论上和商务实践中验证了产品隐喻展示的积极效应，并探索中介机制以及调节机制，充分地表明了实施在线隐喻展示策略能够较好地实现在线感官补偿结果，从而促进消费者在线购买过程中产生更为积极的学习效应。当前线上线下融合的电商零售已成为主要零售业态的背景下，电商企业越来越重视在线非接触式触觉补偿策略与线下接触式补偿策略的整合，因此需要进一步探索心理意象处理的信息如何影响消费者的判断和购买，触觉补偿策略不能仅仅停留在线上渠道视角，如何有效实现线上非接触性触觉补偿策略和线下接触性触觉补偿策略的整合是当前全渠道背景下零售企业应该考虑的重要问题。

本书将线上产品展示策略（隐喻图文展示方式 vs. 直白图文展示方式）与线下产品展示策略（实体店视觉观察 vs. 实体店触觉体验）进行整合，形成四种线上和线下整合策略，即在线直白展示+线下视觉观察、在线隐喻展示+线下视觉观察、在线直白展示+线下触摸体验、在线隐喻展示+线下触摸体验，并重点探讨这四种线上线下整合策略在电子商务环境中触觉补偿效果方面的差异。本章的目的是研究电商线上补偿策略与线下补偿策略整合效应，重点研究线上非接触式触觉补偿中所诱发的触觉意象与线下实体店真实触摸两种感官重复累加所产生的感官提前曝光效应。本章设计了1个实验来验证这一理论预期，首先进行严谨的理论推理，提出相应的理论假设，然后基于实验数据对实验结果进行讨论。

8.1 研究假设与理论模型

8.1.1 研究假设

第一，消费者浏览在线隐喻展示能产生直接体验产品的效果。消费者可以通过直接体验和间接体验来了解产品。直接的经验仅仅来自消费者实际的产品接触，间接的经验可以从各种渠道获得，如口碑传播、宣传册子和广告等（Li et al.，2003）。其中，直接体验是消费者和产品之间的一种直接接触的相互作用，主要来源于产品的观察、试用或购买（Wright & Lynch，1995），直接体验是对产品多感官体验的经验与结果。消费者最信赖直接经验，并可以最大限度地获得生动和具体的产品信息，从而更好地促进对产品的记忆（Hoch & Ha，1986）。由于内部归因和动机，这种基于直接体验的产品学习形式更有可能影响消费者行为（Daugherty et al.，2008）。综合信息响应模型（an integrated information response model）总结了间接和直接经验影响消费者学习的过程，强调间接体验对消费者行为的影响很小，因为广告被视为有偏见的信息来源（Smith & Swinyard，1982）。而直接经验比广告（间接）更能有效地表现经验属性信息（Wright & Lynch，1995）。例如，相比间接经验，对消费者对直接体验的评价进行模拟，也能让消费者感知更丰富的产品知识、更有利的品牌态度和更高的购买意愿（Daugherty et al.，2008）。在线图文隐喻展示能够唤起消费者产生生动性触觉意象，而触觉意象是一种内源性感官，能够发挥真实触觉等效的作用。触觉意象更接近于真实触摸所感知的直接体验。因此，本书推测，消费者浏览在线隐喻图文展示可以实现与线下触摸体验同样的效果，即在线产品隐喻展示所诱发产生的触觉意象类似于真实的触觉体验。

第二，“在线隐喻展示 + 线下触摸体验”的整合策略能产生触觉提前曝光效应。曝光效应（the exposure effect or the mere exposure effect）是一种心理现象，指的是人们通常喜欢熟悉感更强的事物或物体。如果消费者多次接触同一态度对象，只要他们先前的接触产生了积极的态度，那么仅仅接触刺激就会增强他们对该对象的态度（Zajonc，2001）。多看效应、单纯暴露效应或纯粹接触效应是类似的概念。消费者倾向于规避风险，表现出对熟悉事物的偏好，而不是对未知事物的偏好（Bornstein，1989）。因此，消费者更喜欢熟悉的东西，强调熟悉能增加他们的舒适感、喜爱感和信任感（Zajonc，2001）。视觉领域的提前曝光效应显示，感官刺激提前暴露（甚至是潜意识时），能够显著提升人们后续对这些刺激的偏好（Zajonc，2001；Bornstein & d'Agostino，1992；Monahan et al.，2000）。触觉领域同样也存在提前曝光效应，即先前接触的刺激（即使在潜意识中）可以增加人们随后对这些刺激的偏好（Suzuki & Gyoba，2008）。例如，人们经常将特定品牌和触感属性进行外在联系，从而造就了所谓的触感品牌（Ballesteros & Reales，2004）。因此，本书可以推测，在上述四种整合策略中，相较于其他三种整合策略，依据触觉领域的提前曝光效应，“在线隐喻展示 + 线下触摸体验”整合策略能够实现触摸刺激连续暴露，因而这种整合策略可以让消费者更好地感知并处理更多的触觉信息与体验，因而对其认知、情感和意愿结果都会产生更为积极的影响。多尔蒂等（Daugherty et al.，2008）研究结果也发现，相较于间接体验和直接体验的连续暴露，虚拟体验和直接体验的连续暴露可以增加消费者学习。这是因为从消费者学习的角度来看，3D 产品可视化的虚拟体验更接近于直接体验，而非间接体验，因此涉及虚拟体验和直接体验的连续暴露可以让个体处理更多的信息（Daugherty et al.，2008），而且个体的认知、情感和意愿结果都受到直接和间接经验重复暴露的影响（Batra & Ray，1986；Fazio et al.，1982；Daugherty et al.，2008）。因此，本书推测，四种线上和线下触觉补偿整合策略中，“在线隐喻展示 + 线下触摸体验”整合策略触觉补偿效果最佳。

第三，包含在线隐喻展示或线下触摸体验两种策略的任一种组合所产生的触觉补偿效果都好于“在线直白展示 + 线下视觉观察”整合策略。这是因为，“在线直白展示 + 线下视觉观察”整合策略中，线上产品直白展示类似于广告，提供给消费者更多的是间接体验，而间接体验对消费者行为的影响很小，因为广告被视为有偏见的信息来源（Smith & Swinyard，1982）；加上消费者在线下实体店也只能间隔一定距离通过视觉观察的形式对产品进行评判。因而，这种整合策略均未能有效地补偿消费者在判断评估产品过程中所必需的触觉信息。本书推测，“在线隐喻展示 + 线下视觉观察”整合策略和“在线直白展示 + 线下触摸体验”整合策略所产生的积极的消费者学习效果都要好于“在线直白展示 + 线下视觉观察”整合策略。

第四，“在线隐喻展示 + 线下视觉观察”整合策略要优于“在线直白展示 + 线下触摸体验”整合策略。双重编码理论（Paivio，1991）认为感觉运动系统包括视觉、听觉、触觉、味觉和嗅觉通道，符号系统则与感知信息的处理方式有关，涉及语言和非语言意象系统。该理论假设符号系统和特定的感觉运动系统之间存在一种正交关系。例如，一些通过视觉渠道收集的信息（例如视觉词汇）在语言系统中表示，而其他信息（例如视觉对象）在非语言意象系统中表示；并且符号系统中的语言和非语言意象系统的功能是独立的，可以对人类的记忆和理解产生叠加影响（Paivio，1991）。据此，消费者通过线上和线下渠道搜索产品的相关信息时，对在线产品展示的视觉刺激感知与头脑中的相关感官意象共同作用，从而影响消费者的评估判断。意象和知觉还可以相互促进或抑制，如触觉意象对感知的促进作用，在产生触觉意象之后，触觉刺激比听觉刺激反应更快（Helen et al.，2012）。触觉和视觉信息的多感官交互作用显著提高了消费者对以单一触觉感觉形态为主的产品的态度。因此，多感官评价比仅视觉或触觉评价更能产生购买意愿（Balaji et al.，2011）。

另外，视觉和触觉系统之间存在很大的表征相似性，有关物体的结构或表面特征的信息可以在这些系统之间传递，有关物体的信息可以从视觉系统传递到触觉系统，这意味着三维物体的视觉（或触觉）识别可以在触觉（视觉）预接触后产生促进效果（Easton et al.，1997）。视觉和触觉还存在跨感官提前曝光效应，情感系统将来自视觉和触觉模态的输入非对称地整合在一起，即预览对象会增加人们后来评估产品时对这些对象的偏好。相反，预先接触这些对象并不会影响随后的纯视觉偏好判断（Suzuki & Gyoba，2008）。在线产品隐喻展示能诱发消费者触觉意象，这类似于消费者真实触摸产品的直接感官体验。这对于触觉属性为显著属性的产品而言，这种触觉意象能够有效地促进线下实体店的直接视觉查看的直接视觉刺激，能够实现多感官评价。由此，可以推断“在线隐喻展示+线下视觉观察”也能导致较好的消费者学习效果。

第五，消费者即时来源遗忘现象导致“线下触觉体验+在线直白展示”整合策略积极效应欠佳。相反，“线下触觉体验+在线直白展示”整合策略更多是依赖于线下触觉体验后所收集到的触觉属性信息对在线购买产品进行判断。消费者线下实体店触摸产品体验之后，产品相关的触觉属性信息和体验会以情景记忆的形式存储于消费者的工作记忆之中。这些情景记忆涉及个人生活中的特定事件，其所接收和保持的信息总是与某个特定的时间和地点有关（Barsalou，2008）。情景记忆中，具体细节比一般抽象概念消失得更快，从而使遥远过去的记忆比最近过去的记忆更抽象（Wyer & Srull，1986）。虽然人们近期思维产生的意象容易留在脑海中，但是人们遗忘了该意象的源头，却把近来想象的事情当作是他们实际已经历过的记忆（Garry et al.，1996）。因此，当消费者直接体验产品之后再看到商家呈现的广告，这些后体验广告中的语言和图像会影响并混淆消费者自身的体验记忆，并且可以融入品牌模式中并影响未来的产品决策（Braun，2009）。这种后体验广告反映了消费者自身感官体验的即时来源遗忘现象，即最近的广告信息通过重建记忆过程，会遮掩消费者直接经验所获得的信息，因此消费者对过去产品体验所形成感官经验的回忆会受到歪曲，也会被营销传播（在线产品展示）所引导（Braun，2009）。因此，假设消费者在线下实体店先触摸体验了产品，再看到在线产品直白展示，那么其实际产品触摸体验很容易受到在线产品展示（类似于后体验广告）的影响。因为在线产品直白展示并不能有效传递与产品的触觉属性相关的信息，消费者对在线购买更容易产生产品风险感知。即使消费者之前有实际的产品触摸的体验，但是在线产品直白展示所导致的风险感知可能会遮盖这些实际感官体验。由此，本书推断“线下触觉体验 + 在线直白展示”整合策略产生的效果要大打折扣。更进一步，在线产品隐喻展示所诱发产生的触觉意象能产生和线下实体店真实触摸体验类似的效果。实体店视觉观察是视觉领域的直接感官体验，而在线产品直白展示提供给消费者的是类似于广告的间接经验。从这个理论角度考虑，消费者即使仅仅在实体店观察到产品，产生的效果也要好于浏览在线产品直白展示。由此，本书推断，较“线下触觉体验 + 在线直白展示”整合策略，“在线隐喻展示 + 线下视觉观察”整合策略可能产生更积极的消费者学习效果。

综上所述，本书假设：

理论假设 H9：触觉高显著性产品情境下，线上和线下触觉补偿整合策略对消费者学习效应，即感知产品展示诊断性、产品态度和购买意愿，产生的积极影响中，“在线隐喻展示 + 线下触摸体验”整合策略最优，“在线隐喻展示 + 线下视觉观察”整合策略次之，“在线直白展示 + 线下触摸体验”整合策略再次之，而“在线直白展示 + 线下视觉观察”整合策略最次。

8.1.2　理论模型

依据前述研究理论预期，经过严密的理论推演得到上述理论假设，最终构建了本章理论模型（见图 8 - 1）。聚焦于在线零售领域，本章理论模型中，自变量为在线非接触式触觉补偿方式（在线产品直白展示页面 vs. 在线产品隐喻图文展示页面）和线下接触性触觉补偿方式（产品触摸体验 vs. 产品视觉观察），结果变量为学习效应，即感知产品展示诊断性、产品态度和购买意愿。

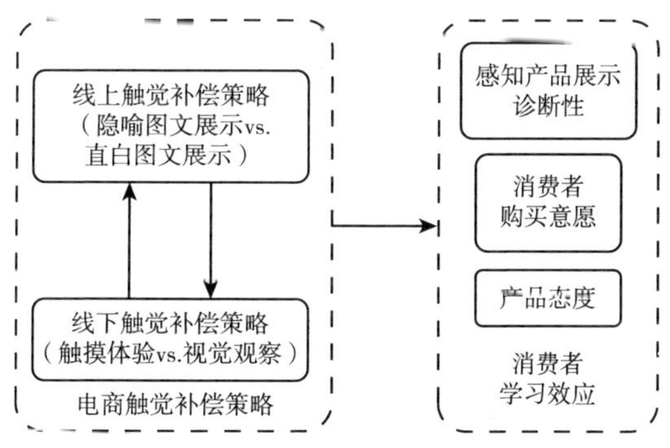

图 8 - 1　第 8 章理论模型

8.2 预实验

8.2.1 预实验目的

预实验的目的是对研究产品类型和实验刺激材料进行检验操控。首先确定产品类型；其次，对触觉高显著性产品（床上四件套产品）的实验刺激材料的隐喻表达程度进行操控。

8.2.2 预实验过程

8.2.2.1 实验产品和实验刺激材料操控

首先，按照前述的理论研究预期，继续选择第4章所使用触觉高显著性产品（床上四件套产品）。其次，对实验刺激材料适合程度进行检验。本章研究线上和线下触觉补偿整合策略效应，因此继续选用第4章中四件套产品所使用的两则产品详情展示页面作为实验刺激材料，即“直白图片＋直白文本”的产品详情展示页面和“隐喻图片＋隐喻文本”的产品隐喻展示页面，如图8－2所示。

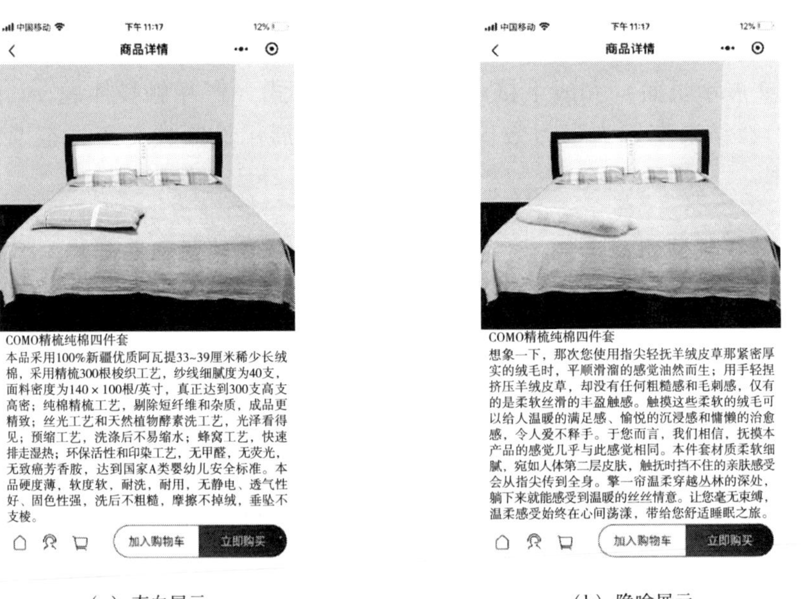

（a）直白展示　　（b）隐喻展示

图8－2　四件套产品展示页面

8.2.2.2　预实验操控结果

独立样本 t 检验的结果显示，被试（N = 84）对四件套产品隐喻图文展示页面的隐喻表达感知（N = 42，M = 4.81，SD = 0.943）高于对产品直白图文展示页面的隐喻表达感知（N = 42，M = 3.02，SD = 1.388），t = 6.896，$p < 0.001$。所以，预实验中对产品展示页面的隐喻表达的操控是成功的。

8.3　正式实验

触觉补偿策略不能仅仅停留在在线零售视角，如何有效实现线上非接触性触觉补偿策略和线下接触性触觉补偿策略的整合，是当前全渠道背景下零售企业应该考虑的重要问题。本章将在线产品展示策略（在线隐喻图文展示方式 vs. 在线直白图文展示方式）与线下产品展示策略（线下视觉观察 vs. 线下触觉体验）进行整合，形成四种线上和线下整合策略，即在线直白展示 + 线下视觉观察、在线隐喻展示 + 线下视觉观察、在线直白展示 + 线下触摸体验、在线隐喻展示 + 线下触摸体验，探讨这四种整合策略在电子商务环境中触觉补偿效果方面的差异。其中，重点调查在线隐喻展示所诱发的触觉意象和线下真实触觉体验或视觉观察的整合，探索线上非接触性触觉补偿和线下接触性触觉补偿整合策略的整合效应，从而进一步拓展触觉补偿策略。

8.3.1　实验过程

8.3.1.1　产品类型操控

基于线上和线下融合的全渠道相关研究中，展示厅效应尤为受到关注。展示厅效应研究中，一般选择在过去 6 个月内在线购买了这些产品类别中的至少一个（服装、床上用品、鞋、运动器材、家具、玩具/游戏、厨房用品/家电、电脑、电视、音响产品和照相机）的被试参加实验（van Baal et al.，2005；Quint et al.，2013；Gensler et al.，2017）。本章主要是研究线上和线下触觉补偿策略的整合，考虑到展示厅现象是电商发展最典型的一种现象和趋势，因此，本章继续选用第 4 章中所采用的床上四件套产品作为研究产品。

8.3.1.2　实验流程

本章研究是在实验室环境下进行的，实验参与者随机分配到“在线直白展示+线下视觉观察”“在线隐喻展示+线下视觉观察”“在线直白展示+线下触摸体验”“在线隐喻展示+线下触摸体验”中的一种实验情境。实验参与者被告知，研究的目的是记录他们对产品的评价，要求认真浏览手机端产品详情展示页面，并认真体验（视觉观察或用手触摸）真实产品，以确定他们对产品的想法和感觉。然后，所有被试完成3分钟的无相关任务，其目的是给被试一定时间让他们把所浏览产品详情展示页面的知识和通过感官体验产品后的经验储存在大脑中。此外，参考多尔蒂（Daugherty，2008）的研究，为了尽量减少对一种体验的过度接触，同时提供足够的持续时间，不妨碍与直接体验和隐喻展示相关的固有优势，实验时间被限制在5分钟之内。最后，在实验结束后，参与者被告知他们将被要求完成一项问卷调查，以记录他们的评价和想法。

具体而言，“在线直白展示+线下视觉观察”组情境中，被试被告知他们需要进行一次在线购买，要求打开产品展示页面的链接并浏览在线产品直白展示页面，同时在实验室间隔一定的距离从不同角度观察产品（但是不允许触摸），随后要求对在线零售产品的相关感受进行报告，再完成一个3分钟的分心任务，最后要求填写相关研究变量的问卷。被试在线提交了问卷后即完成了实验任务。“在线隐喻展示+线下视觉观察”组情境中，其实验流程与第一组一样，唯一区别就是被试浏览的是在线产品隐喻展示页面。

另外，“在线直白展示+线下触摸体验”组情境中，被试浏览的是在线产品直白展示页面，同时被试可以亲自用手实际触摸观察产品。同样，“在线隐喻展示+线下触摸体验”组中，被试浏览的是在线产品隐喻展示页面，被试也可以亲自用手实际触摸观察产品。

本书为避免被试因为实验调查时间长而导致疲劳从而降低实验的可靠性，因此设计被试花费3~5分钟即可完成实验。参考根斯勒等（Gensler et al.，2017）的研究，调查问卷中设计了注意力观察测项，以确保被调查者正在集中注意力。

8.3.2 实验结果

江西某大学共181名大学生参与本实验，其中女性为57.3%，平均年龄为21.5岁。随机将所有被试分为四组，其中“在线隐喻展示+线下视觉观察”小组47人，“在线直白展示+线下视觉观察”小组41人，“在线隐喻展示+线下触摸体验”小组52人，“在线直白展示+线下触摸体验”小组41人。

8.3.2.1 实验操控检验

独立样本t检验的结果显示，被试对四件套产品隐喻图文展示页面的隐喻表达感知（$M = 5.00$，$SD = 1.445$）高于对直白图文展示页面的隐喻表达感知（$M = 2.88$，$SD = 1.382$），$t = 7.013$，$p < 0.001$。所以，本实验对产品展示页面的隐喻表达的操控是成功的。

8.3.2.2 理论假设检验

采用多元方差分析来验证假设 H9。MONAVA 分析结果显示，产品展示方式这一自变量对消费者学习效应因变量主效应显著，其中产品展示方式对消费者感知产品展示诊断性影响主效应显著（$F = 30.325$，$p < 0.001$），产品展示方式对消费者产品态度影响的主效应显著（$F = 30.349$，$p < 0.001$），产品展示方式对消费者购买意愿影响的主效应显著（$F = 36.138$，$p < 0.001$）。分析结果显示，不同的线上线下整合策略产生了不同的消费者学习效果。

"在线隐喻展示 + 线下触摸体验"情境，被试产生更高水平的积极学习效果：感知产品展示诊断性的 $M = 5.072$，$SD = 0.814$，$p < 0.001$；产品态度的 $M = 5.011$，$SD = 0.869$，$p < 0.001$；购买意愿的 $M = 5.187$，$SD = 1.090$，$p < 0.001$。

"在线隐喻展示 + 线下视觉观察"情境，被试产生中等水平的积极学习效果：感知产品展示诊断性的 $M = 4.329$，$SD = 0.691$，$p < 0.001$；产品态度的 $M = 4.280$，$SD = 0.666$，$p < 0.001$；购买意愿的 $M = 4.016$，$SD = 0.913$，$p < 0.001$。

"在线直白展示 + 线下触摸体验"情境，被试产生较低水平的积极学习效果：感知产品展示诊断性的 $M = 4.043$，$SD = 0.918$，$p < 0.001$；产品态度的 $M = 3.770$，$SD = 0.887$，$p < 0.001$；购买意愿的 $M = 3.689$，$SD = 0.821$，$p < 0.001$。

"在线直白展示 + 线下视觉观察"情境，被试产生最低水平的积极学习效果：感知产品展示诊断性的 $M = 3.335$，$SD = 1.113$，$p < 0.001$；产品态度的 $M = 3.298$，$SD = 1.179$，$p < 0.001$；购买意愿的 $M = 3.012$，$SD = 1.272$，$p < 0.001$。

综上所述，不同的线下线上整合策略产生了不同的消费者学习效果，如图 8-3 所示。其中，"在线隐喻展示 + 线下触摸体验"整合策略效果最佳，"在线隐喻展示 + 线下视觉观察"整合策略次之，"在线直白展示 + 线下触摸体验"整合策略再次之，"在线直白展示 + 线下视觉观察"整合策略最次。因此，假设 H9 得以验证。

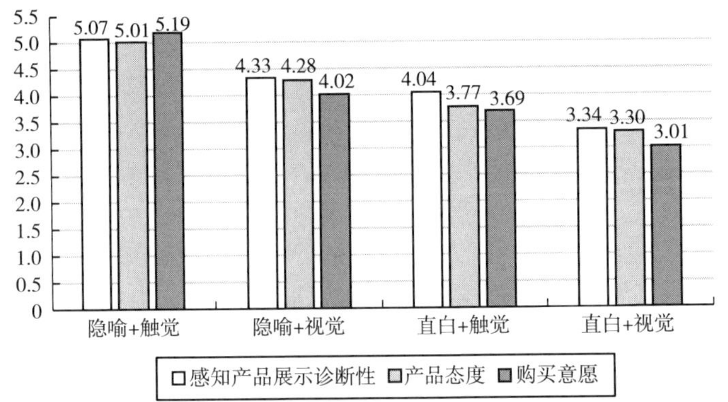

图 8-3　不同线上与线下触觉补偿整合策略产生的消费者学习效应

注：纵轴代表消费者对感知产品展示诊断性、产品态度和购买意愿的态度得分。

8.4　本章小结

第 4~7 章探索了在线产品隐喻展示方式产生积极消费者学习效应的主效应、中介机制和调节机制，并进一步验证了电商触觉补偿的机制，表明了实施在线感官策略的可行性和巨大潜力。在此基础上，本章的研究目的是进一步探索电商如何将在线非接触性触觉补偿策略与线下接触性触觉补偿策略进行有效整合，从而更好地实现消费者体验需求，进一步提升消费者的积极学习效应。本章设计了 1 个实验来验证假设 H9。实验数据结果显示，在线产品展示方式（隐喻展示和直白展示）与产品感官体验方式（视觉观察和触觉体验）两两组合形成的四种线上和线下触觉补偿整合策略中，触觉高显著性产品情境下，线上和线下触觉补偿整合策略对消费者学习效应，即感知产品展示诊断性、产品态度和购买意愿，产生的积极影响中，“在线隐喻展示 + 线下触摸体验”整合策略最优，“在线隐喻展示 + 线下视觉观察”整合策略次之，“在线直白展示 + 线下触摸体验”整合策略再次之，而“在线直白展示 + 线下视觉观察”整合策略最次。

本章研究认为：

首先，展示厅效应的确存在。消费者为了更好地获取产品知识或体验产品，有必要在线下实体店多感官体验或观察产品，因此电商有必要将线上和线下触觉补偿策略进行有效的整合。

其次，产品隐喻展示方式的确能够诱发消费者的“内源性触觉感官”，即生动性的触觉意象。因此，消费者“内源性触觉感官”和真实外触觉感官都能产生产品体验的直接经验，而且累加能够产生最佳的学习效应。同时，只要线上和线下触觉补偿整合策略包含线上产品隐喻展示策略，消费者在线下实体店不管是通过直接触觉体验还是仅通过视觉观察产品，都能产生较好的消费者学习效应。这充分证明了触觉在消费者产品购买决策中的重要作用。在电商情境中，即便消费者仅仅诱发的是一种类触觉体验，也能产生有效的触觉补偿结果。

最后，本实验结果也反映了触觉感官的提前曝光效应。消费者在线浏览产品隐喻展示诱发消费者产生触觉意象，这种类触觉体验或“内源性感官”能让消费者在线下体验产品时接受产品触觉信息的多次刺激，从而产生感官提前曝光的积极效应，这也反映了同模态的感官提前曝光顺序和跨模态感官曝光效应。但是，本章的理论假设是先线下体验再线上购买，即感官暴露的顺序是被试先线下实体店视觉观察或触摸体验产品后，然后再浏览在线产品展示页面，而未能充分考虑被试接触产品的先后顺序，这是本章实验设计的缺憾。

9　研究结论与展望

9.1　研究总结

9.1.1　研究过程

本书按照“问题提出—文献梳理—理论基础—假设推演—实验验证—对策建议”的研究思路，首先在文献综述中梳理了触觉与消费行为、电商的感官补偿及策略、在线产品展示、心理意象（特别是感官意象）的相关研究，并分析挖掘电商触觉补偿研究的不足和未来研究的空间；然后，总结提出了隐喻理论、具身认知理论和解释水平理论作为后续研究的理论基础，并基于前述文献梳理和理论基础，经过严密的理论推演提出了9个理论假设。接着，为验证上述理论假设，本书第4～8章进行了5项实证研究，设计了9个实验（其中包含1个真实田野实验）对理论假设进行逐一反复验证。最后，对每个实验数据结果进行讨论，概括提炼出5个实证研究得到的理论创新与管理启示。

9.1.2　研究结论

9.1.2.1　电商情境下不同产品展示方式会影响消费者学习效应

良好的产品展示的确会积极影响消费者的学习效应。相较于产品直白展示方式，产品隐喻展示方式一定程度上是一种营销效果更好的产品展示方式，尤其是对触觉高显著性产品而言。消费者在线购买过程中，由于不能直接触摸体验触觉属性高显著的产品，因而导致消极的行为意向。本书发现，产品展示方式存在隐喻效应。因为隐喻比较表达图文更能诱发消费者的触摸产品等心理模拟过程，隐喻所固有的抽象信息传递积极效应会促进消费者产生更为积极的学习效应，所以电商如果采用隐喻比较的手法来展示产品和描述产品的触觉属性，消费者在浏览产品详情隐喻展示页面后会产生更为积极的感知产品诊断性，形成更好的产品态度并产生更积极的购买意愿。首先，这说明了产品详情隐喻展示作为良好的产品展示方式能更有效地传递产品信息，特别是产品的触觉属性和信息（Rodrigues，2016），这进一步佐证了产品信息内容是在线零售网站一个关键的成功因素，是影响在线消费者对产品的感知，进而影响在线购买决策、网站满意度和在线购买意愿等关键决定因素（Ranganathan & Ganapathy，2002；Jarvenp et al.，1997；Huizingh，2000；Kim & Stoel，2004；Jahng et al.，2007）；其次，隐喻产品展示方式影响并决定消费者能够更有效获取产品信息，对产品诱发一种积极的情绪并导致消费者积极的购买行为反应，这进一步佐证了周等（Chau et al.，2000）、洪等（Hong et al.，2001）、图雷和米利曼（Turley & Milliman，2000）、尤和金（Yoo & Kim，2014）等的相关研究结论。

9.1.2.2 在线产品隐喻展示是一种复杂的隐喻模式

本书证实了在线产品隐喻展示是电商情境下的一种有效的隐喻模式，是一种有效的在线感官营销策略。尽管电商情境下产品展示的媒介和方式与传统广告传播媒介存在差异性，但本书发现产品详情展示页面中使用隐喻表达方式同样能够产生和广告领域相似的积极效果。本书进一步探索发现了电商的产品展示领域的基础隐喻（常规隐喻）模式。

（1）产品展示的隐喻模式存在模态效应，隐喻不同表征模态（文本模态和视觉模态）机制影响消费者学习效应。首先，视觉模态方面，图画模态的隐喻展示的确能有效地促进消费者形成积极的学习效应，即消费者在线购买触觉高显著性产品时，相较使用传统的直白展示的产品图片，电商使用隐喻表达的产品详情介绍图片会导致消费者产生更积极的学习效应，即消费者感知隐喻产品展示会提供更多诊断性的产品知识，对产品形成更积极的态度，产生更高可能性的购买意愿。这一结论进一步佐证了加特内和史密斯（Gentner & Smith，2013）、巴雷罗斯等（Barreiros et al.，2018）、张红宇（2017）有关于隐喻广告优势效应的研究结论。本书进一步发现，图画模态的隐喻展示还存在视觉结构效应，即从视觉表达的两个维度（视觉对象的表征方式和视觉场景）进行探索，如果电商产品视觉隐喻产品展示设计为并置虚拟共生式视觉隐喻，产品展示中隐喻表达的概念张力越小，消费者对隐喻表达的始源域更熟悉或是更为直接的感官经验，那么这种隐喻表达会导致消费者产生更高的学习效应。电商在线销售触觉高显著性产品过程中，产品详情展示的隐喻表达的目的更多是传递产品的触觉属性等诊断性感官信息，而不是仅仅为吸引消费者注意力，因此概念张力较小的隐喻比较能带来更好的消费者学习效应（Gkiouzepas & Hogg，

2011；Mulken et al.，2014）。其次，文本模态方面，消费者在线购买触觉高显著性产品时，相较使用传统的产品直白文本展示，电商使用隐喻文字表达的产品展示会导致消费者产生更积极的学习效应。本书进一步发现，文本模态的隐喻展示还存在补偿方式（知觉补偿和认知补偿）效应。电商产品文本说明和描述中使用前置触觉相关的形容词等静态隐喻文本描述形式，能够通过知觉补偿的方式有效地在网络环境中促进消费者对触觉的感知。而采用感官经验比较识解的动态隐喻文本描述方式属于感官补偿中的认知补偿方式，能帮助消费者以更为生动和动态的描述方式来理解和感知隐喻语句所传递的触觉信息和体验。两种文本隐喻展示方式都能促进消费者产生积极的学习效应，同时本书发现采用感官经验比较识解的动态隐喻能产生更好的效果。这一结论从市场营销领域进一步佐证了哈特曼和帕拉迪斯（Hartman & Paradis，2018）关于比较识解的相关结论，另外从在线产品展示的角度进一步佐证了吴水龙（2017）关于隐喻广告因隐喻机制所产生的额外效果的研究结论。

（2）产品展示的隐喻模式中不同图文组合方式影响消费者学习效应。首先，根据认知心理学的双重编码理论，多模态组合的隐喻效果确实要好于单模态的隐喻效果，图文组合隐喻展示要优于仅单一的图片或文字隐喻展示。其次，各种不同图文隐喻组合方式中，包含了图像隐喻的图文组合方式效果好于包含了文字隐喻的图文组合方式，即“隐喻视觉+隐喻文本”和“隐喻视觉+直白文本”两种方式效果要好于“直白视觉+隐喻文本”和“直白视觉+直白文本”两种方式。本书进一步发现，四种图文组合产品详情页面中，电商使用“隐喻文本+隐喻视觉”的产品详情页面会导致消费者产生更积极的学习效应；另外，相比较“直白视觉+隐喻文本”页面，电商使用“隐喻视觉+直白文本”页面能带来更积极的消费者学习效应。这些结论从在线零售领域在线产品展示领域进一步佐证了昂（Ang，2002）、麦夸里和菲利普斯（McQuarrie & Phillip，2005）、伯格克维斯特等（Bergkvist et al.，2012）以及常和叶（Chang & Yen，2013）等研究中隐喻广告中的图画模态优势效应和多模态组合效应的相关结论。

9.1.2.3 电商触觉补偿机制可以总结为触觉意象作为一种“内源性触觉感官”帮助消费者补偿在线购买过程中所缺失的触觉感知与体验

首先，触觉意象的确真实存在。触觉意象的诱发前因是图片和文字组合，结合心象指示语（Lang，1979；Kosslyn et al.，2001；Fennis et al.，2012；Yoo & Kim，2014；苏晶蕾等，2015）。本书发现，在线产品图文展示能诱发消费者产生触觉意象，而隐喻图文展示更能诱发消费者的触觉意象。隐喻表达产品展示页面传递了产品的触觉属性与信息，因而能诱发消费者生成以触觉意象为主的多感官意象。这一结论进一步丰富了朗（Lang，1979）、科斯林（Kosslyn et al.，2001）、芬尼斯（Fennis et al.，2012）、尤和金（Yoo & Kim，2014）和苏晶蕾等（2015）等关于心理意象诱发机制的研究。本书进一步发现，基于触觉隐喻的在线产品详情展示除了诱发消费者的触觉意象，也同样诱发了消费者的视觉意象，甚至还可以诱发消费者的嗅觉意象。这一结论不仅说明了多感官意象的丰富性，也反映了触觉意象等其他感官意象的存在（彭聃龄和张必隐，2004；Elder et al.，2010）。

其次，触觉意象是一种"内源性触觉感官"，是一种类触摸体验和感觉，是个人真实触觉的内在补偿机制。与个体利用手部探索活动等方式所形成的真实触摸体验一样，触觉意象一方面能够帮助消费者收集产品信息，丰富产品知识，因此产品详情隐喻展示页面可以为消费者提供有价值的诊断性触觉信息，消费者由此感知到产品展示所带来的有用性，即提供了工具性触觉信息；另一方面，消费者所诱发产生的触觉意象能让消费者对产品产生一种积极的情绪和态度，提供了享乐性触觉体验，由此实现了对消费者在线购买过程中所缺失的真实产品触摸需求的补偿，最终促进积极的购买意愿。这一发现补充了佩克和舒（Peck & Shu，2009）认为后续未来的研究应该检验一下通过触摸输入能否给产品带来积极的感官反馈和信息的研究展望。本书进一步发现，按照隐喻广告理论的相关研究观点，消费者在浏览并理解广告主利用隐喻表达所实现的传播意图后，会形成解谜式的愉悦感和成就感，但是本书排除了这种中介解释机制。总之，本书认为触觉意象作为产品展示方式影响消费者学习效应的中介解释机制，这一结论进一步佐证了克拉茨基（Klatzky et al.，1993）、帕克（Park，2006）、奥维马斯和波尔（Overmars & Poel，2015）、刘晟楠等（2011）、赵宏霞等（2014）、朱国玮和吴雅丽（2015）等关于触觉意象相关研究结论。

最后，消费者在线购买触觉高显著性产品过程中是否会诱发产生生动性触觉意象受到诸多因素的影响。首先是触觉意象诱发前因的影响，本书同样发现网络环境中，图文隐喻展示加上明确的意象引导指令会让消费者产生较高水平的触觉意象（Lee & Gretzel，2012；Andrade et al.，2013）。其次，本书进一步发现，消费者心理意象过程的焦点人物角色会影响心理意象的诱发。本书发现当焦点人物处于自我情境中，即消费者是以自我身份进行心理意象处理，不仅能诱发触觉意象，并且能产生积极的学习效应；相反，当要求消费者是以他人（本书中让被试想象自己是大爷）进行在线购买时，其触觉意象的诱发明显受到抑制，消费者的学习效应因而受到相应的影响（Bone & Ellen，1992；Escalas，2004；郭昱琅，2015）。这一结论进一步佐证并强化触觉意象作为产品展示方式影响消费者学习效应的中介机制。

总之，消费者触觉意象唤醒能促进消费者虚拟触觉感知，由此多感官产品的电商天然存在的感官缺失的障碍和困境可以得到缓解。本书从触觉意象的视角进一步佐证和补充了尤和金（Yoo & Kim，2014）、苏晶蕾等（2015）和黄静等（2015）等关于在线购买意愿的心理机制的研究结论。

9.1.2.4 个体结构需求和产品类型在产品展示方式对消费者学习效应影响中发挥调节作用

首先，产品展示方式对消费者学习效应影响中，其触觉意象的中介诱发机制受到消费者个体特征的影响，消费者结构需求会调节触觉意象的诱发效果。本书发现图文隐喻展示对触觉意象的诱发机制仅对结构需求水平较高的消费者起作用，相反，对于结构需求水平较低的消费者而言，不同的产品展示方式其实没有什么差异。这一发现进一步佐证了西蒙（Simon，1979）、纽伯格和纽森（Neuberg & Newsom，1993）、刘艳丽等（2016）和殷融等（2013）等有关研究结论。

其次，产品类型对产品隐喻展示所产生的积极效应的调节作用。已有研究将产品分为触觉诊断性产品、视觉诊断性产品和混合产品，在此基础上本书进一步将产品分为触觉高显著性产品和触觉低显著性产品。本书发现，产品类型与产品展示方式对消费者学习效应影响的确会存在交互效应。对触觉高显著性产品而言，相较于在线产品直白展示方式，在线产品隐喻展示更能对消费者感知产品展示诊断性、产品态度和购买意愿产生积极影响。相反，对于触觉低显著性产品而言，相较于在线产品隐喻展示，在线产品直白展示更能对消费者感知产品展示诊断性、产品态度和购买意愿产生积极影响。这一结论进一步佐证了昂和利姆（Ang & Lim，2006）、苏晶蕾等（2015）、黄静等（2015）、吴水龙等（2017）关于产品类型作为调节机制的研究结论。

9.1.2.5 在线非接触性补偿策略（在线产品隐喻展示策略）与线下接触性补偿策略的整合策略可以较好地促进消费者学习效应

线上和线下融合成为电商发展的主流趋势。本书进一步探索线上非接触性补偿策略与线上实体店接触性补偿策略的整合策略，即将产品展示方式（隐喻展示和直白展示）与产品感官体验方式（视觉观察和触觉体验）进行两两组合形成四种触觉补偿的线上和线下整合策略。本书发现，“在线隐喻展示＋线下触摸体验”整合策略所产生的消费者学习效应最佳，并且“在线隐喻展示＋线下视觉观察”整合策略要好于“在线直白展示＋线下触摸体验”整合策略所产生的消费学习效应。这一结论进一步验证并强化了在线产品隐喻展示所诱发的触觉意象的确能发挥外源性真实产品触摸体验效果的研究发现。另外，本书进一步佐证了根斯勒等（Gensler et al.，2017）和达哈纳等（Dahana et al.，2018）的研究结论，即：当前消费者领域普遍存在展示厅效应的诱致前因中，消费者对产品的触摸需求是一个重要的因素，因为这是决定消费者产品质量感知和风险感知等重要因素。

9.2 理论贡献与管理启示

9.2.1 理论贡献

9.2.1.1 跨领域纵深推进隐喻理论的研究

本书探索将隐喻理论引入市场营销研究领域和消费者行为领域，采用实证方法研究基础隐喻对消费者行为的影响机制。认知心理学认为，个体对抽象概念相关信息的判断、加工与认知还会受到身体感知觉体验的影响。以隐喻理论为基础探究感知觉体验对社会认知的作用已成为过去十几年社会心理学实证研究的重要研究方向。但是仍然存在很多问题，隐喻理论尚未做出很好的解答，一系列的理论与实证问题有待澄清（殷融等，2013）。已有研究以隐喻为基础对感知觉进行操作，可以很好地引导消费者的消费行为（Hong & Sun，2012）。综上所示，本书在以下几方面进行探索。

首先，研究深度上，本书纵深推进了隐喻理论中隐喻的模态效应、隐喻视觉对象的表征方式和视觉场景、文本隐喻的静态和动态描述方式、同模态以及跨模态隐喻等问题。已有隐喻理论研究中主要是将隐喻表现和无隐喻表现对比后评判隐喻的优势效果，但是，关于一种隐喻相对于另一种隐喻的优势的学术研究很少（Morgan & Reichert，1999）。本书不仅比较隐喻展示相对于直白展示的优势效应，还探索了隐喻展示中不同水平的隐喻程度所产生的差异化效果，如不同概念张力的视觉隐喻、静态和动态表达的文本隐喻、不同的隐喻图文组合对消费者学习效应影响。

其次，研究方法上，现在多模态隐喻研究还处于起步阶段，在研究方法上缺少大规模的实验和统计类实证研究（赵秀凤，2011）。本书基于基础隐喻理论、具身认知理论等相关理论，采用实验方法实证研究在线零售商的在线产品隐喻展示对消费者心理加工活动及学习效应的影响，较为深入地探析了电商情境下体验式产品的多感官属性，如触觉属性和信息等抽象复杂概念的描述表现的可能性和可行性，从而一定程度上填补了现有隐喻理论缺乏实证研究的遗憾。

最后，从理论应用领域看，现有市场营销领域的隐喻主要集中在广告领域的隐喻广告研究，鲜有研究聚焦于电子商务情境中在线产品展示领域。本书探索了隐喻在电商产品展示领域的应用，系统地探讨了文本、图画以及图文结合的多模态的隐喻展示方式。

9.2.1.2 拓展了感官意象理论在消费者行为研究领域的应用，探索了基于高级认知技能补偿方式的电商感官补偿策略

现有触觉研究五个分支中，线上产品不能触摸的弥补策略是重要分支之一（柳武妹，2014）。在该领域，尽管已有研究（Peck & Childers，2003b；McGabe & Nowlis，2003；Peck et al.，2013；赵宏霞等，2014；黄静等，2014；苏晶蕾等，2015；等等）认为，提供产品图片和文字描述、鼓励消费者进行拥有者身份臆想和触觉臆想等可以起到弥补作用，但是这些研究均只是简单宽泛地建议要提供尽可能多的触觉信息，研究结果变量中也仅是简单地考虑到消费者购买意愿，但是对如何为电商企业设计更具有可操作性的策略并未做深入的探讨，特别是已有研究均未从更深层次的理论基础洞悉实现弥补作用的内在心理机制及影响结果。佩克和巴格（Peck & Barger，2008）进一步指出，找到替代身体接触的方法具有重要的实践意义，如触觉意象可以替代接触，但是这一领域还需要进一步研究。另外，现有心理意象理论在消费者行为领域的研究主要集中在心理意象与信息处理、心理意象与广告有效性、心理意象与旅游等领域，而心理意象与网上产品展示作为新兴内容，较少人进行系统深入的研究（苏晶蕾等，2015）。特别是感官意象相关的研究更多是停留在概念的辨析阶段，缺乏大量可靠实证的研究；而具体至触觉意象，现有研究则仅仅是停留在触觉意象是否存在的争论阶段，鲜有相关实证研究出现（Park，2006；Helen et al.，2012；Peck et al.，2013）。

综合电商感官补偿理论和感官意象理论研究紧迫性和可行性，本书探索了感官意象，特别是触觉意象的诱发前因、作用机制和影响效果，探索了通过将产品触觉属性进行隐喻表达从而更有效地诱发消费者产生生动性的触觉意象，丰富了心理意象理论，特别是多感官心象理论在消费者行为研究中的应用。本书进一步探索并丰富了感官补偿理论，通过实证研究发现，认知补偿方式相对于知觉补偿方式的优势效应，进而发现通过隐喻比较手法可以教育消费者使用更多的高级认知技能，如提升注意力、使用非视觉化记忆（触觉意象）和记忆和词汇等领域的卓越认知技能（配对联想学习）等，从而实现触觉补偿效果。

本书还探索了诱发消费者感官意象来实现电商感官补偿的可能性，证实了触觉意象的真实存在并作为“内源性触觉感官”发挥类触觉的功能和作用。这拓展了在线产品展示研究内容和领域，同时也为电商的感官补偿问题提供了有价值的解决思路和策略。

9.2.1.3 探索心理学领域的结构需求这一个体特征变量在市场营销领域的应用

结构需求对人们的生产生活、社会活动确实存在一定的影响和启发，但是国内关于结构需求的实证性研究鲜有（刘艳丽等，2016）。另外，基于个体结构需求探索隐喻思维的个体差异性是未来研究的趋势和方向（殷融等，2013）。据此，考虑结构需求理论和隐喻理论间的关联性，本书初步探索了结构需求这一个体特征在市场营销研究领域和消费者行为研究领域的应用。另外，本书基于已有研究所开发的成熟量表，对结构需求量表进行适当的调整和改编，使之更适合我国文化背景下消费者在线购买研究领域的行为和特征。

9.2.1.4 从消费者行为领域触觉研究视角洞悉了展示厅效应的驱动因素的底层理论逻辑，并从商务实践情境中进一步验证了感官提前曝光效应

随着电子商务的发展趋势是线上线下渠道不断融合，全渠道模式逐渐成为电商运营的主流模式，消费者将所有销售渠道进行无缝衔接来获得更全面的客户体验。线上线下渠道整合成为促进展示厅现象出现的潜在原因，同时展示厅现象也反映了消费者为有效应对在线购买中触觉缺失所带来的感知风险的主动选择，尤其是消费者在购买那些难以甚至不可能通过感官属性或线上网站上提供的产品描述来评估的产品。已有研究结果发现感知质量和风险、产品质量、价格意识和互联网使用经验等诸多因素共同驱动展示厅现象的快速普及。本书拓展了在线消费者行为领域的触觉研究视野，更深层次地洞悉了展示厅现象的驱动因素与机制的底层理论逻辑，即消费者对产品的自发触摸需求和渴望就是展示厅现象的驱动因素的根本影响前因（Gensler et al.，2017；Dahana et al.，2018）。本书进一步佐证了展示厅效应的另外一种可能途径，即消费者可能会搜索寻找零售商 A 的线下实体商店，并从零售商 A 在线零售商店进行在线购买的可能性（Gensler et al.，2017）。这些研究发现进一步表明，电商企业的在线非接触性触觉补偿策略与线下接触性触觉补偿整合策略机制可以产生更为积极的消费者学习效应。因此，本书提出线上与线下触觉补偿有机整合将成为电商实现感官补偿的重要战略。这些理论发现丰富了电商感官补偿理论，纵深推进了展示厅效应驱动机制研究，拓展了消费者行为领域触觉研究视野。

另外，本书进一步发现，在线产品隐喻展示页面所诱发的触觉意象是一种“内源性触觉感官”，基于线上线下融合的电商全渠道模式能够有效地实现“内源性触觉感官”与外源性真实触觉感官的重复刺激，从而产生更为积极的消费者学习效应。本书基于商务实践情境中进一步验证了感官提前暴露效应（Suzuki & Gyoba，2008；Daugherty et al.，2008）。铃木和秋叶（Suzuki & Gyoba，2008）实验中的刺激物均是同样的表面材质，所以他们的结果仅是说明物体形状这种宏观几何特性存在提前暴露效应。本书不仅探索了触觉提前曝光效应可以延伸到其他触觉感知产品属性（微观几何产品属性），如物体表面质地、柔软度等，还进一步证实了提前曝光效应在真实商务刺激环境也是成立的，这进一步丰富了触觉提前曝光效应的研究广度。

9.2.2 管理启示

本书研究结果表明，在线零售商仅仅对产品进行客观详尽的描述，或是用更为具体的文字来描述多感官线索，还是不能有效弥补多感官产品在在线销售过程中所缺失的感官信息。在线零售商除了要重视产品展示的网页设计、图片文字的搭配、图片背景大小、产品描述文字详尽性等因素之外，还有必要采用隐喻图文展示方式来表现和传达产品的多感官线索和抽象的概念等。本书的研究发现为隐喻展示和触觉意象诱发机制在在线销售中的重要性提供了经验支持，并对提高在线产品展示的有效性、探索电商感官补偿的可行性，提供有益的管理启示。

9.2.2.1 实施基于感官意象的在线感官营销策略

企业在实施感官营销战略中，营销商一般基于消费者关于其产品的外在理念做出营销决策（例如，如何有效提高产品的感官属性产品特征），但是更需要基于实验室认知科学和神经科学有关于个体感官交互对如何对指定刺激物产生相应反应的相关研究成果做出相应决策（Walters et al.，2007；Spence & Gallace，2011；Mulken et al.，2014）。例如，化妆品公司口红产品的错误包装会通过消费者嘴唇消极影响其对产品的感觉（这是因为，嘴唇是人体皮肤表面的一部分，而且这一部分是人身体中触觉敏感性最高的一部分）（Zampini et al.，2006）以及相应在市场中的成功。同样，本书基于实验室认知科学等发现了隐喻图文展示可以有效诱发消费者的触觉意象，从而实现对在线购买过程中触觉等感官缺失的补偿。本书发现的实际意义是，触觉意象可以发挥“内源性触觉感官”的功能这一研究结果可以帮助在线零售商设计广告，即可以使用隐喻等修辞手法来设计产品详情展示页面，以诱发消费者生动的触觉意象，同时对隐喻展示的复杂性进行控制，以达到预期的展示效果。同时，对触觉意象这一领域的更深了解也可以帮助电商行业的专业营销人员克服在线所销售产品相关的感官缺失问题，这是因为他们越来越了解可以在各种形式的电商产品详情展示页面和其他相关的媒介中使用吸引人的感官意象线索，以唤起潜在客户想象中的感官体验。

感官营销战略的主要目标是促进消费者对体验式产品主导概念的感知。很多多感官产品的主导感官属性概念需要在营销传播中反复强调，才能有效地让消费者产生认知，例如卫生纸的触摸、香水的气味等。在电商情境下，尤其对多感官产品而言，本书的发现同样支持了感官营销的重要性，并为营销人员影响消费者的评价和行为提供了新的途径。具体而言，本书的研究发现揭示了电商情境下，产品的感官属性信息和消费者对产品的感官体验必须被纳入在线零售商的营销传播策略中。在线零售商的专业营销服务人员应该意识到，不同类型感官体验，无论是想象的还是现实的，都应该与这类感官体验的心理距离维度一致。例如，为在线零售商设计多感官体验产品，特别是触觉高显著性产品的产品详情展示页面时，不仅仅要考虑产品详情页面要有效地诱发消费者的视觉意象，还必须重点考虑是否能够有效诱发生动性的近端心理距离的感官意象，如触觉意象、味觉意象等。

9.2.2.2 利用在线隐喻图文展示为消费者提供容易理解的产品感官属性信息

通过高质量的视觉信息的产品展示来传递简单且易处理的启发性产品线索，成为在线零售商成功吸引消费者的可行策略。一方面，电商需要提供高质量的视觉信息的产品展示。例如，在线购买衣服时，不仅要掌握物品的视觉信息，还要掌握服装面料的纤维和面料的知识和形象，这对于捕捉纺织品的质感和手感都是非常重要的（Kazuya et al.，2004）。另一方面，在线购买过程中，消费者一般都是“认知吝啬者”，因此网络营销商需要为消费者尽可能多地提供简单、易处理的启发性线索而不是复杂、不一致和难处理的大量信息，以免消费者“认知崩溃”而放弃网络购买，或可能导致消费者无奈地做出并非自信的决策（卢艳峰等，2016）。

因此，对于在线零售商来说，为了优化在线触觉产品体验，洞察产品展示设计是很重要的。本书的研究发现表明，相较于产品直白展示提供的复杂不容易理解的产品信息，产品隐喻展示可以为消费者提供更简单且容易处理的启发性产品感官属性相关的线索。基础隐喻提供一种简单易行的方法，以解决在线不易表现和传达产品的多感官线索困境。在线零售商要重视多感官线索对消费者购买行为的影响，除了通过图片、文字和视频等尽可能多地展示视觉、听觉、触觉、嗅觉和味觉等多感官线索，还要积极探索感官线索展示的方式和方法。在线零售商应基于基础隐喻的思路和方法，通过隐喻比较表达方式设计产品详情展示页面，有效诱发消费者的感官体验心理意象。在线零售商还可以参照隐喻广告领域的设计思路和运营实践，将直接体验式产品的相关感官属性，如新鲜度、柔软性、质地坚硬性等产品特征，通过视觉隐喻和文本隐喻组合表现方式，并基于个体具身认知的逻辑，以消费者所熟悉的始源域相关概念（如身体体验）来表现产品目标域的抽象概念，如对产品的触摸经验等多感官体验。

9.2.2.3 培养电商感官体验设计师

在线零售商要有效实施在线感官营销策略，设计能够诱发消费者产生感官意象的隐喻图文展示页面，关键和前提是必须要有具有高度感官敏感度和审美敏感性的设计师。认知学习和感知学习能够相互作用和影响，一旦人们有了一套概念来描述他们的感受，他们将能够感知到更多的细微差别，从而更广泛地描述他们的经历。他们在身体体验上付出的越多，他们就越能够为特定的概念提供内容（Chollet et al.，2005）。因此，能够深入洞悉产品使用的感官体验并具有丰富的感官经验的设计师是在线零售商成功实施在线感官营销策略的前提。所以，电商企业首先应选聘具有丰富感官体验和产品使用经验的设计师，产品经验越丰富，感官体验越敏感，则设计师越有可能洞悉消费者对产品感官属性的需求，并成功地设计出消费者容易理解的隐喻展示页面。其次，在线零售商要设置独立的感官体验培训课程来教育培养设计师。具体而言，在线零售商应该探索成熟的触觉教育的工具与方法，能够为设计师开发嵌入实际感官体验的《触觉体验指南》手册和触觉体验个性化数据库（Sonneveld，2007），能系统地介绍特定感觉领域的感官、感知和体验方面的知识，并通过系统性的思想框架结构来引导设计师亲自完成这些方面的工作，并以适当方法来对产品触觉体验进行探索。

9.2.2.4 实施在线感官营销的市场细分营销策略

本书研究结果表明，产品展示诱发触觉意象的重要性因个体而异，而且触觉信息的传递也因产品类型而异，这为市场细分和定位提供了重要的基础（Overmars & Poel，2015）。

首先，在线零售商要依据产品类型分别设计产品展示方式。如在线销售触觉低显著性产品，电商要对商品的各个参数进行详细而且全面的展示，以便为消费者在购买决策中能收集到足够的产品信息。而在线销售触觉高显著性产品时，在线零售商则要精心设计隐喻图文展示页面以诱发消费者触觉意象，通过细腻的视觉和听觉效果设计，营造虚拟的产品触摸体验以及其他的多感官体验，从而提高消费者学习效应，促成消费者在线购买。

其次，在线零售商可以用消费者结构需求、个体触摸需求等个体心理特征作为目标市场细分的指标之一。这是因为一种更有吸引力的感官购物体验可能会吸引一群原本在线购买意愿不高的消费者，至少是那些需要高触觉提示的产品（Citrin et al.，2003；Peck & Wiggins，2006）。在线零售商市场营销人员可以专门针对结构需求水平较高消费者，在不减少结构需求水平较低的消费者反应的情况下，在产品详情展示页面中以隐喻图文形式表现在线商店中产品的触觉印象，从而最大限度地创造价值。因此，在线零售商要重视其细分市场的挖掘和目标市场的识别，特别是要了解目标消费人群的个体结构需求程度的高低，并据此来有针对性地通过基础隐喻方式在网页上展示产品。通过图片、文字、声音、视频等多模态隐喻方式，有效唤醒消费感官心象，从而提高网店的销量。

9.2.2.5 实施线上与线下整合的触觉补偿策略

首先，线上渠道方面，在线零售商有效实施非接触性触觉补偿策略，即利用基础隐喻手法来展示可控的多感官刺激（如视觉和听觉等），诱发形成生动性消费者触觉意象，进而积极增加其购买意愿。具体而言，在线零售商应该运用可控的感官刺激，如视觉和听觉，来诱发生成不可控的感官刺激，如触觉体验。除了通过图片、文字和视频等媒介，还要尽可能多地展示视觉、听觉、触觉、嗅觉和味觉等多感官线索，并积极探索感官线索展示的方式和方法。通过良好的在线产品展示让消费者产生动态的跨感官通道虚拟存在感，尽管不是真实的，但是能有效提升消费者的在线体验感和购买意愿。其次，实施线下触摸体验的触觉补偿策略。电商的线下实体店应该充分发挥“可以购前触摸”的优势（柳武妹等，2014），多鼓励消费者去触摸、试穿、试用店内商品，不要在顾客触摸商品时做过多干扰，以便让顾客尽情享受触摸的愉悦。最后，将线上与线下触觉补偿策略进行整合。在线上和线下不断融合的全渠道背景下，在线零售商要充分发挥全渠道感官体验的优势，基于移动互联网技术，有效地将在线非接触性触觉补偿策略与线下触摸体验的触觉补偿策略进行有机整合，实现消费者触觉感知和触摸体验的最大化，从而促进消费者的学习效应。

9.3 研究局限与未来研究方向

9.3.1 研究局限

本书探索了在线隐喻图文展示对消费者触觉意象和学习效应的作用机制，还存在一定的局限性和尚待继续深究的问题，主要表现在以下几个方面。

9.3.1.1 实验中选择的产品具有一定局限性

本书在触觉诊断产品、视觉诊断产品和混合产品的基础上将产品分为触觉高显著性产品和触觉低显著性产品，实验设计方面重点选取直接体验式产品的触觉属性进行研究，产品类别区分稍显粗略，产品类型的代表性可能不够。未来的研究必须更全面地考虑到在线所销售产品的差异性，可以进行更为细致的分类研究，以研究在线产品展示对不同类型产品的影响。

9.3.1.2 实验过程具有一定的局限性

本书实验中所用的样本主要是高校的大学生，但是对学生研究对象的使用是有限的，因为学生在解释信息的经验或熟练程度方面可能与年龄较大和受教育程度较低的人不同。虽然本书采用问卷星收集了普通大众消费者的实验样本，样本的外部效度得到了一定的保障，但是样本的同质性无法有效地满足。因此，本书的研究结论是否适用于所有人群也值得进一步商榷。另外，本书所设计的实验与其他研究的典型实验一样，在线购买情境是人为创建的，并不代表真实的网络购买场景，这也可能会影响大学生被试处理信息的动机。因此，未来还可以将研究的样本进一步拓宽至更广泛的消费者人群，在实验室研究的基础上拓展设计更多的真实购物情境的田野实验。

9.3.1.3 实验刺激材料的设计与操控具有一定局限性

本书基于相似空间理论的关系相似和属性相似的原则分别设计操控视觉隐喻展示和文本隐喻展示的实验刺激材料，其中视觉隐喻中又以概念张力大小区分了两种隐喻类别，文本隐喻中又区分了动态隐喻描述和动态隐喻描述。但是，触觉隐喻比较的设计需要丰富的感官经验与产品触摸体验，而且要对目标消费人群的感官经验有深入的了解。本书中因为研究者的感官经验和表达技能有限，故实验刺激材料的设计未能完全达到预期的研究效果的要求。另外，消费者感官意象诱发的刺激物除了在线产品展示的文字、图片、虚拟替代物等之外，可能还包括其他的影响变量，但是本书只是重点考虑图文组合的产品展示页面的诱发效应，未能系统性考虑其他非接触性网络因素实现感官补偿的效果。未来研究不仅需要进一步探索产品相关的补偿措施，更需要进一步探索与产品无关的外部因素如何影响消费者的触觉感知。

9.3.2 未来研究方向

9.3.2.1 基于惯例隐喻（概念隐喻）的触觉信息补偿机制

依据隐喻生涯发展理论，隐喻可分为新奇隐喻（个体隐喻）与惯例隐喻（延伸隐喻）（Gentner，1983）。本书重点研究了新奇隐喻在网络触觉信息补偿过程中的机制与应用。未来研究可以拓展到惯例隐喻，也就是当前隐喻理论重点聚焦的概念隐喻理论（Lakoff & Johnson，1999；Lozada & Carro，2016），进一步探索该理论在在线感官补偿中的应用。拉科夫和约翰逊（Lakoff & Johnson，1980）认为隐喻是人们通常借助具体的、有形的、简单的始源域概念（如温度、空间、动作等）来表达和理解抽象的、无形的、复杂的目标域概念（如心理感受、社会关系、道德等），从而实现抽象思维。因此，概念隐喻研究主要涉及空间隐喻、温度隐喻、洁净隐喻、触觉隐喻等（殷融等，2013）。概念隐喻理论可以应用到电商感官补偿策略中。未来的研究可以从概念隐喻理论视角来实证研究不同的概念隐喻，如位置隐喻、大小隐喻和颜色隐喻等对消费者触觉感知的影响。具体而言，未来研究可以进一步探索商品展示页面的背景颜色、商品文字说明在产品展示页面中的具体位置、商品外观大小等如何影响消费者的在线触觉补偿。

9.3.2.2 多感官交互对消费者触觉补偿机制研究

本书重点研究了图文视觉刺激对消费者触觉等多感官感知的影响，未来研究可以进一步拓展到听觉、嗅觉等对触觉等多感官感知的影响。以听觉为例，已有研究发现听觉和触觉也存在交互与整合现象（Zampini et al.，2006）。未来研究可以进一步探索声音如何改变消费者对商品质地粗糙程度的感知，声音是否可以影响消费者对商品坚硬程度的触觉感知以及对商品重量的感知。未来研究还可以进一步探索，电子商务网站的背景音乐如何与在线销售产品的特性的有效搭配来实现触觉补偿。另外，人们的五种感官具有相互交互和补偿的作用（Krishna，2012），除了听觉这一感官之外，未来研究可以进一步探索在线零售商通过提供产品的嗅觉和味觉文字描述，是否也可以激发消费者相应的触觉感知（柳武妹等，2014）。

9.3.2.3 外部非触觉线索对触觉信息的补偿机制研究

现有研究，如尤和金（Yoo & Kim，2014）、苏晶蕾等（2015）、黄静等（2015）、本研究等主要聚焦于研究电商如何通过可控的营销传播渠道来明确传递产品的触觉属性线索，未来研究还可以进一步拓展到电商如何有效运用外部非触觉线索的触觉信息补偿机制。有意义的外部非触觉线索可能会减弱获取触觉信息或触摸产品的动机。一个非触觉线索，如一个品牌名称、退货政策、保证承诺、或一个较低的价格（Dawar & Sarvary，1997），也可以作为一种触觉信息补偿机制，从而降低或消除消费者的购前触觉饥渴。佩克和维金斯（Peck & Wiggins，2006）认为非接触媒体的触觉障碍研究中非常有必要研究外部非触觉线索的补偿机制的作用。

互联网零售商要实施产品体验策略，所面临的挑战是如何将消费者的注意力从某些体验线索（例如触觉）转移到更多的外部非触觉提示线索上（例如产品可靠性）。即在不同条件下，将消费者的看法从一种产品属性类型转换为另一种产品属性的适当方法（即从触觉等经验属性转换为声誉等搜索属性）有望成为未来研究富有成果且有价值的途径（Citrin et al.，2003）。另外，网络沟通中网友喜欢使用的独特语言工具“字符副语言”（textual paralanguage）（Luangrath et al.，2017）是一种非标准文字的书写形式，那么这些“字符副语言”是否也可以诱发消费者产生触觉意象等感官意象呢？未来研究可以从这些方向与领域进行更进一步的探索。

9.3.2.4 触觉模拟仿真与再现技术对触觉信息的补偿机制研究

近年来，触觉模拟仿真与再现技术得到快速的发展，虽然触觉的仿真模拟可能是最复杂的（Peck & Wiggins，2006），但是在非触觉世界中最终可能会有触觉的替代品。如果触觉模拟仿真与再现技术最终实现商业化运作，就能将零售店真实的产品触觉属性交互并传递到消费者，从而有效减少缺乏触觉所带来的负面影响。现有关于触觉模拟仿真与再现研究更多是聚焦于理论上的概念辨析研究，特别是技术开发领域的设计与试验仍然处于一个初步探索阶段。市场营销领域和消费者行为领域，触觉模拟仿真与再现技术所产生的相关营销效果研究更是鲜有出现。因此，未来研究可以进一步探索触觉模拟仿真与再现技术所产生的积极消费者行为效应和作用机制。

参考文献

[1] 陈瑞，郑毓煌，刘文静. 中介效应分析：原理、程序、Bootstrap 方法及其应用 [J]. 营销科学学报，2013，9 (4)：133 – 141.

[2] 陈阳，黄韫慧，王垒，施俊琦. 结构需求量表的信效度检验 [J]. 北京大学学报 (自然科学版)，2009，44 (3)：490 – 492.

[3] 程瑾涛，刘世生. 关于感官知觉域的认知联觉研究——以香水评论为例 [J]. 外语研究，2017 (4)：12 – 17.

[4] 程洋. 现代汉语触觉感官词的认知语义研究 [D]. 长春：东北师范大学，2011.

[5] 戴维 · L. 马瑟斯博，德尔 · I. 霍金斯. 消费者行为学 [M]. 陈荣，徐销冰，译. 北京：机械工业出版社，2016.

[6] 董芳. 广告隐喻的国外研究综述 [J]. 广告大观 (理论版)，2008 (4)：26 – 32.

[7] 董伶俐. 触觉体验对消费者购买决策判断的影响：兼论 NFT 与决策环境的调节作用 [J]. 经济经纬，2017 (5)：129 – 133.

[8] 范钧，沈东强，林帆. 网店商品图片信息对顾客购买意愿的影响——产品类型的调节效应 [J]. 营销科学学报，2014 (4)：97 – 108.

[9] 费多益. 认知研究的隐喻描述 [J]. 自然辩证法研究，2009，25 (3)：7 – 13.

[10] 符国群. 消费者行为学 [M]. 北京：高等教育出版社，2015.

[11] 顾明远. 教育大辞典 [M]. 上海：上海教育出版社，1998.

[12] 官群. 具身认知观对语言理解的新诠释——心理模拟：语言理解的一种手段 [J]. 心理科学，2007，30 (5)：230 – 234.

[13] 郭婷婷，李宝库. "看得见" 还是 "摸得着"？——在线评论中感官线索引发的意象体验效应 [J]. 财经论丛，2019 (9)：82 – 91.

[14] 郭昱琅. 在线图片呈现顺序对消费者购买意愿的影响研究 [D]. 武汉：武汉大学，2016.

[15] 韩德昌，王艳芝. 心理模拟：一种有效预防冲动购买行为的方法 [J]. 南开管理评论，2012 (1)：142 – 150.

[16] 韩雪珂，钟科，李新宇. "遣词造句" 如何影响消费者行为？——营销沟通中的语言心理效应研究综述 [J]. 外国经济与管理，2019，41 (9)：91 – 108.

[17] 胡学平，孙继民，曹蕊，姚温青，王美珠. 实物形状的知觉相似性对视觉隐喻加

工的影响［J］. 心理学报，2014，46（5）：607－620.

［18］黄静，郭昱琅，王诚，颜垒. “你摸过，我放心！”在线评论中触觉线索对消费者购买意愿的影响研究［J］. 营销科学学报，2015，11（1）：133－151.

［19］李研，李东进. 变异成语对消费者广告态度和企业感知的影响［J］. 管理评论，2013（8）：132－141.

［20］刘晟楠，董大海. 基于两大心理学理论对网购消费者虚拟体验的解读［J］. 外国经济与管理，2011，33（2）：41－47.

［21］刘晟楠. 消费者虚拟触觉研究：成因与结果［D］. 大连：大连理工大学，2011.

［22］刘艳丽，陆桂芝，刘勇. 结构需求：概念、测量及与相关变量的关系［J］. 心理科学进展，2016，24（2）：228－241.

［23］柳武妹，黄河清，叶富荣. 消费者行为研究中的田野实验：概念、操作介绍与开展建议［J］. 外国经济与管理，2020，42（3）：35－56.

［24］柳武妹，雷亮，李志远，苏云，黄晓治. 触摸，还是不触摸？先前触摸促进新产品接受［J］. 心理学报，2018，50（7）：94－104.

［25］柳武妹，王海忠，王静一. 消费行为领域的触觉研究：回顾、应用与展望［J］. 外国经济与管理，2014，36（4）：25－35.

［26］柳武妹，王静一，邵建平. 消费者触摸渴望的形成机制解析——基于认知体验视角［J］. 心理学报，2016，48（4）：410－422.

［27］卢泰宏. 消费者行为学 50 年：演化与颠覆［J］. 外国经济与管理，2017，39（6）：23－38.

［28］卢艳峰，范晓屏，孙佳琦. 网购多线索环境对消费者信息处理过程的影响［J］. 管理学报，2016（13）：1556.

［29］罗锦莉. 日本厂商推出触觉反馈 VR 手套，佩戴可感受真实触觉［J］. 金融科技时代，2017（3）：86.

［30］牟兵兵，宛小昂. 触觉与视觉的跨通道联结及其营销应用［C］//第十七届全国心理学学术会议论文摘要集. 北京：中国心理学会，2014.

［31］纳雷希・K. 马尔霍特拉. 市场营销研究：应用导向［M］. 5 版. 北京：电子工业出版社，2009.

［32］彭聃龄、张必隐. 认知心理学［M］. 杭州：浙江教育出版社，2004.

［33］施卓敏，郑婉怡. 探秘不同认知风格的个体关注广告的差异——广告位置和认知风格对广告效果影响的眼动研究［J］. 营销科学学报，2014，10（3）：128－145.

［34］疏德明，刘电芝. 隐喻认知机制的 ERP 研究［J］. 心理科学，2009（1）：163－165.

［35］宋晓晴，赵杨，孙习祥. 具身认知视角下的网络消费触觉弥补策略研究［J］. 武汉理工大学学报：信息与管理工程版，2015（37）：472－480.

［36］宋晓晴，赵杨. 网络消费情境下品牌产品感官感知实证研究——基于具身认知视角［J］. 商业经济研究，2015（20）：76－78.

［37］苏晶蕾，银成钺，郭帅. 网上产品展示中感觉线索对消费者购买意愿的影响：基

于心象理论的视角［J］. 营销科学学报，2016，12（2）：87－99.

［38］王洪刚，杨忠. 试论隐喻思维的特点及功能［J］. 东北师大学报，2003（2）：86－91.

［39］王怀林，陈明志，于承新. 基于层次分析法的C2C电子商务网站顾客感知价值评价［J］. 科学决策，2010（11）：70－76.

［40］王立平，库逸轩. 触觉—视觉交叉模式工作记忆的研究［J］. 心理科学，2009，31（6）：1301－1303.

［41］王妍，吴斯一. 触觉传感：从触觉意象到虚拟触觉［J］. 哈尔滨工业大学学报（社会科学版），2011（5）：99－104.

［42］文小辉，刘强，孙弘进，张庆林，尹秦清，郝明洁，牟海蓉. 多感官线索整合的理论模型［J］. 心理科学进展，2009（4）：659－666.

［43］吴水龙，洪瑞阳，蒋廉雄，张新乐. "直白"还是"含蓄"？基于卷入度和图文修辞方式的广告效果研究［J］. 管理评论，2017，29（9）：133－142.

［44］吴威，隋爱娜. 具有位置力混合控制的虚拟装配模型［J］. 北京航空航天大学学报，2011（1）：2.

［45］谢明慧. 消费者行为学［M］. 北京：经济管理出版社，2016.

［46］杨慧，冷雄辉. 网上隐喻式产品图片展示触觉补偿效应的实证研究［J］. 当代财经，2018（11）：78－87.

［47］杨继平，郭秀梅，王兴超. 道德概念的隐喻表征——从红白颜色、左右位置和正斜字体的维度［J］. 心理学报，2017（7）：27－37.

［48］姚卿，陈荣，赵平. 自我构念对想象广告策略的影响与分析［J］. 心理学报，2011，43（6）：674－683.

［49］叶浩生. 具身认知的原理与应用［M］. 北京：商务印书馆，2017.

［50］叶浩生. 有关具身认知思潮的理论心理学思考［J］. 心理学报，2011，43（5）：589－598.

［51］易仲怡，杨文登，叶浩生. 具身认知视角下软硬触觉经验对性别角色认知的影响［J］. 心理学报，2018，50（7）：105－114.

［52］殷融，曲方炳，叶浩生. "右好左坏"和"左好右坏"——利手与左右空间情感效价的关联性［J］. 心理科学进展，2012，20（12）：1971－1979.

［53］殷融，苏得权，叶浩生. 具身认知视角下的概念隐喻理论［J］. 心理科学进展，2013，21（2）：220－234.

［54］禹杭，陈香兰. 含蓄还是直白？——隐喻广告效果研究回顾与展望［J］. 外国经济与管理，2018，40（10）：55－66.

［55］禹杭. 隐喻广告效果研究——基于消费者学习视角［D］. 北京：对外经济贸易大学，2019.

［56］曾伏娥，陈小麟，虞晋钧. 产品密度如何影响消费者的产品评价——基于隐喻认知的视角［J］. 营销科学学报，2017（1）：98－115.

[57] 张红宇. 视觉隐喻广告对消费者注意和再认效果的影响研究 [J]. 管理世界，2017，290 (11)：184 - 185.

[58] 张茉，陈毅文. 产品类别与网上购物决策过程的关系 [J]. 心理科学进展，2006，14 (3)：433 - 437.

[59] 张全成，赖天豪，杨宇科，孙洪杰. 消费者的多感觉交互：表现、形成机制及研究展望 [J]. 外国经济与管理，2017 (7)：80 - 90.

[60] 张松松. 关于隐喻理论最新发展的若干问题 [J]. 外语与外语教学，2016 (1)：90 - 97.

[61] 赵宏霞，才智慧，何珊. 基于虚拟触觉视角的在线商品展示、在线互动与冲动性购买研究 [J]. 管理学报，2014，11 (1)：133.

[62] 赵璐，刘越，祃卓荦. 触觉再现技术研究进展 [J]. 计算机辅助设计与图形学学报，2018 (11)：1979 - 2000.

[63] 赵秀凤. 概念隐喻研究的新发展——多模态隐喻研究 [J]. 外语研究，2011，125 (1)：1 - 10.

[64] 钟科，王海忠，杨晨. 感官营销研究综述与展望 [J]. 外国经济与管理，2016 (5)：69 - 85.

[65] 钟科，王海忠，杨晨. 感官营销战略在服务失败中的运用：触觉体验缓解顾客抱怨的实证研究 [J]. 中国工业经济，2014 (1)：114 - 126.

[66] 朱国玮，吴雅丽. 网络环境下模特呈现对消费者触觉感知的影响研究 [J]. 中国软科学，2015 (2)：146 - 154.

[67] Ackerman J M, Nocera C C, Bargh J A. Incidental haptic sensations influence social judgments and decisions [J]. Science, 2010, 328 (5986): 1712 - 1715.

[68] Adam L. Alter Daniel, Oppenheimer M. Effects of fluency on psychological distance and mental Construal (or why New York is a large city, but " \ New York \ " is a Civilized Jungle) [J]. Psychological Science, 2008, 19 (2): 161 - 167.

[69] Adaval R, Wyer R S. The role of narrates in consumer information processing [J]. Journal of Consumer Psychology, 1998, 7 (3): 207 - 245.

[70] Adolphs S, Brown B, Carter R, Crawford P, Sahota O. Applying corpus linguistics in a health care context [J]. Journal of Applied Linguistics, 2004, 1 (1): 9 - 28.

[71] Agnieszka S, Maciej K. No sensory compensation for olfactory memory: Differences between blind and sighted people [J]. Frontiers in Psychology, 2017 (8): 2127 - 2148.

[72] Aguirre Elizabeth, Dominik Mahr, Dhruv Grewal, Ko de Ruyter, Martin Wetzels. Unraveling the personalization paradox: The effect of information collection and trust-building strategies on online advertisement effectiveness [J]. Journal of Retailing, 2015, 91 (1): 34 - 49.

[73] Alais D, David B. The ventriloquist effect results from near-optimal bimodal integration [J]. Current Biology, 2004 (14): 257 - 262.

[74] Algharabat R, Abdallah Alalwan A, Rana N P. Three-dimensional product presentation

quality antecedents and their consequences for online retailers: The moderating role of virtual product experience [J]. Journal of Retailing and Consumer Services, 2017 (36): 203 - 217.

[75] Algharabat R S, Shatnawi T. The effect of 3D product quality (3D - Q) on perceived risk and purchase intentions: The case of apparel online retailers [J]. International Journal of Electronic Business, 2014, 11 (3): 256 - 273.

[76] Amedi A, Jacobson G, Hendler T, Malach R, Zohary, E. Convergence of visual and tactile shape processing in the human lateral occipital complex [J]. Cerebral Cortex, 2002, 12 (11): 1202 - 1212.

[77] Amit E, Trope Y, Algom D. Do you remember seeing it or reading about it? the distance dependence of memory for pictures and words [J]. Science, 2009, 328 (5986): 1712 - 1715.

[78] Anderson M L. Book review: How the body shapes the way we think: A new view of intelligence [J]. Artificial Intelligence, 2010, 174 (2): 152 - 154.

[79] Anderson S M, Chen S. The relational self: An interpersonal social-cognitive theory [J]. Psychological Review, 2002 (109): 619 - 645.

[80] Andrade J, May J, Deeprose C. Assessing vividness of mental imagery: The plymouth sensory imagery questionnaire [J]. British Journal of Psychology, 2013, 105 (4): 547 - 563.

[81] Anema H A, de Haan A M, Gebuis T Dijkerman H C. Thinking about touch facilitates tactile but not auditory processing [J]. Experimental Brain Research, 2012, 218 (3): 373 - 380.

[82] Ang S H. Effects of metaphoric advertising among mainland Chinese consumers [J]. Journal of Marketing Communications, 2002, 8 (3): 179 - 188.

[83] Ang S H, Lim E A C. The influence of metaphors and product type on brand personality perceptions and attitudes [J]. Journal of Advertising, 2006, 35 (2): 39 - 53.

[84] Argo J J, Dahl D W, Morales A C. Consumer contamination: How consumers react to products touched by others [J]. Journal of Marketing, 2006, 70 (2): 81 - 94.

[85] Atakan S S. Consumer response to product construction: The role of haptic stimulation [J]. International Journal of Consumer Studies, 2014, 38 (6): 586 - 592.

[86] Babin L A, Burns A C. A Modified scale for the measurement of communication-evoked mental imagery [J]. Psychology and Marketing, 1998, 15 (3): 261 - 278.

[87] Babin L A, Burns A C, Biswas A A. Framework providing direction for research on communications effects of mental imagery-evoking advertising strategies [J]. Advances in Consumer Research, 1992 (19): 621 - 628.

[88] Babin L A, Burns A C. Effects of print ad pictures and copy containing instructions to imagine on mental imagery that mediates attitudes [J]. Journal of Advertising, 1997, 26 (3): 33 - 44.

[89] Baddeley A D, Andrade J. Working memory and the vividness of imagery [J]. Journal of Experimental Psychology General, 2000, 129 (1): 126 - 145.

[90] Balaji M S, Raghavan S, Jha S. Role of tactile and visual inputs in product evaluation:

a multisensory perspective [J]. Asia Pacific Journal of Marketing and Logistics, 2011, 23 (4): 513 - 530.

[91] Ballesteros S, Reales J M. Intact haptic priming in normal aging and Alzheimer's disease: Evidence for dissociable memory systems [J]. Neuropsychologic, 2004 (42): 1063 - 1070.

[92] Bamarouf Y, Smith S. Haptic interaction as a purchase motivator in online shopping [D]. Durham: Durham University, 2009: 1 - 47.

[93] Bar-Anan Yoav, Nira Liberman, Yaacov Trope. The association between psychological distance and construal level: Evidence from an implicit association test [J]. Journal of Experimental Psychology, 2006, 135 (4): 609 - 622.

[94] Baron-Cohen S, Harrison J. Synesthesia: Classic and Contemporary Readings [M]. Oxford: Blackwell Publishers, 1997.

[95] Barreiros C, Eduardo Veas, Viktoria Pammer. Can a green thumb make a difference: Using a nature metaphor to communicate the sensor information of a coffee machine [J]. Consumer Electronics Magazine, 2018, 7 (3): 90 - 98.

[96] Barsalou L W. Grounded cognition [J]. Annual Review of Psychology, 2008, 59 (1): 617 - 645.

[97] Barsalou L W. Perceptual symbol systems [J]. Behavioral and Brain Sciences, 1999 (22): 577 - 660.

[98] Batra R, Ray M L. Situational effects of advertising repetition: The moderating influence of motivation, ability, and opportunity to respond [J]. Journal of Consumer Research, 1986 (12): 432 - 445.

[99] Baumgartner E, Wiebel C B, Gegenfurtner K R. A comparison of haptic material perception in blind and sighted individuals [J]. Vision Research, 2015 (115): 238 - 245.

[100] Bearden W O, Lichtenstein D R, Teel J E. Comparison price, coupon, and brand effects on consumer reactions to retail newspaper advertisements [J]. Journal of Retailing, 1984 (60): 11 - 34.

[101] Behrmann M, Ewell C. Expertise in tactile pattern recognition [J]. Psychological Science, 2003, 14 (5): 480 - 486.

[102] Bei L T, Chen E Y I, Widdows R. Consumers online information search behavior and the phenomenon of search vs. experience products [J]. Journal of Family Economics, 2004 (25): 449 - 467.

[103] Belardinelli, Marta Olivetti, Massamiliano Palmiero, Carlo Sestieri, Davide Nardo, Rosalia Di Matteo, Alessandro Londei, Alessandro D'Ausilio, Antonio Ferretti, Del Gratta C, Romani G L. An fMRI investigation on image generation in different sensory modalities: The influence of vividness [J]. Acta Psychologica, 2009, 132 (2): 190 - 200.

[104] Benedicktus Ray L, Michael K. Brady, Peter R. Darke, Clay M Voorhees. Conveying trust to online consumers: Reactions to consensus, physical store presence, brand familiarity and

generalized suspicion [J]. Journal of Retailing, 2010, 86 (4): 310 - 323.

[105] Bensafi Moustafa, Jessica Porter, Sandra Pouliot, Joel Mainland, Bradley Johnson, Christina Zelano, Natasha Young. Olfactomotor activity during imagery mimics that during perception [J]. Nature Neuroscience, 2003, 6 (11): 142 - 144.

[106] Berger C C, Ehrsson H H. Mental imagery changes multisensory perception [J]. Current Biology, 2013, 23 (14): 1367 - 1372.

[107] Berger C C, Ehrsson H H. The fusion of mental imagery and sensation in the temporal association cortex [J]. Journal of Neuroscience, 2014, 34 (41): 13684 - 13692.

[108] Bergkvist L, Eiderbäck D, Palombo M. The brand communication effects of using a headline to prompt the key benefit in ads with pictorial metaphors [J]. Journal of Advertising, 2012, 41 (2): 67 - 76.

[109] Bettman J R, Luce M F, Payne J W. Constructive consumer choice processes [J]. Journal of Consumer Research, 1998 (27): 233 - 248.

[110] Bhatnagar A, Misra S, Rao H R. On risk, convenience, and Internet shopping behavior [C]. Communications of the ACM, 2000, 43 (11): 98 - 105.

[111] Biocca F, Kim J, Choi Y. Visual touch in virtual environments: An exploratory study of presence, multimodal interfaces, and cross-modal sensory illusions [J]. Presence: Teleoperators and Virtual Environments, 2001, 10 (3): 247 - 265.

[112] Blakemore S J, Bristow D, Bird G, Frith C, Ward J. Somatosensory activations during the observation of touch and a case of vision-touch synesthesia [J]. Brain, 2005, 128 (7): 1571 - 1583.

[113] Bodur H. Onur Noreen, Klein M, Neeraj Arora. Online Price Search: Impact of Price Comparison Sites on Offline Price Evaluations [J]. Journal of Retailing, 2015, 91 (1): 125 - 139.

[114] Bolanowski S J. Passive-active and intra-active (self) touch [J]. Behavioral Brain Research, 2004 (148): 41 - 45.

[115] Bolls Paul D, Darrel D Muehling. The effects of dual-task processing on consumers' responses to high and low-imagery radio advertisements [J]. Journal of Advertising, 2007, 36 (4): 35 - 47.

[116] Bolls P D. I can hear you, but can I see you? The use of visual cognition during exposure to high-imagery radio advertisements [J]. Communication Research, 2002, 29 (5): 537 - 563.

[117] Bone P F, Ellen P S. The generation and consequences of communication-evoked imagery [J]. Journal of Consumer Research, 1992, 19 (1): 93 - 104.

[118] Bornstein R F, d'Agostino P R. Stimulus recognition and the mere exposure effect [J]. Journal of Personality and Social Psychology, 1992 (63): 545 - 552.

[119] Bornstein R F. Exposure and affect: Overview and meta-analysis of research [J]. Psychological Bulletin, 1989 (106): 265 - 289.

[120] Boroditsky L. Metaphoric structuring: Understanding time through spatial metaphors

[J]. Cognition, 2000 (75): 1-28.

[121] Boven L V, Caruso E M. The tripartite foundations of temporal psychological distance: Metaphors, ecology, and teleology [J]. Social and Personality Psychology Compass, 2015, 9 (11): 593-605.

[122] Bowdle B, Gentner D. The career of metaphor [C]. The Meeting of the psychonomics society, Los Angeles, CA. 1995.

[123] Bradley-Johnson S. Critical issues in understanding visually impaired and blind children [C]. The Psychoeducational Assessment of Visually Impaired and Blind Students: Infancy Through High School, 1986: 19-27.

[124] Branthwaite A. Investigating the Power of Imagery in Marketing Communication: Evidence-based Techniques [J]. Qualitative Market Research, 2002, 5 (3): 164-171.

[125] Braun K A. Postexperience advertising effects on consumer memory [J]. Journal of Consumer Research, 2009 (4): 319-334.

[126] Brian P. Meier, Sara K. Moeller, Miles Riemer-Peltz Michael, Robinson D. Sweet taste preferences and experiences predict prosocial inferences, personalities, and behaviors [J]. Journal of Personality and Social Psychology, 2012, 102 (1): 163-174.

[127] Bugelski B R. Imagery and the thought process [A]. In A. Sheikh (Ed.), Imagery: Current Theory, Research and Application [M]. New York: Wiley, 1983: 72-95.

[128] Burenhult N, Majid A. Olfaction in A slain ideology and language [J]. Senses & Society, 2011, 6 (1): 19-29.

[129] Burns A C, Biswas A, Babin L A. The operation of visual imagery as a mediator of advertising effects [J]. Journal of Advertising, 1993, 22 (2): 71-85.

[130] Bushnell E W, Shaw L, Strauss D. Relationship between visual and tactual exploration by 6-month-olds [J]. Developmental Psychology, 1985 (21): 591-600.

[131] Carlos Flavián Blanco, et al. Effects of visual and textual information in online product presentations: looking for the best combination in website design [J]. European Journal of Information Systems, 2010, 19, 668-686.

[132] Carroll J M, Mack R L. Metaphor, computing systems, and active learning [J]. International Journal of Man-Machine Studies, 1985, 22 (1): 39-57.

[133] Carter L. E-government diffusion: a comparison of adoption constructs [J]. Transform Gov People Process Policy, 2008, 2 (3): 147-161.

[134] Catrambone Richard. The effects of surface and structural feature matches on the access of story analogs [J]. Journal of Experimental Psychological: Learning, Memory, and Cognition, 2002, 28 (2): 318-334.

[135] Chang C T, Yen C T. Missing ingredients in metaphor advertising: The right formula of metaphor type, product type, and need for cognition [J]. Journal of Advertising, 2013, 42 (1): 80-94.

[136] Chau P Y K, Au G, Tam K Y. Impact of information presentation modes on online shopping: an empirical evaluation of a broadband interactive shopping service [J]. Journal of Organizational Computing and Electronic Commerce 2000, 10 (1): 1-22.

[137] Chiang K P, et al. Factors driving consumer intention to shop online: An empirical investigation [J]. Journal of Consumer Psychology, 2003, 13 (1): 177-183.

[138] Childers T C, Houston M J. Imagery paradigms for consumer research: alternative perspectives from cognitive psychology [J]. Advances in consumer Research, 1983, 10 (1): 59-64.

[139] Childers T L, Heckler S E, Houston M J. Memory for the visual and verbal components of print advertisements [J]. Psychology and Marketing, 1986, 3 (3): 137-149.

[140] Churchill A, Meyners M, Griffiths L, et al. The cross-modal effect of fragrance in shampoo: Modifying the perceived feel of both product and hair during and after washing [J]. Food Quality and Preference, 2009, 20 (4): 320-328.

[141] Cian L, Krishna A, Elder R. This logo moves me: Dynamic imagery from static images [J]. Journal of Marketing Research. 2014 (LI): 184-197.

[142] Citrin A V, Stem D E, Spangenberg E R, Clark M J. Consumer need for tactile input an internet retailing challenge [J]. Journal of Business Research, 2003, 56 (11): 915-922.

[143] Clement C A, Gentner D. Systematicity as a selection constraint in analogical mapping [J]. Cognitive Science, 1991 (15): 89-132.

[144] Cornoldi C, De Beni R, Giusberti F, Massironi M. Memory and imagery: a visual trace is not a mental image [C] //In Conway M, Gathercole S, Cornoldi C (eds). Theories of memory. Psychology Press, Hove, 1998: 87-110.

[145] Craig J C, Rollman G B. Somesthetic [J]. Annual Review of Psychology, 1999 (50): 305-331.

[146] Cytowic R E. Synesthesia: The union of the senses [M]. Berlin: Springer Verlag, 1989.

[147] Dahana Wirawan Dony, Shin HeeJae, Katsumata Sotaro. Influence of individual characteristics on whether and how much consumers engage in showrooming behavior [J]. Electronic Commerce Research, 2018 (18): 665-692.

[148] Dahl D W, Chattopadhyay A, Gorn G J. The use of visual mental imagery in new product design [J]. Journal of Marketing Research, 1999, 36 (1): 18-28.

[149] Dahl D W, Hoeffler S. Visualizing the self: Exploring the potential benefits and drawbacks for new product evaluation [J]. Journal of Product Innovation Management, 2004, 21 (4): 259-267.

[150] Dantzig S V, Pecher D, René Zeelenberg, et al. Perceptual Processing Affects Conceptual Processing [J]. Cognitive Science, 2008, 32 (3): 579-590.

[151] Darke P R, Brady M K, Benedicktus R L, Wilson A E. Feeling close from afar: The role of psychological distance in offsetting distrust in unfamiliar online retailers [J]. Journal of Retailing, 2016, 92 (3): 299-311.

[152] Daugherty T, Li H, Biocca F. Consumer learning and the effects of virtual experience relative to indirect and direct product experience [J]. Psychology and Marketing, 2008, 25 (7): 568-586.

[153] Davidson A, Laroche M. Connecting the dots: How personal need for structure produces false consumer pattern perceptions [J]. Marketing Letters, 2014: 1-14.

[154] Davidson P W, Whitson T T. Haptic equivalence matching of curvature by blind and sighted humans [J]. Journal of Experimental Psychology, 1974 (102): 687-690.

[155] De Beni R, Cornoldi C. Imagery limitation in totally congenitally blind subjects [J]. Journal of Experimental Psychology: Learning, Memory, and Cognition, 1988 (14): 650-655.

[156] Deeprose C, Malik A, Holmes E A. Measuring intrusive prospective imagery using the impact of future events scale: Psychometric properties and relation to risk for bipolar disorder [J]. International Journal of Cognitive Therapy, 2011, 38 (2): 201-209.

[157] Deng X, Kahn Barbara E. Is your product on the right side? The "location effect" on perceived product heaviness and package evaluation [J]. Journal of Marketing Research, 2009, 46 (6): 725-738.

[158] Dennis C C, Jayewardene Papamatthaiou E. Antecedents of internet shopping intentions and the moderating effects of Substitutability [J]. The International Review of Retail, Distribution and Consumer Research, 2010, 20 (4): 411-430.

[159] DeRosia E D. The effectiveness of nonverbal symbolic signs and metaphors in advertisements: An experimental inquiry [J]. Psychology & Marketing, 2008, 25 (3): 298-316.

[160] Dholakia R R, Zhao M. Effects of online store attributes on customer satisfaction and repurchase intentions [J]. International Journal of Retail & Distribution Management, 2010, 38 (7): 482-496.

[161] Di F, Mohsen K, Gordon C. Active prior tactile knowledge transfer for learning tactual properties of new objects [J]. Sensors, 2018, 18 (2): 634-652.

[162] Easton R D, Green A J, Srinivas K. Transfer between vision and haptics: Memory for 2-D pattern and 3-D objects [J]. Psychonomic Bulletin and Review, 1997 (4): 403-410.

[163] Edell Julie A, Staelin Richard. The Information Processing of Pictures in Print Advertisements [J]. Journal of Consumer Research, 1983 (1): 45-61.

[164] Edward F, McQuarrie Barbara, Phillips J. Indirect persuasion in advertising: How consumers process metaphors presented in pictures and words [J]. Journal of Advertising, 2005, 34 (2): 7-21.

[165] Edwards S M, Lee J K, Ferle C L. Does place matter when shopping online? Perceptions of similarity and familiarity as indicators of psychological distance [J]. Journal of Interactive Advertising, 2009, 10 (1): 35-50.

[166] Eichenbaum H. Using olfaction to study memory [J]. Annals of the New York Academy of Sciences, 1998 (885): 657-669.

[167] Elder R, Krishna A. The visual depiction effect: Inducing embodied mental simulation that evokes motor responses [J]. Journal of Consumer Research, 2012, 38 (6): 988 – 1003.

[168] Elder R S, Aydinoglu N Z, Barger V A, Caldara C, Chun H, Lee C J. A sense of things to come: Future research directions in sensory marketing [C] // In A. Krishna (ed.). Sensory marketing: Research on the sensuality of products. New York: Routledge, 2010.

[169] Elder R S, Schlosser A E, Poor M. So close I can almost sense it: The interplay between sensory imagery and psychological distance [J]. Journal of Consumer Research, 2017, 44 (4): 877 – 894.

[170] Elder Ryan Smith. Cognition and sensory perception: The effect of advertising and mental simulation on the perceptual consumption experience [D]. University of Michigan, USA. ProQuest Dissertations Publishing, 2011.

[171] Ellen P S, Bone P F. Measuring communication-evoked imagery processing [J]. Advances in Consumer Research, 1991 (18): 806 – 812.

[172] Ellison S, White E. Sensory marketers say the way to reach shoppers is the nose [N]. Wall Street Journal, 2000 – 11 – 24.

[173] Epstein S. Integration of the cognitive and the psychodynamic unconscious [J]. American Psychologist, 1994: 709 – 724.

[174] Ernst M O. Merging the senses into a robust percept [J]. Trends in Cognitive Sciences, 2004 (8): 162 – 169.

[175] Ernst M O. Multisensory integration: A late bloomer [J]. Current Biology, 2008, 18 (12): 519 – 521.

[176] Escalas J E. Image yourself in the product: Mental simulation, narrative transportation, and persuasion [J]. Journal of Advertising, 2004, 33 (2): 37 – 48.

[177] Essick Greg Anders, Anuj James, Francis P McGlone. Psychophysical assessment of the affective components of non-painful touch [J]. Neuro Report: For Rapid Communication of Neuroscience Research, 1999: 2083 – 2087.

[178] Everard A, Galletta D F. Effect of presentation flaws on users' perception of quality of on-line stores' web sites: is it perception that really counts? [J]. Journal of Consumer Research 2003 (13): 473 – 491.

[179] Eviatar Z, Just M A. Brain correlates of discourse processing: An fMRI investigation of irony and conventional metaphor comprehension [J]. Neuropsychologic, 2006, 44 (12): 2348 – 2359.

[180] Fallgatter A J, Mueller T J, Strik W K. Neurophysiological correlates of mental imagery in different sensory modalities [J]. International Journal of Psychophysiology, 1997, 25 (2): 145 – 153.

[181] Fauconnier G, Turner M. Conceptual integration networks [J]. Cognitive Science, 1998, 22 (2): 133 – 187.

[182] Fazio R H, Chen J, McDonel E C, Sherman S J. Attitude accessibility, attitude-be-

havior consistency, and the strength of the object evaluation association [J]. Journal of Experimental Social Psychology, 1982 (18): 339 -357.

[183] Fernandes A M, Albuquerque P B. Tactual perception: a review of experimental variables and procedures [J]. Cognitive Processing, 2012, 13 (4): 85 -301.

[184] Ferrington G. Audio Design: Creating multi-sensory images for the mind [J]. Journal of Visual Literacy, 1994, 14 (1): 61 -67.

[185] Field T. Massage therapy effects [J]. American Psychologist, 1998 (53): 1270 -1281.

[186] Fiore A M, Jin H J. Influence of image interactivity on approach responses towards an online retailer [J]. Internet Research, 2003, 13 (1): 38 -48.

[187] Fiore A M, Kim, J. Lee H. Effect of image interactivity technology on consumer responses toward the online retailer [J]. Journal of Interactive Marketing, 2005, 19 (3): 38 -53.

[188] Fiske S T, Taylor S E. Social Cognition [M]. 2nd Edition, McGraw-Hill, New York. 1991.

[189] Flaviάn Carlos, Gurrea R, Orús Carlos. The effect of product presentation mode on the perceived content and continent quality of web sites [J]. Online Information Review, 2009, 33 (6): 1103 -1128.

[190] Flor M, Hadar U. The production of metaphoric expressions in spontaneous speech: A controlled-setting experiment [J]. Metaphor and Symbol, 2005, 20 (1): 1 -34.

[191] Fogg B J, Booker A, Don A. Persuading people via computer-based narratives [J]. Consumer Research, 2004: 806 -812.

[192] Forcevile C. Pictorial Metaphor in Advertising [M]. London/ New York: Routledge. 1996, 73 -94.

[193] Forrester Retailer. More than a quarter of consumers who go online still won't buy there [EB/OL]. Http: //www. Internetretailer. Com/print Article. asp? id =14686. 2005, 4 -18.

[194] Fujita K, Henderson M D, Eng J, Trope Y, Liberman N. Spatial distance and mental construal of social events [J]. Psychological Science, 2006, 17 (4): 278 -282.

[195] Gallace A, Spence C. The cognitive limitations and neural correlates of tactile memory [J]. Psychological Bulletin, 2009 (135): 380 -406.

[196] Garry Maryanne, Charles G Manning, Elizabeth F Loftus, Steven J Sherman. Imagination inflation: imagining a childhood event inflates confidence that it occurred [J]. Psychonomic Bulletin and Review, 1996 (3): 208 -214.

[197] Gensler S, Neslin S A, Verhoef P C. The showrooming phenomenon: It's more than just about price [J]. Journal of Interactive Marketing, 2017 (38): 29 -43.

[198] Gentner D, Bowdle B, Wolff P, Boronat C. Metaphor is like analogy [M] //In Centner D, Holyoak K J, Kokinov B N (eds). The analogical mind: Perspectivesfrom cognitive science. Cambridge MA, MIT Press. 2001: 199 -253.

[199] Gentner D, Clement C. Evidence for relational selectivity in the interpretation of analogy

and metaphor [J]. Psychology of Learning and Motivation, 1988 (22): 307 - 358.

[200] Gentner D, Smith L A. Analogical learning and reasoning [M] //In D. Reisberg (ed.). The Oxford handbook of cognitive psychology. New York: Oxford University Press. 2013: 668 - 681.

[201] Gentner D. Structure-mapping: A theoretical framework for analogy [J]. Cognitive Science, 1983 (7): 155 - 170.

[202] Gentner D, Wolff P. Alignment in the processing of metaphor [J]. Journal of Memory and Language, 1997 (37): 331 - 355.

[203] Gibbs R W. Metaphor interpretation as embodied simulation [J]. Mind & Language, 2006, 21 (3): 434 - 458.

[204] Gibbs R W, Tendahl M. Cognitive effort and effects in metaphor comprehension: Relevance theory and psycholinguistics [J]. Mind & Language, 2006, 21 (3): 379 - 403.

[205] Gibson J J. The senses considered as perceptual systems [J]. Boston: Houghton Mifflin, 1996.

[206] Gilbert D T, Wilson T D. Prospection: Experiencing the future [J]. Science, 2007 (317): 1351 - 1354.

[207] Gilson E, Baddeley A D. Tactile short-term memory [J]. Quarterly Journal of Experimental Psychology, 1969 (21): 180 - 184.

[208] Gkiouzepas Lampros, Margareth K Hogg. Articulating a framework of visual metaphors in advertising: A structural, conceptual, and pragmatic investigation [J]. Journal of Advertising, 2011, 40 (1): 101 - 18.

[209] Gkiouzepas L, Hogg M K. Articulating a new framework for visual metaphors in advertising: A Structural, Conceptual, and Pragmatic Investigation [J]. Journal of Advertising, 2011, 40 (1): 103 - 120.

[210] Glucksberg S. The psycholinguistics of metaphor [J]. Trends in Cognitive Sciences, 2003, 7 (2): 92 - 96.

[211] Goossens C F. External information search: Effects of tour brochures with experiential information [J]. Journal of Travel and Tourism Marketing, 1995, 3 (3): 89 - 107.

[212] Grady J. Metaphor [M] //In D. Geeraerts & H. Cuyckens (eds.). The Oxford Hand book of Cognitive Linguistics. New York: Oxford University Press, 2007.

[213] Grady J, Taub S, Morgan P. Primitive and compound metaphors [M] //In A. Goldberg (Eds.). Conceptual Structure, Discourse, and Language. Stanford: Center for the Study of Language and Information, 1996.

[214] Gärdenfors P. The Geometry of Meaning: Semantics Based on Conceptual Spaces [M]. Cambridge, MA: MIT Press, 2014.

[215] Green M, Brock T. The role of transportation in the persuasiveness of public narratives [J]. Journal of Personality and Social Psychology, 2000, 79 (5): 701 - 721.

[216] Gregory D. Visual Imagery: Visual format or visual content? [J]. Mind and Language, 2010, 25 (4): 394 -417.

[217] Grewal D, Iyer G R, Levy M. Internet retailing: enablers, limiters and market consequences [J]. Journal of Business Research, 2004, 57 (7): 703 -713.

[218] Griffith D, Krampe R F, Palmer J W. The role of interface in electronic commerce: consumer involvement with print versus on-line catalogs [J]. International Journal of Electronic Commerce, 2001, 5 (4): 135 -153.

[219] Groeger L, Buttle F. Word-of-mouth marketing influence on offline and online communications: Evidence from case study research [J]. Journal of Marketing Communication, 2014, 20 (1/2): 21 -41.

[220] Grohmann B, Spangenberg E R, Sprott D. The influence of tactile input on the evaluation of retail product offerings [J]. Journal of Retailing, 2007 (83): 237 -245.

[221] Hanninen K A. Review of the educational potential of texture and tactually discriminable patterns [J]. Journal of Special Education, 1972 (5): 133 -141.

[222] Hartman E J, Abrahams M V. Sensory compensation and the detection of predators: the interaction between chemical and visual information [J]. Proceedings of the Royal Society B: Biological Sciences, 2000, 267 (1443): 571 -575.

[223] Hartman J, Paradis C. Emotive and sensory simulation through comparative construal [J]. Metaphor and Symbol, 2018, 33 (2): 123 -143.

[224] Hasan B. Perceived irritation in online shopping: the impact of website design characteristics [J]. Computer. Human. Behavior. 2016 (54): 224 -230.

[225] Haskell R E. Transfer of learning: Cognition, instruction, and reasoning [M]. San Diego: Academic Press, 2001.

[226] Hayes A F. An Introduction to Mediation, Moderation, and Conditional Process Analysis: A Regression-based Approach [M]. New York: Guilford Press, 2013.

[227] Held R M, Durlach N I. Telepresence. Presence: Telecopier [J]. Virtual Environ, 1992 (12): 109 -112.

[228] Helen A, Anema Alyanne, de Haan M. Thinking about touch facilitates tactile but not auditory processing [J]. Explore Brain Research, 2012 (218): 373 -380.

[229] Herbert B, Pollatos O. The body in the mind: On the relationship between interoception and embodiment [J]. Topics in Cognitive Science, 2012, 4 (4): 692 -704.

[230] Herhausen D, Binder J, Schoegel M, Herrmann A. Integrating bricks with clicks: Retailer-level and channel-level outcomes of online-offline channel integration [J]. Journal of Retailing, 2015, 91 (2): 309 -325.

[231] Hirschman E C, Holbrook M B. Hedonic consumption: Emerging concepts, methods and propositions [J]. Journal of Marketing, 1982, 46 (3): 92 -101.

[232] Hoch S J, Ha Y-W. Consumer learning: Advertising and the ambiguity of product ex-

perience [J]. Journal of Consumer Research, 1986 (13): 221-233.

[233] Hoch S J. Product experience is seductive [J]. Journal of Consumer Research, 2002, 29 (3): 448-454.

[234] Hodkinson C. Kiel G. Understanding web information search behavior: an exploratory model [J]. Journal of End User Computing, 2003, 15 (4): 27-48.

[235] Hollins M, Bensmaia S, Karlof K. Individual differences in perceptual space for tactile textures: evidence from multi-dimensional scaling [J]. Perception & Psychophysics, 2000, 62 (8): 1534-1544.

[236] Holton L. iShop, Therefore iAm [N]. Chicago, I. L. Spirit Southwest Airlines. 2012: 56-61.

[237] Hong W, Thong J Y L, Tam K Y. Designing product listing pages on e-commerce websites: an examination of presentation mode and information format [J]. International Journal of Human-Computer Studies, 2004 (61): 481-503.

[238] Hoover A E N, Harris L R, Steeves J K E. Sensory compensation in sound localization in people with one eye [J]. Experimental Brain Research, 2012, 216 (4): 565-574.

[239] Hoque A Y, Lohse G L. An information search cost perspective for designing interfaces for electronic commerce [J]. Journal of Marketing Research, 1999, 36 (3): 387-394.

[240] Hornik J. Tactile stimulation and consumer response [J]. Journal of Consumer Research, 1992, 19 (3): 449-458.

[241] Horowitz Mardi. Image Formation: Clinical Observations and a Cognitive Model [M] //In Peter W Sheehan (ed.). The Function and Nature of Imagery. New York: Academic Press. 1972, 282-307.

[242] Houston M, Childers T L, Heckler S E. Picture-word consistency and the elaborative processing of advertisements [J]. Journal of Marketing Research, 1987, 24 (4): 359-369.

[243] Huang P, Lurie N H, Mitra S. Searching for experience on the web: An empirical examination of consumer behavior for search and experience goods [J]. Journal of Marketing, 2009, 73 (2): 55-69.

[244] Huhmann Bruce A, David Mothersbaugh, George R. Franke. Rhetorical figures in headings and their effect on text processing: The moderating role of information relevance and text length [J]. Transactions on Professional Communication, 2002, 45 (3): 157-169.

[245] Huizingh E K R E. The content and design of web sites: an empirical study [J]. Information and Management, 2000 (37): 123-134.

[246] Hultén B. Sensory marketing: the multi-sensory brand experience concept [J]. European Business Review, 2011, 23 (3): 256-273.

[247] Iachini T, Maffei L, Masullo M. The experience of virtual reality: are individual differences in mental imagery associated with sense of presence? [J]. Cognitive Processing, 2018, 9 (19): 342-361.

[248] IJzerman H, Semin G R. The thermometer of social relations: Mapping social proximity on temperature [J]. Psychological Science, 2009, 20 (10): 1214 - 1220.

[249] Jacoby J, Olson J C, Haddock R A. Price, brand name and product composition characteristics as determinants of product quality [J]. Journal of Application Psychological, 1971 (55): 570 - 579.

[250] Jahng J, Jain H, Ramamurthy K. Effects of interaction richness on consumer attitudes and behavioral intentions in e-commerce: some experimental results [J]. European Journal of Information Systems, 2007, 16 (3): 254 - 269.

[251] James W L, Sonner B S. Just say no to traditional student samples [J]. Journal of Advertising Research, 2001 (41): 63 - 71.

[252] Jarvenp A A S L, Todd P A. Consumer reactions to electronic shopping on the World Wide Web [J]. International Journal of Electronic Commerce, 1997, 1 (2): 59 - 88.

[253] Jeannerod M. The representing brain: Neural correlates of motor intention and imagery [J]. Behavioral and Brain Sciences, 1994 (17): 187 - 245.

[254] Jiang Z H, Benbasat I. The effects of presentation formats and task complexity on online consumers' product understanding [J]. MIS Quarterly, 2007, 31 (3): 475 - 500.

[255] Jin S A A. The impact of 3d virtual haptics in marketing [J]. Psychology & Marketing, 2011, 28 (3): 240 - 255.

[256] Johnson A. Tactile branding leads us by our fingertips [N]. CTV News, Shows and Sports. http: //www. ctv. ca/servlet/ArticleNews/print/CTVNews/20070803/tactile _ branding _ 070803/20070804/? hubMSNHome&subhubPrintStory. 2007.

[257] Johnson Marcia K, Shahin Hashtroudi, Lindsay D Stephen. Source Monitoring [J]. Psychological Bulletin, 1993 (114): 3 - 28.

[258] Joyce Rita. Digitization, the internet, and electronic commerce [J]. Futurics, 2002 (26): 92 - 94.

[259] Kaas A, Stoeckel M, Goebel R. The neural bases of haptic working memory [C] // Grunwald M (ed.). Human haptic perception: Basics and applications. Burkhouse, Basel, 2008: 113 - 129.

[260] Kalia A, Hopkins R, Jin D, Yazzolino L, Verma S, Merabet L, Sinha P. Perception of tactile graphics: Embossings versus cutouts [J]. Multisensory Research, 2014, 27 (2): 111 - 125.

[261] Kaplan Stuart Jay. A Conceptual Analysis of Form and Content in Visual Metaphors [J]. Communication, 1992, 13 (2): 197 - 209.

[262] Kappers A M L, Tiest W M B. Haptic perception [J]. Cognitive Science, 2013, 4 (4): 357 - 374.

[263] Kardes F R. Spontaneous inference processes in advertising: The effects of conclusion omission and involvement on persuasion [J]. Journal of Consumer Research, 1988, 15 (2): 225 - 234.

[264] Katz D. The World of Touch [M]. Hillsdale, NJ: Erlbaum, 1989.

[265] Kazuya S, Naomi I, Hiroko S. Handling evaluated by visual information to consider web consumers [J]. International Journal of Clothing Science and Technology, 2004, 16 (1/2): 153 - 162.

[266] Kempf D, Smith R. Consumer processing of product trial and the influence of prior advertising: a structural modeling approach [J]. Journal of Marketing Research, 1998 (16): 35 - 50.

[267] Kennedy J M. Metaphor in pictures [J]. Perception, 1982 (11): 589 - 605.

[268] Khakimdjanova J, Park J. Online visual merchandising practice of apparel e-merchants [J]. Journal of Retailing and Consumer Services, 2005, 12 (5): 311 - 313.

[269] Kim E B, Eom S B. Designing effective cyber store user interface [J]. Industrial Management and Data Systems, 2002, 102 (5): 241 - 251.

[270] Kim J, Forsythe S. Hedonic usage of product virtualization technologies in online apparel shopping [J]. Retailing Distribute Management. 2007 (35): 502 - 514.

[271] Kim J S, Hahn M, Yoon Y. The moderating role of personal need for structure on the evaluation of incrementally new products versus really new products [J]. Psychology and Marketing, 2015, 32 (2): 144 - 161.

[272] Kim Kyeongheui, Meng Zhang, Xiuping Li. Effects of temporal and social distance on consumer evaluations [J]. Journal of Consumer Research, 2008, 35 (4): 706 - 713.

[273] Kim S, Stoel L. Apparel retailers: website quality dimensions and satisfaction [J]. Journal of Retailing and Consumer Services, 2004, 11 (2): 109 - 117.

[274] Kisielius J, Sternthal B. Detecting and explaining vividness effects in attitudinal judgments [J]. Journal of Marketing Research, 1984, 21 (1): 54 - 64.

[275] Ki-Soo S, Eun Y L. The role of virtual experience in consumer learning: An experimental investigation [J]. MIS Quartly, 2005, 29 (4): 115 - 143.

[276] Klatzky R L, Lederman S J, Matula D E. Haptic exploration in the presence of vision [J]. Journal of Experimental Psychology: Human Perception and Performance, 1993, 19 (4): 726 - 743.

[277] Klatzky R L, Lederman S J, Matula D E. Imagined haptic exploration in judgments of object properties [J]. Journal of Experimental Psychology: Learning, Memory, and Cognition, 1991, 17 (2): 314 - 322.

[278] Klatzky R L, Lederman S J, Metzger V A. Identifying objects by touch: An expert system [J]. Perception & Psychophysics, 1985 (37): 299 - 302.

[279] Klatzky R L, Pellegrino J W, McCloskey B P, Doherty S. Can you squeeze a tomato? The role of motor representations in semantic sensibility judgments [J]. Journal of Memory and Language, 1989 (28): 56 - 77.

[280] Klatzky Roberta L, Susan J, Lederman. The Intelligent Hand [M] //In Gordon H. Bower (ed.) . The Psychology of Learning and Motivation. San Diego, CA: Academic Press, 1987: 121 - 51.

[281] Klein L R. Creating virtual product experiences: The role of telepresence [J]. Journal of Interactive Marketing, 2003, 7 (1): 41 -55.

[282] Klein L R. Evaluating the Potential of Interactive Media through a New Lens: Search versus Experience Goods [J]. Journal of Business Research, 1998 (41): 195 -203.

[283] Kokinov B, French R M. Computational models of analogy making [M] //In L. Nadel (ed.). Encyclopedia of cognitive science. London: MacMillan. 2003: 113 -118.

[284] Kosslyn S M, Bower G H. The role of imagery in sentence memory: A developmental study [J]. Child Development, 1974, 45 (1): 30 -38.

[285] Kosslyn S M, Ganis G, Thompson W L. Neural foundations of imagery [J]. Nature Reviews Neuroscience, 2001, 2 (9): 635 -642.

[286] Kosslyn S M. Mental images and the brain [J]. Cognitive Neuropsychology, 2005, 22 (3 -4): 333 -347.

[287] Kraemer David J M, Macrae C Neil, Adam E Green, William M Kelley. Musical imagery: Sound of silence activates auditory cortex [J]. Nature, 2005, 434 (7030): 158.

[288] Kreuzbauer R, Malter Alan J. Product design perception and brand categorization [C] //In Gavan J Fitzsimons, Vicki G Morwitz (eds). Advances in consumer research. Duluth, MN: Association for Consumer Research, 2007 (34): 240 -246.

[289] Krishna A. An integrative review of sensory marketing: Engaging the senses to affect perception, judgment and behavior [J]. Journal of Consumer Psychology, 2012, 22 (3): 332 -351.

[290] Krishna A, Cian L, Sokolov T. The power of sensory marketing in advertising [J]. Current Opinion in Psychology, 2016 (10): 142 -147.

[291] Krishna A, Morrin M. Does touch affect taste? The perceptual transfer of product container haptic cues [J]. Journal of Consumer Research, 2008 (34): 807 -818.

[292] Krishna A, Schwarz N. Sensory marketing, embodiment, and grounded cognition: A review and introduction [J]. Journal of Consumer Psychology, 2014.

[293] Krishna A. Sensory Marketing: Research on the Sensuality of Products [M]. New York: Routledge, 2010.

[294] Krishna A. The interaction of senses: The Effect of vision and touch on the elongation bias [J]. Journal of Consumer Research, 2006, 32 (4): 557 -566.

[295] Kronrod A, Danziger S. "Wii will rock you!" The use and effect of figurative language in consumer reviews of hedonic and Lakoff, G. The neural theory of metaphor [M] //In R. W. Gibbs Jr. (ed.). The Cambridge handbook of metaphor and thought. New York: Cambridge University Press, 2008: 17 -38.

[296] Kucuk S U, Maddux R C. The role of the internet on free-riding: An exploratory study of the wallpaper industry [J]. Journal of Retailing and Consumer Services. 2010, 17 (4): 313 -320.

[297] Kupers R, Ptito M. Compensatory plasticity and cross-modal reorganization following early visual deprivation [J]. Neuroscience Biobehavioral Review, 2014 (41): 36 -52.

[298] Kupiec B, Revell B. Measuring consumer quality judgements [J]. British Food Journal, 2001, 103 (1): 7-22.

[299] Lacey S, Campbell C, Sathian K. Vision and touch: Multiple or multisensory representations of objects? [J]. Perception, 2007, 36 (10): 1513-1521.

[300] Lacey S, Lawson R. Multisensory Imagery [M]. Springer, 2013.

[301] Lachman R, Lachman J T, Butterfield E C. Cognitive Psychology and Information Processing [M]. Hillsdale, NJ: Erlbaum, 1979.

[302] Lagerwerf L, Van Hooijdonk C M J, Korenberg A. Processing visual rhetoric in advertisements: Interpretations determined by verbal anchoring and visual structure [J]. Journal of Pragmatics, 2012, 44 (13): 1836-1852.

[303] Lakoff G, Johnson M. Metaphors We Live by. Chicago [M]. IL: University of Chicago Press. 1980.

[304] Lakoff G, Johnson M. Philosophy in the Flesh: The Embodied Mind and Its Challenges to Western Thought [M]. New York: Basic Books. 1999.

[305] Landau M J, Meier B P, Keefer L A. A metaphor-enriched social cognition [J]. Psychological Bulletin, 2010 (136): 1045-1067.

[306] Langacker Ronald W. Constructing a language: A usage-based theory of language acquisition (review) [J]. Language, 2005, 81 (3): 748-750.

[307] Lang P J A. Bio-informational theory of emotional imagery [J]. Psychophysiology, 1979, 16 (6): 495-512.

[308] Larsen Val, David Luna, Laura A, Peracchio. Points of view and pieces of time: A taxonomy of image attributes [J]. Journal of Consumer Research, 2004, 31 (1): 102-111.

[309] Laura U Marks. The Skin of the Film: Intercultural cinema, Embodiment, and the Senses [M]. Duke University Press, 2000, 166.

[310] Lawrence E, Marks Robin J, Hammeal Marc H Bornstein. Perceiving similarity and comprehending metaphor [J]. Monographs of the Society for Research in Child Development, 1987, 52 (1): i, iii, v, 1-100.

[311] Lederman S J, Klatzky R L. Haptic perception: a tutorial [J]. Attention Perception Psychophysics, 2009, 71 (7): 1439-1459.

[312] Lederman S J. Tactile roughness of grooved surfaces: the touching process and effects of macro-and micro surface structure [J]. Perception and Psychophysics, 1974 (16): 385-395.

[313] Lee J, Lee H S, Wang P. An interactive visual interface for online product catalogs [J]. Electronic Commerce Research, 2004 (4): 335-358.

[314] Lee K S, Tan S J. E-retailing versus physical retailing: A theoretical model and empirical test of consumer choice [J]. Journal of Business Research, 2003, 56 (11): 877-885.

[315] Lee W, Gretzel U, Law R. Quasi-Trial experiences through sensory information on destination web sites [J]. Journal of travel research, 2010, 49 (3): 310-322.

[316] Lee W, Gretzel U. Designing persuasive destination websites: A mental imagery processing perspective [J]. Tourism Management, 2012, 33 (5): 1260-1280.

[317] Leigh James H. The use of figures of speech in print ad headlines [J]. Journal of Advertising, 1994, 23 (2): 17-35.

[318] Lessard N, Pare M, Lepore F, Lassonde W. Early-blind human subjects localize sound sources better than sighted subjects [J]. Nature, 1998 (395): 278-280.

[319] Levin A M, Levin I P, Heath C E. Product category dependent consumer preferences for online and offline shopping features and their influence on multi-channel retail alliances [J]. Journal of Electronic Commerce Research, 2003, 4 (3): 85-93.

[320] Lien N H, Chen Y L. Narrative ads: The effect of argument strength and story format [J]. Journal of Business Research, 2013, 66 (4): 516-522.

[321] Li H, Daugherty T, Biocca F. The role of virtual experience in consumer learning [J]. Journal of Consumer Psychology, 2003, 13 (4): 395-408.

[322] Lindstrom M. Brand Sense: How to Build Brands Through Touch, Taste, Smell, Sight and Sound [M]. London: Kogan Page, 2005.

[323] Liu S S, Stout P A. Effects of message modality and appeal on advertising acceptance [J]. Psychology & Marketing, 1987, 4 (3): 167-187.

[324] Lobel T E, Cohen A, Kalay Shahin L, Malov S, Golan Y, Busnach S. Being clean and acting dirty: The paradoxical effect of self-cleansing [J]. Ethics & Behavior, 2015, 25 (4): 307-313.

[325] Lohse G L, Spiller P. Internet retail store design: how the user interface influences traffic and sales [J]. Journal of Computer-Mediated Communication, 1999, 5 (2), 173-189.

[326] Loomis J M, Lederman S J. Tactual perception [M] //In: Boff K, Kaufman L, Thomas J (Eds.). Handbook of Perception and Human Performance Organization. New York, 1986.

[327] Lowrey T M. Psycholinguistic Phenomena in Marketing Communications [M]. Hillsdale, New Jersey: Lawrence Erlbaum, 2006.

[328] Lozada M, Carro N. Embodied action improves cognition in children: Evidence from a study based on Piagetian conservation tasks [J]. Frontiers in Psychology, 2016 (7): 393.

[329] Luangrath A W, Peck J, Barger V A. Textual paralanguage and its implications for marketing communications [J]. Journal of Consumer Psychology, 2017, 27 (1): 98-107.

[330] Luan J, Yao Z, Zhao F, Liu H. Search product and experience product online reviews: an eye-tracking study on consumers' review search behavior [J]. Computer Human Behavior, 2016 (65): 420-430.

[331] Ludwig V U, Adachi I, Matsuzawa T. Visuoauditory mappings between high luminance and high pitch are shared by chimpanzees (Pan Troglodytes) and humans [C]. Proceedings of the National Academy of Sciences of the United States of America, 2011, 108 (51): 20661-20665.

[332] Lurie N H, Mason C. Visual representation: implications for decision making [J]. Journal of Marketing, 2007, 71 (1): 160 - 177.

[333] Lwin M O, Morrin M. Krishna A. Exploring the super additive effects of scent and pictures on verbal recall: An extension of dual coding theory [J]. Journal of Consumer Psychology, 2010, 20 (3): 317 - 326.

[334] MacInnis D J, Price L L. The role of imagery in information processing: Review and extensions [J]. Journal of Consumer Research, 1987 (13): 473 - 491.

[335] MacInnis D J, Christine M, Jaworski B J. Enhancing and measuring consumers' motivation, opportunity, and ability to process brand information from Ads [J]. Journal of Marketing, 1991, 55 (12): 32 - 53.

[336] MacInnis D J, Price L. The role of imagery in information processing: Review and extensions [J]. Journal of Consumer Research, 1987, 13 (3): 473 - 491.

[337] Maes A, Schilperoord J. Classifying Visual Rhetoric: Conceptual and Structural Heuristics [C] //In Edward F. McQuarrie and Barbara J. Phillips (eds.). Armonk, NY: M. E. Sharpe, 2008: 227 - 253.

[338] Magee L E, Kennedy J M. Exploring pictures tactually [J]. Nature, 1980 (283): 288 - 311.

[339] Magnenat-Thalmann N, Volino P, Bonanni U, Summers I R, Bergamasco M, Salsedo F, Wolter F E. From physics-based simulation to the touching of textiles: The Haptex project [J]. International Journal of Virtual Reality, 2007 (6): 35 - 44.

[340] Maner Jon K. Into the wild: Field research can increase both replicability and real-world impact [J]. Journal of Experimental Social Psychology, 2016: 100 - 106.

[341] Marin A, Reimann M, Castaño R. Metaphors and creativity: Direct, moderating, and mediating effects [J]. Journal of Consumer Psychology, 2014 (22): 79 - 98.

[342] Marlow N, Jansson-Boyd C V. To touch or not to touch? that is the question. Should consumers always be encouraged to touch products, and does it always alter product? [J]. perception, 2011, 28 (3): 256 - 266.

[343] Martin B A S, Sherrard M J, Wentzel D. The role of sensation seeking and need for cognition on web-site evaluations: a resource-matching perspective [J]. Psychology & Marketing, 2005, 22 (2): 108 - 126.

[344] McCabe Allyssa. Effect of different contexts on memory for metaphor [J]. Metaphor and Symbolic Activity, 1988, 3 (2): 105 - 132.

[345] McCabe D B, Nowlis S M. Information integration across online and offline shopping environments and its effects on consumers' purchase decisions [C] //In Frank Biocca (ed.). Proceedings of the Experiential E-Commerce Conference. East Lansing, MI, 2001.

[346] McCabe D B, Nowlis S M. The effect of examining actual products or product descriptions on consumer preference [J]. Journal of Consumer Psychology, 2003, 13 (4): 431 - 439.

[347] McCole P, Palmer A. Transaction frequency and trust in internet buying behavior [J]. Irish Marketing Review, 2002 (15): 35 - 51.

[348] McGlone F, Wessberg J. Olausson H. Discriminative and affective touch: Sensing and feeling [J]. Neuron, 2014, 82 (4): 737 - 755.

[349] McGuire W. Standing on the shoulders of ancients: Consumer research, persuasion, and figurative language [J]. Journal of Consumer Research, 2000 (27): 109 - 114.

[350] McIlveen H, Buchanan J. The impact of sensory factors on beef purchase and consumption [J]. Nutrition & Food Science, 2001, 31 (6): 286 - 292.

[351] McQuarrie Edward F, David G Mick. On resonance: A critical pluralistic inquiry into advertising rhetoric [J]. Journal of Consumer Research, 1992 (19): 180 - 197.

[352] McQuarrie E F. Advertising resonance: A semiological perspective [J]. Interpretive Consumer Research, 1989, 16 (3): 97 - 114.

[353] McQuarrie E F, Mick D G. Figures of rhetoric in advertising language [J]. Journal of Consumer Research, 1996, 22 (4): 424 - 438.

[354] McQuarrie E F, Mick D G. Visual rhetoric in advertising: Text-interpretive, experimental and reader-response analyses [J]. Journal of Consumer Research, 1999, 26 (1): 37 - 54.

[355] McQuarrie E F, Phillips B J. Indirect persuasion in advertising: How consumers process metaphors presented in pictures and words [J]. Journal of Advertising, 2005, 34 (2): 7 - 20.

[356] Mehra A, Kumar S, Raju J S. Showrooming and the competition between store and online retailers [J]. SSRN Electronic Journal, 2013, 190 (11): 1 - 37.

[357] Meltzoff A N, Moore M K. Imitation, memory, and the representation of persons [J]. Infant Behavior & Development, 2002, 25 (1): 39 - 61.

[358] Michelon Pascale, Jean M Vettel, Jeffrey M. Zacks. Lateral somatotopic organization during imagined and prepared movements [J]. Journal of Neurophysiology, 2006, 95 (2): 811 - 822.

[359] Miller D W, Hadjimarcou J, Miciak A. A scale for measuring advertisement-evoked mental imagery [J]. Journal of Marketing Communications, 2000, 6 (1): 1 - 20.

[360] Miller D W, Stoica M. Comparing the effects of a photograph versus artistic renditions of a beach scene in a direct response print ad for a Caribbean resort island: A mental imagery perspective [J]. Journal of Vacation Marketing, 2003, 10 (1): 11 - 21.

[361] Miniard Paul W, Bhatla Sunil, Lord Kenneth R. Picture-based persuasion processes and the moderating role of involvement [J]. Journal of Consumer Research, 1991 (1): 92 - 107.

[362] Minjeong K P D, Sharron L P D. The effects of visual and verbal information on attitudes and purchase intentions in Internet shopping [J]. Psychology & Marketing, 2010, 25 (2): 146 - 178.

[363] Monahan J L, Murphy S T, Zajonc R B. Subliminal mere exposure: Specific, general, and diffuse effects [J]. Psychological Science, 2000 (11): 462 - 466.

[364] Montagu A. Touching: The Human Significance of the Skin [M]. New York: Columbia University Press, 1971.

[365] Moore D M, Burton J K, Myers R J. Multiple-Channel Communication: The Theoretical and Research Foundations of Multimedia [M] //In D. Jonassen (ed.). Handbook of Research for Educational Communications and Technology. Simon & Schuster MacMillan, New York, 1996: 851 - 875.

[366] Morewedge C K, Huh Y E, Vosgerau J. Thought for food: Imagined consumption reduces actual consumption [J]. Science, 2010, 330 (6010): 1530 - 1533.

[367] Morgan S E, Reichert T. The message is in the metaphor: Assessing the comprehension of metaphors in advertisements [J]. Journal of Advertising, 1999, 28 (4): 1 - 12.

[368] Mudambi S M, David Schuff D. What makes a helpful online review? A study of customer reviews on amazon. com [J]. Mis Quarterly, 2010, 34 (1): 185 - 200.

[369] Mulken M V, Hooft A V, Nederstigt U. Finding the tipping point: Visual metaphor and conceptual complexity in advertising [J]. Journal of Advertising, 2014, 43 (4): 333 - 343.

[370] Muller D, Judd C M, Yzerbyt V Y. When moderation is mediated and mediation is moderated [J]. Journal of Personality and Social Psychology, 2005 (89): 852 - 863.

[371] Mumford M D, Gustafson S G. Creativity syndrome: Integration, application, and innovation [J]. Psychological Bulletin, 1988 (103): 27 - 43.

[372] Murray F S, House C. Imagery in paired-associate learning in 5-year-old children [J]. Bulletin of tile Psychonomic Society, 1976, 8 (2): 135 - 138.

[373] Nanay B. Sensory substitution and multimodal mental imagery [J]. Perception, 2017, 46 (9): 1014 - 1026.

[374] Nancy H K. The role of vision in "visual imagery" experiments: Evidence from the congenitally blind [J]. Journal of Experimental Psychology General, 1983, 112 (2): 265 - 277.

[375] Narayanan S. Knowledge-based Action Representations for Metaphor and Aspect [D]. Berkeley University of Califoria. 1997.

[376] Neisser U. Cognition and reality: principles and implications of cognitive psychology [J]. San Francisco: Freeman, 1976.

[377] Nelson Michelle R, Jacqueline C Hitchon. Theory of synesthesia applied to persuasion in print advertising headlines [J]. Journalism and Mass communication Quarterly, 1995, 72 (2): 346 - 360.

[378] Nelson P. The economic consequences of advertising [J]. Journal of Business, 1975, 48 (2): 213 - 241.

[379] Neuberg S L, Newsom J T. Personal need for structure: Individual differences in the desire for simpler structure [J]. Journal of Personality and Social Psychology, 1993, 65 (1): 113 - 131.

[380] Ng M, Chaya C, Hort J. The influence of sensory and packaging cues on both liking and emotional, abstract and functional conceptualizations [J]. Food Quality and Preference, 2013,

29 (2): 146 - 156.

[381] Nisbett R, Ross L. Human Inference: Strategies and Shortcomings of Social Judgment [M]. Prentice-Hall, Englewood Cliff, N. J. 1980.

[382] Norton M I, Mochon D, Ariely D. The IKEA effect: When labor leads to love [J]. Journal of Consumer Psychology, 2012, 22 (3): 453 - 460.

[383] Oettingen G, Mayer D. The motivating function of thinking about the future: Expectations versus fantasies [J]. Journal of Personality and Social Psychology, 2002, 83 (5): 1198 - 1212.

[384] Ofir C, Raghubir P, Brosh G, Monroe K B, Heiman A. Memory-based store price judgments: the role of knowledge and shopping experience [J]. Journal of Retailing, 2008, 84 (4): 414 - 423.

[385] Ortiz M J. Primary metaphors and monomodal visual metaphors [J]. Journal of Pragmatics, 2011, 43 (6): 1568 - 1580.

[386] Ortony A. Why metaphors are necessary and not just nice [J]. Educational Theory, 1975 (25): 45 - 53.

[387] Oswald S, Rihs A. Metaphor as argument: Rhetorical and epistemic advantages of extended metaphors [J]. Argumentation, 2014, 28 (2): 133 - 159.

[388] Ottati V, Rhoads S, Graesser A C. The effect of metaphor on processing style in a persuasion task: A motivational resonance model [J]. Journal of Personality and Social Psychology, 1999, 77 (4): 688 - 697.

[389] Overmars S, Poels K. How product representation shapes virtual experiences and re-patronage intentions: the role of mental imagery processing and experiential value [J]. International review of retail, distribution and consumer research, 2015, 25 (3): 236 - 259.

[390] Pacini R, Epstein Seymour. The relation of rational and experiential information processing styles to personality, basic beliefs, and the ratio-bias phenomenon [J]. Journal of Personality and Social Psychology, 1999, 28 (8): 341 - 368.

[391] Paivio A. Dual coding theory: Retrospect and current status [J]. Canadian Journal of Psychology, 1991, 45 (3): 255 - 311.

[392] Paivio A. Imagery and Verbal Processes [M]. New York: Holt, Rinehart, & Winston, 1971.

[393] Paivio A. Mental Representations: A Dual Coding Approach [M]. Oxford University Press, Inc., New York, 1986.

[394] Paivio A. Mind and Its Evolution: A Dual Coding Theoretical Approach [M]. Lawrence Erlbaum Associates, Inc., Mahwah, NJ. 2007.

[395] Paradis C. Conceptual spaces at work in sensory cognition [M] //In F. Zenker & P. Gärdenfors (eds.). Applications of conceptual spaces: The case for geometric knowledge representation Dordrecht. The Netherlands: Springer. 2015: 33 - 55.

[396] Paradis C. Ontologies and Construals in Lexical Semantics [J]. Axiomathes, 2005,

15 (4): 541 – 573.

[397] Park J, Lennon S J, Stoel L. Online product presentation: effects on mood, perceived risk, and purchase intention [J]. Psychology and Marketing, 2005, 22 (9): 695 – 719.

[398] Park M A M. The compensatory effects of pictorial and verbal information for haptic information on consumer responses in non-store shopping environments [D]. The Ohio State University, Columbus, OH, 2006.

[399] Pascual-Leone A, Amedi A, Fregni F, Merabet L B. The plastic human brain cortex [J]. Annual. Review. Neuroscience. 2005 (28): 377 – 401.

[400] Patricia S, Goldman R. Architecture of the prefrontal cortex and the central executive [J]. Annals of the New York Academy of Sciences, 1995, 769 (1): 71 – 84.

[401] Pauwels K, Neslin S A. Building with bricks and mortar: The revenue impact of opening physical stores in a multichannel environment [J]. Journal of Retailing, 2015, 91 (2): 182 – 197.

[402] Pawlowski Donna R, Diane M Badzinski, Nancy Mitchell. Effects of metaphors on children's comprehension and perception of print advertisements [J]. Journal of Advertising, 1998 (27): 83 – 98.

[403] Pawlowski D R, Badzinski D M, Mitchell N. Effects of metaphors on children's comprehension and perception of print advertisements [J]. Journal of Advertising, 1998, 27 (2): 83 – 99.

[404] Pearson J, Clifford C, Tong F. The functional impact of mental imagery on conscious perception [J]. Current Biology, 2008, 18 (13): 982 – 986.

[405] Peck J, Barger V A, Webb, A. In search of a surrogate for touch: The effect of haptic imagery on perceived ownership [J]. Journal of Consumer Psychology, 2013, 23 (2): 189 – 196.

[406] Peck J, Childers T L. If I touch it I have to have it: Individual and environmental influences on impulse purchasing [J]. Journal of Business Research, 2006, 59 (6): 765 – 769.

[407] Peck J, Childers T L. Individual differences in haptic information processing: The need for touch scale [J]. Journal of Consumer Research, 2003, 30 (3): 430 – 442.

[408] Peck J, Childers T L. To have and to hold: The influence of haptic information on product judgments [J]. Journal of Marketing, 2003, 67 (2): 35 – 48.

[409] Peck Joann. Does touch matter? Insights from haptic research in marketing [M]. //In Sensory Marketing: A Confluence of Psychology, Neuroscience and Consumer Behavior Research, Aradhna Krishna. New York: Psychology Press/ Routledge, 2009.

[410] Peck J, Shu S B. The effect of mere touch on perceived ownership [J]. Social Science Electronic Publishing, 2009, 36 (3): 434 – 447.

[411] Peck J, Wiggins J. Autotelic need for touch, haptics, and persuasion: The role of involvement [J]. Psychology & Marketing, 2011, 28 (3): 222 – 239.

[412] Peck J, Wiggins J. It Just feels good: Customers affective response to touch and its influence on persuasion [J]. Journal of Marketing, 2006, 70 (4): 56 – 69.

[413] Peetz J, Gunn G R, Wilson A E. Crimes of the past: Defensive temporal distancing in

the face of past in-group wrongdoing [J]. Personality and Social Psychology Bulletin, 2010, 36 (5): 598-611.

[414] Percy Larry. A review of the specific advertising elements upon overall communication response [J]. Current Issues and Research in Advertising, 1983, 2 (9): 77-118.

[415] Peterson M J, Roskos-Ewoldsen B B. Sensory-perception quality of images [J]. Journal of Experimental Psychology: Learning, Memory, and Cognition, 1989, 15 (2): 188-199.

[416] Petia K, Petrova Robert B Cialdin. Fluency of consumption imagery and the backfire effects of imagery appeals [J]. Journal of Consumer Research, 2005, 32 (3): 442-452.

[417] Petrova P K, Cialdini R B. Evoking the imagination as a strategy of influence [J]. Handbook of consumer psychology, 2007 (7): 505-523.

[418] Petrova P K, Cialdini R B. Fluency of consumption imagery and the backfire effects of imagery appeals [J]. Journal of Consumer Research, 2005, 32 (3): 442-452.

[419] Petty Richard E, John T Cacioppo, David Schumann. Central and peripheral routes to advertising effectiveness: The moderating role of involvement [J]. Journal of Consumer Research, 1983 (10): 135-146.

[420] Phillips B J, McQuarrie E F. Beyond visual metaphor: A new typology of visual rhetoric in advertising [J]. Marketing Theory, 2004, 4 (1-2): 113-136.

[421] Phillips B J. The Impact of Verbal Anchoring on Consumer Response to Image Ads [J]. Journal of Advertising, 2000, 29 (1): 15-24.

[422] Phillips B J. The impact of verbal anchoring on consumer response to image ads [J]. Journal of Advertising, 2000, 29 (1): 15-25.

[423] Phillips B J. Thin into it: Consumer interpretation of complex advertising images [J]. Journal of Advertising, 1997, 26 (2): 77-88.

[424] Phillips B J. Thinking into it: Consumer interpretation of complex advertising images [J]. Journal of Advertising, 1997, 26 (2): 77-87.

[425] Pine B J, Gilmore J H. Welcome to the experience economy [J]. Harvard Business Review, 1998, 76 (4): 97-105.

[426] Pizzutti C, Fernandes D. Effect of recovery efforts on consumer trust and loyalty in e-tail: a contingency model [J]. Int J Electron Commer, 2010, 14 (4): 127-160.

[427] Preacher K J, Rucker D D, Hayes A F. Assessing moderated mediation hypotheses: Theory, methods, and prescriptions [J]. Multivariate Behavioral Research, 2007 (42): 185-227.

[428] Pulvermuller F, Härl M, Hummel F. Walking or talking? Behavioral and neuropsychological correlates of action verb processing [J]. Brain and Language, 2001 (78): 143-198.

[429] Quint Matthew, David Rogers, Rick Ferguson. Showrooming and the Rise of the Mobile-assisted Shopper [EB/OL]. [2016-03-24]. Columbia Business School, https://goo.gl/u2yxYe, last access: 2013.

[430] Rahman O. The influence of visual and tactile inputs on denim jeans evaluation [J].

International Journal of Design, 2012, 6 (1): 11 -25.

[431] Ramach Ran V S, Diane R R. Touching illusions [J]. Scientific American Special Edition, 2008, 18 (2): 60 -63.

[432] Ranganathan C, Ganapathy, S. Key dimensions of B2C websites [J]. Information and Management, 2002 (39): 457 -465.

[433] Rao U H, Sanjeev A, Haugtvedt C P. Interactive Effects of Presentation Modality and Message-Generated Imagery on Recall of Advertising Information [J]. Journal of Consumer Research, 1996, 23 (6): 81 -88.

[434] Rayner K, Rotello C M, Stewart A J. Integrating text and pictorial information: eye movements when looking at print advertisements [J]. Journal of Experimental Psychology, 2001, 7 (3): 219 -260.

[435] Raz C, Piper D, Haller R. From sensory marketing to sensory design: How to drive formulation using consumers' input? [J]. Food Quality & Preference, 2008, 19 (8): 712 -726.

[436] Röder B, Rösler F. Memory for environmental sounds in sighted, congenitally blind and late blind adults: evidence for cross-modal compensation [J]. International Journal Psychophysiology, 2003 (50): 27 -39.

[437] Reder L M. Strategy selection in question answering [J]. Cognitive Psychology, 1987 (19): 111 -138.

[438] Renner F, Ji J L, Pictet A, Holmes E A, Blackwell S E. Effects of engaging in repeated mental imagery of future positive events on behavioral activation in individuals with major depressive disorder [J]. Cognitive Therapy and Research, 2016 (41): 369 -380.

[439] Richardson A. Imagery: Definition and types ın imagery [A]. Current Theory, Research and Application , Aness Sheik, ed [M]. New York: John Wiley & Sons, 1983: 3 -42.

[440] Richardson J T E, Ainsley H M, Copsey S, et al. The role of tactual information in the recall of concrete objects [J]. Bulletin of the Psychonomic Society, 1980, 16 (1): 57 -58.

[441] Rietzschel E F, Dreu C K W D, Nijstad B A. Personal need for structure and creative performance: The moderating influence of fear of invalidity [J]. Personality and Social Psychology Bulletin, 2007, 33 (6): 855 -866.

[442] Rietzschel E F, Slijkhuis J, Van Yperen N W. Task structure, need for structure, and creativity [J]. European Journal of Social Psychology, 2014 (44): 3866 -3899.

[443] Risen J L, Critcher C R. Visceral fit: While in a visceral state, associated states of the world seem more likely [J]. Journal of Personality and Social Psychology, 2011, 100 (5): 777 -793.

[444] Robin A, Coulter Zaltman G, Coulter K S. Interpreting consumer perceptions of advertising: An application of the Zaltman Metaphor Elicitation Technique [J]. Journal of Advertising, 2001, 30 (4): 1 -22.

[445] Robles-De-La-Tore G. The importance of the sense of touch in virtual and real environ-

ments [J]. Multimedia, 2006, 13 (3): 24-30.

[446] Rodrigues Tomé, Silva S C, Duarte P. The value of textual haptic information in online clothing shopping [J]. Journal of Fashion Marketing & Management, 2017, 21 (1): 88-102.

[447] Rosenbluth R, Grossman E S, Kaitz M. Performance of early-blind and sighted children on olfactory tasks [J]. Journal of Personality and Social Psychology, 2000 (29): 101-110.

[448] Ross B H. This is like that: The use of earlier problems and the separation of similarity effects [J]. Journal of Experimental Psychology: Learning, Memory, and Cognition, 1987 (13): 629-639.

[449] Roy R, Phau I. Examining regulatory focus in the information processing of imagery and analytical advertisements [J]. Journal of Advertising, 2014, 44 (4): 371-381.

[450] Runeson S, Jualin P, Olsson H. Visual perception of dynamic properties: Cue heuristics versus direct-perceptual competence [J]. Psychological review, 2000, 107 (3): 525-555.

[451] Saal H P, Bensmaia S J. Touch is a team effort: Interplay of sub modalities in cutaneous sensibility [J]. Trends in Neurosciences, 2014, 37 (12): 689-697.

[452] Sam Glucksberg, Boaz Keysar. Understanding metaphorical comparisons: Beyond similarity [J]. Psychological Review. 1990, 97 (1): 3-18.

[453] Sanchez-Vives M V, Slater M. Opinion: From presence to consciousness through virtual reality [J]. Nature Reviews Neuroscience, 2005, 6 (4): 332-339.

[454] Sarnataro-Smart S. Personal need for structure: Indiscriminate classification systems as barriers to processing mathematical complexity [D]. Wellesley College, 2013.

[455] Sathian K. Analysis of haptic information in the cerebral cortex [J]. Journal of Neurophysiology, 2016, 116 (4): 1795-1806.

[456] Schacter D L, Addis D R. The cognitive neuroscience of constructive memory: Remembering the past and imagining the future [J]. Philosophical Transactions of the Royal Society, 2007 (362): 773-786.

[457] Schifferstein H N J, Spence C. Multisensory product experience [C] //In H. N. J. Schifferstein, P. Hekkert (Eds.). Product experience. Amsterdam: Elsevier, 2008: 133-161.

[458] Schilperoord J, Maes A, Ferdinandusse H. Perceptual and conceptual visual rhetoric: the case of symmetric object alignment [J]. Metaphor and Symbol, 2009, 24 (3): 155-173.

[459] Schlosser A E. Experiencing products in the virtual world: The role of goal and imagery in influencing attitudes versus purchase intentions [J]. Journal of Consumer Research, 2003, 30 (2): 184-198.

[460] Schlosser Ann E, Sharon Shavitt, Alaina Kanfer. Survey of Internet Users' Attitudes toward Internet Advertising [J]. Journal of Interactive Marketing, 1999 (13): 34.

[461] Schlosser Ann E, Tiffany B White, Susan M Lloyd. Converting web site visitors into buyers: How web site investment increases consumer trusting beliefs and online purchase intentions [J]. Journal of Marketing, 2006, 70 (2): 133-148.

[462] Schmalenbach S B, Jutta B, Tilo K, et al. Links between gestures and multisensory processing: Individual differences suggest a compensation mechanism [J]. Frontiers in Psychology, 2017 (8): 1828.

[463] Schneider O, Maclean K, Swindells C, et al. Haptic experience design: what hapticians do and where they need help [J]. International Journal of Human-Computer Studies, 2017 (107): 5 - 21.

[464] Schwarz N, Krishna A, Ansons T L. The impact of imagery-evoking category labels on perceived variety [J]. Seeing and perceiving, 2012 (25): 189.

[465] Schwarz Norbert. Feelings as Information: Informational and Motivational Functions of Affective States [M] //In Edward. T. Higgins and Richard. M. Sorrentino (eds.). Handbook of Motivation and Cognition. New York: The Guildford Press, 1986: 527 - 595.

[466] Scott Linda M. Images in advertising: The need for a theory of visual rhetoric [J]. Journal of Consumer Research, 1994 (21): 252 - 273.

[467] Segond H, Weiss D, Kawalec M, Sampaio E. Perceiving space and optical cues via a visuo-tactile sensory substitution system: A methodological approach for training of blind subjects for navigation [J]. Perception, 2013, 42 (5): 508 - 528.

[468] Sekuler R, Blake R. Perception [M]. New York: McGraw-Hill. 1994.

[469] Semino E, Demjen Z, Demmen J E. An integrated approach to metaphor and framing in cognition, discourse and practice, with an application to metaphors for cancer [J]. Applied Linguistics, 2016 (10): 1 - 22.

[470] Sergei G. Viewing geometry determines how vision and haptics combine in size perception [J]. Current Biology, 2003 (13): 483 - 488.

[471] Serino A, Pizzoferrato F, Làdavas E. Viewing a face (especially one's own face) being touched enhances tactile perception on the Face [J]. Psychological Science, 2008, 19 (5): 434 - 438.

[472] Severin W J. Another look at cue summation [J]. Audio Visual Communications Review, 1967, 15 (4): 233 - 245.

[473] Sheldon R, Arens E. Consumer Engineering: A New Technique for Prosperity [M]. New York: Arno Press, 1932 - 1976.

[474] Shiv B, Fedorikhin A. Heart and mind in conflict: The interplay of affect and cognition in consumer decision making [J]. Journal of Consumer Research, 1999 (26): 278 - 292.

[475] Shugan S M. The cost of thinking [J]. Journal of Consumer Research, 1980 (7): 99 - 111.

[476] Simester D. Field experiments in marketing [M] //In Banerjee A V, Duflo E (eds.). Handbook of field experiments. North Holland: Elsevier, 2017: 465 - 497.

[477] Slepian M L, Masicampo E J, et al. Proprioception and person perception: Politicians and professors [J]. Personality and Social Psychology Bulletin, 2012 (38): 1621 - 1628.

[478] Smith R E. Integrating information from advertising and trial: Processes and effects on

consumer response to product information [J]. Journal of Marketing Research, 1993 (30): 204 - 219.

[479] Smith R E, Park C W. The effects of brand extensions on market share and advertising efficiency [J]. Journal of Marketing Research, 1992 (29): 296 - 313.

[480] Smith R E, Swinyard W R. Information response models: An integrated approach [J]. Journal of Marketing, 1982 (46): 8193.

[481] Snow J C, Goodale M A, Culham J C. Preserved haptic shape processing after bilateral LOC lesions [J]. Journal of Neuroscience, 2015, 35 (40): 13745 - 13760.

[482] Sonneveld M H. Aesthetics of tactual experience [D]. Delft University of Technology, Delft, the Netherlands, 2007.

[483] Sonneveld M H, Schifferstein H N J. The tactual experience of objects [C]. In H. N. J. Schifferstein & P. Hekkert (Eds.). Product Experience Amsterdam: Elsevier, 2008: 41 - 67.

[484] Sopory Pradeep James P, Dillard. The persuasive effects of metaphor: A meta-analysis [J]. Human Communication Research, 2002, 28 (3): 382 - 419.

[485] Spence C. Creating innovative packaging that appeals to all the senses [C]. Packaging and Converting Executive Forum meeting, Paris, February, 2007: 8 - 11.

[486] Spence C, Gallace A. Making sense of touch [C]. In E. Chatterjee (Ed.) . Touch in Museums: Policy and Practice in Object Handling. Oxford: Berg. 2008: 21 - 40.

[487] Spence C, Gallace A. Multisensory design: Reaching out to touch the consumer [J]. Psychology and Marketing, 2011, 28 (3): 267 - 308.

[488] Spence C, Shankar M U. The influence of auditory cues on the perception of, and responses to, food and drink [J]. Journal of Sensory Studies, 2010, 25 (3): 406 - 430.

[489] Srinivasan M A, Basdogan C. Haptics in virtual environments: taxonomy, research status, and challenges [J]. Computers & Graphics, 1997, 21 (4): 393 - 404.

[490] Stamboulis Y, Skayannis P. Innovation strategies and technology for experience-based tourism [J]. Tourism Management, 2003 (24): 35 - 43.

[491] Stayman Douglas M, Frank R, Kardes. Spontaneous inference processes in advertising: Effects of need for cognition and self-monitoring on inference generation and utilization [J]. Journal of Consumer Psychology, 1992, 1 (2): 125 - 142.

[492] Stöber J. Prospective cognitions in anxiety and depression: Replication and methodological extension [J]. Cognition & Emotion, 2000 (14): 725 - 729.

[493] Stephen A T. Deriving Value from Social Commerce Networks [D]. Columbia University, 2008.

[494] Sternthal Brian, Tybout A, Calder B. Experimental Design: Generalization and Theoretical Explanation [C]. In Richard Bagozzi (ed.). Principles of Marketing Research Massachusetts: Blackwell Publishing. 1994: 195 - 223.

[495] Stevens J C. Perceived roughness as a function of body locus [J]. Perception and Psy-

chophysics, 1990 (47): 298 - 304.

[496] Stevenson R J, Boakes R A. A mnemonic theory of odor perception [J]. Psychological Review, 2003 (110): 340 - 364.

[497] Suh K S, Lee Y, The effects of virtual reality on Consumer learning: an empirical investigation [J]. MIS Q, 2005, 29 (4): 673 - 697.

[498] Suzuki M, Gyoba J. Visual and tactile cross-modal mere exposure effects [J]. Cognition & Emotion, 2008, 22 (1): 147 - 154.

[499] Taylor Shelley E, Inna D, Rivkin, David A, Armor. Harnessing the imagination: Mental simulation, self-regulation and coping [J]. American Psychologist, 1998, 53 (4): 429 - 439.

[500] Thibaut J P, French R M, Vezneva M. The development of analogy making in children: Cognitive load and executive functions [J]. Journal of Experimental Child Psychology, 2010, 106 (1): 1 - 19.

[501] Thompson M M, Naccarato M E, Parker K C H, Moskowitz G B. The personal need for structure and personal fear of invalidity measures: Historical perspectives, current applications, and future directions [M]. In G. B. Moskowitz (ed.) . Cognitive Social Psychology: The Princeton Symposium on the Legacy and Future of Social Cognition Mahwah. NJ: Erlbaum, 2001: 19 - 39.

[502] Toncar M, Munch J. Consumer responses to tropes in print advertising [J]. Journal of Advertising, 2001, 30 (1): 55 - 65.

[503] Tourangeau R, Rips L. Interpreting and evaluating metaphors. The physical burdens of secrecy [J]. Journal of Memory and Language, 1991 (30): 452 - 472.

[504] Tritsch M F. The veridical perception of object temperature with varying skin temperature [J]. Perception and psychophysics, 1998 (43): 531 - 540.

[505] Trope Y, Liberman N. Construal-level theory of psychological distance [J]. Psychological Review, 2010, 117 (2): 440 - 463.

[506] Tucker M, Ellis R. On the relations between seen objects and components of potential actions [J]. Journal of Experimental Psychology: Human Perception and Performance, 1998, 24 (6): 830 - 846.

[507] Turvey M T. Dynamic touch [J]. American Psychologist, 1996 (51): 1134 - 1152.

[508] Tversky B. Encoding processes in recognition and recall [J]. Cognitive Psychology, 1973, 5 (3): 275 - 311.

[509] Uhl F, Kretschmer T, Lindinger G, Goldenberg G, Lang W, Oder W, Deecke L. Tactile mental imagery in sighted persons and in patients suffering from peripheral blindness early in life [J]. Electroencephalogram Clinic Neuro, 1994, 91 (4): 249 - 255.

[510] Underhill P. Why We Buy: The Science of Shopping [M]. New York: Simon & Schuster, 1999.

[511] Unnava H R, Agarwal S, Haugtvedt C P. Interactive effects of presentation modality and message-generated imagery on recall of advertising information [J]. The Journal of Consumer Research, 1996, 23 (1): 81 –88.

[512] Van Baal, Sebastian, Christian Dach. Free riding and customer retention across retailers' channels [J]. Journal of Interactive Marketing, 2005, 19 (2): 75 –85.

[513] Vance K, Virtue S. Metaphoric advertisement comprehension: The role of the cerebral hemispheres [J]. Journal of Consumer Behavior, 2011, 10 (1): 41 –50.

[514] Veldhuizen Maria G, Genevieve Bender, R Todd Constable, Dana M Small. Trying to detect taste in a tasteless solution: Modulation of early gustatory cortex by attention to taste [J]. Chemical Senses, 2007, 32 (6): 569 –581.

[515] Verhagen T, Vonkeman C, Dolen W V. Making online products more tangible: The Effect of Product Presentation Formats on Product Evaluations [J]. Cyberpsychology, Behavior, and Social Networking, 2016, 19 (7): 460 –464.

[516] Verhagen T, Vonkeman C, Feldberg F, et al. Present it like it is here: creating local presence to improve online product experiences [J]. Computers in Human Behavior 2014, 39, 270 –280.

[517] Verhoef Peter C, Scott A Neslin, Björn Vroomen. Multichannel customer management: Understanding the research-shopper phenomenon [J]. International Journal of Research in Marketing, 2007, 24 (2): 129 –148.

[518] Vessey I, Galletta D. Cognitive fit: An empirical study of information acquisition [J]. Information Systems Research, 1991, 2 (1): 63 –84.

[519] Vickers G, Spence C. Get set for the sensory side of the century Contact [J]. Royal Mail's Magazine for Marketers, 2007 (11): 11 –14.

[520] Wakefield C E, Homewood J, Taylor A J. Cognitive compensations for blindness in children: An investigation using odour naming [J]. Perception, 2004, 33 (4): 429 –442.

[521] Walker L, Walker P, Francis B. A common scheme for cross-sensory correspondences across stimulus domains [J]. Perception, 2012, 41 (10): 1186 –1192.

[522] Walters G, Sparks B, Herington C. The effectiveness of print advertising stimuli in evoking elaborate consumption visions for potential travelers [J]. Journal of Travel Research, 2007, 46 (1): 24 –34.

[523] Wang H S, Noble C H, Dahl D W, et al. Successfully communicating a cocreated innovation [J]. Journal of Marketing, 2019, 83 (4): 38 –57.

[524] Ward J, Gaidis W. Metaphor in promotional communication: A review of research on metaphor comprehension and quality [J]. Advances in Consumer Research, 1990 (17): 636 –642.

[525] Watson M. Sensory characteristics of food [J]. Nutrition & Food Science, 1992, 92 (4), 4 –6.

[526] Welch R B, Warren D H. Intersensory interactions [J]. Perception and Human Per-

formance, 1986 (25): 1-36.

[527] Wells J D, Fuerst W L, Palmer J W. Designing consumer interfaces for experiential tasks: an empirical investigation [J]. European Journal of Information Systems, 2005 (14): 273-311.

[528] Wemerfelt B. Efficient marketing communication: Helping the customer learn [J]. Journal of Marketing Research, 1996 (33): 239-246.

[529] West P M, Huber J, Min K S. Altering experienced utility: The impact of story writing and self-referencing on preferences [J]. Journal of Consumer Research, 2004, 31 (11): 623-630.

[530] Whaley B B, Babrow A S. Analogy in persuasion: Translator's dictionary or art? [J]. Communication Studies, 1993, 44 (3-4): 239-253.

[531] Wilson A C, Schwannauer M, Mclaughlin A, et al. Vividness of positive mental imagery predicts positive emotional response to visually presented Project Soothe pictures [J]. British Journal of Psychology, 2017 (109): 259-276.

[532] Wolfe Jeremy M, Keith R Kluender, Dennis M Levi. Sensation and Perception [M]. Sunderland, MA: Sinauer, 2006.

[533] Woods A T, O'modhrain S, Newell F N. The effect of temporal delay and spatial differences on cross-modal object recognition [J]. Cognitive, Affective & Behavioral Neuroscience, 2004, 4 (2): 260-269.

[534] Wright A A, Lynch J. Communication effects of advertising versus direct experience when both search and experience attributes are present [J]. Journal of Consumer Research, 1995 (21): 708-718.

[535] Wyer R S, Srull T K. Human cognition in its social context [J]. Psychological Review, 1986 (93): 322-359.

[536] Yoo J, Kim M. The effects of online product presentation on consumer responses: A mental imagery perspective [J]. Journal of Business Research, 2014, 67 (11): 2464-2472.

[537] Yoo S S, Freeman D K, Mccarthy J J, et al. Neural substrates of tactile imagery: a functional MRI study [J]. NeuroReport, 2003, 14 (4): 581-585.

[538] Yoshida T, Yamaguchi A, Tsutsui H, Wake T. Tactile search for change has less memory than visual search for change [J]. Attention Perception & Psychophysics, 2015, 77 (4): 1200-1211.

[539] Zaichkowsky J L. Measuring the involvement construct [J]. Journal of Consumer Research, 1985 (12): 341-352.

[540] Zajonc R B. Mere exposure: A gateway to the subliminal [J]. Current Directions in Psychological Science, 2001 (10): 224-228.

[541] Zampini M, Mawhinney S, Spence C. Tactile perception of the roughness of the end of a tool: What role does tool handle roughness play [J]. Neuroscience Letters, 2006, 400 (3): 235-239.

[542] Zhang M, Weisser V D, Stilla R, Prather S C, Sathian K. Multisensory cortical pro-

cessing of object shape and its relation to mental imagery [J]. Cognitive, Affective, & Behavioral Neuroscience, 2004, 4 (2): 251 -259.

[543] Zhao M, Hoeffler S, Zauberman G. Mental simulation and preference consistency over Time: The role of process-versus outcome-focused thoughts [J]. Journal of Marketing Research, 2007: 523 -545.

[544] Zhao X, Lynch J G, Chen Q. Reconsidering baron and kenny: Myths and truths about mediation analysis [J]. Journal of consumer Research, 2010 (37): 197 -206.

[545] Zhong C B, Liljenquist K. Washing away your sins: Threatened morality and physical cleansing [J]. Science, 2006, 313 (5792): 1451 -1452.

[546] Zwaan R A. The immersed experiencer: Toward an embodied theory of language comprehension [M]. In B. H. Ross (Ed.). The psychology of learning and motivation. New York: Academic Press. 2004 (44): 32 -65.

附录：实验研究量表问卷示例（第5章实验5-1）

尊敬的女士/先生：

您好！非常感谢您抽空填答此问卷。本问卷采用匿名的方式，您所提供的信息仅供学术研究使用，不会另做他用或向第三方披露，请您放心填答。本次题项答案并无对错好坏之分，只希望您能表达个人真实的意见和想法。您的热心参与将有助于本研究的顺利完成，衷心地感谢您的参与！

在线产品展示是指商家利用图片和文字等形式对商品进行详细展示，包括规格、款式颜色等所有产品的详细信息，可分为直白表达和隐喻表达等方式。直白表达是指客观地展示产品的图片和文字描述信息，即页面中仅有产品图片和直述式文字说明。而隐喻表达则是采用比喻式语言描述和视觉图片，通过类比和联想进行的相似性替换，即用另一种相似的事物或物品来理解或感知网店所销售的产品，通常的形式为“A”就像“B”，其中，“A”是指网店所销售的商品，“B”是指另外一种相似的物品或感受。

一、您现在浏览的是从**网上商城中随机截取的商品详情介绍页面**。请您认真观察截图中的**图片和文字**，然后根据自己的实际情况回答下面问题。其中，1~7表示某种态度从低水平或负面程度到高水平或正面程度。

请您仔细地浏览产品图片，认真地阅读产品介绍文字

［矩阵量表题］*

题项	直白的、反映事实的			中立			比喻的、抽象的
	1	2	3	4	5	6	7
1　我感觉商品详情介绍页面中的产品展示是	○	○	○	○	○	○	○

2　这则商品展示页面的图片和文字中提供了一个比较。在我看来，商家试图表达的是：［单选题］*

○这两个对象有共同的特征
○这两种对象有共同的美
○这两种元素在吸引注意力方面有共同的水平
○这则页面中并没有比较

［矩阵量表题］*

题项	非常不同意			中立			非常同意
	1	2	3	4	5	6	7
3　这则商品展示页面的图片和文字中包含了两种事物或对象而且它们是相似的	○	○	○	○	○	○	○
4　这则商品展示页面的图片和文字中包含了两种事物或对象而且它们是关联的	○	○	○	○	○	○	○

假设您现在要通过手机电商平台购买凉席，请您想象一下，您触摸到了凉席或者想象您感觉到产品展示图片和文本的内容唤起了你某种熟悉的触摸感觉和体验。

二、请您仔细回忆刚刚浏览过的商品详情介绍页面，根据自己的实际情况回答下面问题。其中，1～7 表示某种态度从低水平或负面程度到高水平或正面程度。

［矩阵量表题］*

题项	非常不同意	比较不同意	有点不同意	中立	有点同意	比较同意	非常同意
	1	2	3	4	5	6	7
1 在该网店选购商品时，我可以想象手指在凉席上触摸的感觉	○	○	○	○	○	○	○
2 在该网店选购商品时，我能逼真地感受到凉席的质地纹理	○	○	○	○	○	○	○
3 在该网店选购商品时，我感觉凉席是柔软光滑的	○	○	○	○	○	○	○
4 在该网店选购商品时，我好像真实地看到了凉席就在我眼前	○	○	○	○	○	○	○
5 在该网店选购商品时，我似乎闻到了凉席所散发的味道	○	○	○	○	○	○	○

［矩阵量表题］*

题项	少			中立			多
	1	2	3	4	5	6	7
6 当我浏览这则商品详情介绍页面时，浮现在我脑海中的触摸场景的数量	○	○	○	○	○	○	○

［矩阵量表题］*

题项	模糊			中立			清晰
	1	2	3	4	5	6	7
7 当浏览完这则商品详情介绍页面，总体而言，我头脑中的触摸感觉	○	○	○	○	○	○	○

［矩阵量表题］*

题项	微弱			中立			强烈
	1	2	3	4	5	6	7
8　当浏览完这则商品详情介绍页面，总体而言，我头脑中的触摸感觉是	○	○	○	○	○	○	○

［矩阵量表题］*

题项	单调			中立			生动
	1	2	3	4	5	6	7
9　当浏览完这则商品详情介绍页面，总体而言，我头脑中的触摸感觉	○	○	○	○	○	○	○

［矩阵量表题］*

题项	迟钝			中立			敏锐
	1	2	3	4	5	6	7
10　当浏览完这则商品详情介绍页面，总体而言，我头脑中的触摸感觉	○	○	○	○	○	○	○

［矩阵量表题］*

题项	非常不同意			中立			非常同意
	1	2	3	4	5	6	7
11　当浏览完这则商品详情介绍页面，我猜出并理解了商家所要表达的意图，此刻我的心情是愉悦的	○	○	○	○	○	○	○

［矩阵量表题］*

题项	非常不同意			中立			非常同意
	1	2	3	4	5	6	7
12　当浏览完这则商品详情介绍页面，我猜出并理解了商家所要表达的意图，此刻我充满了成就感	○	○	○	○	○	○	○

三、请您仔细回忆刚刚浏览过的商品详情介绍页面，根据自己的实际情况回答下面问题。其中，1～7表示某种态度从低水平或负面程度到高水平或正面程度。

［矩阵量表题］*

题项	非常粗糙			中立			非常柔软
	1	2	3	4	5	6	7
1 我感觉这则商品详情介绍页面中的凉席的质地是	○	○	○	○	○	○	○

［矩阵量表题］*

题项	非常少			中立			非常多
	1	2	3	4	5	6	7
2 这则商品详情介绍页面为我购买凉席提供所需要信息数量	○	○	○	○	○	○	○

［矩阵量表题］*

题项	非常陌生			中立			非常熟悉
	1	2	3	4	5	6	7
3 我对这则商品详情介绍页面中的凉席	○	○	○	○	○	○	○

［矩阵量表题］*

题项	非常差			中立			非常好
	1	2	3	4	5	6	7
4 我感觉这则商品详情介绍页面中的凉席的质量	○	○	○	○	○	○	○

［矩阵量表题］*

题项	坏			中立			好
	1	2	3	4	5	6	7
5 我对这则商品详情介绍页面中的凉席的感觉是	○	○	○	○	○	○	○

［矩阵量表题］*

题项	没有吸引力			中立			有吸引力
	1	2	3	4	5	6	7
6　我对这则商品详情介绍页面中的凉席的感觉是	○	○	○	○	○	○	○

［矩阵量表题］*

题项	烦闷			中立			愉快
	1	2	3	4	5	6	7
7　我对这则商品详情介绍页面中的凉席的感觉是	○	○	○	○	○	○	○

［矩阵量表题］*

题项	无聊			中立			有趣
	1	2	3	4	5	6	7
8　我对这则商品详情介绍页面中的凉席的感觉是	○	○	○	○	○	○	○

［矩阵量表题］*

题项	讨厌			中立			喜欢
	1	2	3	4	5	6	7
9　我对这则商品详情介绍页面中的凉席的感觉是	○	○	○	○	○	○	○

［矩阵量表题］*

题项	没有可能			中立			非常可能
	1	2	3	4	5	6	7
10　我购买该网页上所展示的凉席的可能性	○	○	○	○	○	○	○

［矩阵量表题］*

题项	没有概率			中立			最大概率
	1	2	3	4	5	6	7
11　我购买该网页上所展示的凉席的可能性	○	○	○	○	○	○	○

［矩阵量表题］*

题项	非常不肯定			中立			非常肯定
	1	2	3	4	5	6	7
12　我购买该网页上所展示的凉席的可能性	○	○	○	○	○	○	○

［矩阵量表题］*

题项	非常不确认			中立			非常确认
	1	2	3	4	5	6	7
13　我购买该网页上所展示的凉席的可能性	○	○	○	○	○	○	○

四、此部分调查您的基本资料，仅供统计分析使用

1　您的性别［单选题］*

○男　○女

2　您的年龄［单选题］*

○18岁以下　○18~25岁　○25~30岁　○30~40岁　○40岁及以上

3　您的学历［单选题］*

○高中及以下　○大专　○本科　○研究生及以上

4　网购经历［单选题］*

○有　○无

5　您的网购时间［单选题］*

○1年以下　○1~3年　○3~5年　○5年及以上

致　谢

本书是在笔者的博士论文基础上修改而成的国家自然科学基金项目、江西省社会科学规划项目和江西省教育科学规划课题重点项目等阶段性研究成果。

2005年7月硕士毕业后入职高校，对学术研究的向往和追求以及高校教师职业的压力，成为十年来笔者考读博士的动力和压力。工作历经数年后，幸有机会在江西财经大学攻读博士学位，可谓“千秋邈矣独留我，百战归来再读书”。但我深知自身学术研究基础太过薄弱，于是勉强潜心科研，希望突破自我，只为跨入学术研究门槛，能否上路仍寄于希望而已。多年来，为了家庭事业的平衡，只能在无数坎坷荆棘中匍匐前行。或曰：

十年攻读多坎坷，家庭事业不能松。

学术之路艰辛苦，立志达成须奋斗。

为奠定坚实的学术研究基础，笔者一丝不苟，全力以赴。于是，一年半时间用于选题构思、一年时间用心读文献、半年时间紧张撰写、半年时间反复修改完善，历时三年半，终成博士论文。再耗时半年修改完善，业成此书。至此拙作交稿付梓之际，衷心致谢助成此书的师长亲人。

首先，感谢我的博士生导师杨慧教授，她思想深邃，治学严谨，帮我指引学术前沿，把脉研究方向。老师德高为范，用心育人，对学生时常鼓励，激励我勇敢前行。老师不仅是尊敬的学术良师，她还以家人待学生，更是人生益友。在此，致以最崇高的敬意和最衷心的感谢！

感谢江西财经大学工商学院，感谢胡宇辰教授、胡海波教授、曹元坤教授、杨建峰教授、师兄蔡文著教授、黄彬云副教授等老师对我学术研究的帮助和指导！感谢2016级企业管理博士班同学熊立、张典、殷霄雯、汤擎波、王媛、吕慧明，谢谢你们！我会将这段珍贵的博士学习经历永记于心。

感谢国家自然科学基金认可了我的学术研究选题，并给予立项资助。感谢武汉大学黄静教授、北京大学符国群教授、华东理工大学景奉杰教授、省科技厅张馥处长、南昌大学刘瑢博士、周璇老师等对我的帮助和指导；感谢中国高校市场学研究会这个平台，我能聆听学术前辈们对学科前沿的引领，我的学术研究水平才得以长进。

感谢华东交通大学经济管理学院，感谢我的领导史焕平教授、张诚教授、韩士专教授给予我的指导和帮助，感谢管理系所有同事、1002 室的各位室友，感谢同事沈鹏熠博士、万金博士、周小刚教授、顾丽琴教授对我的帮助！

感谢 Young 家园的各位家人，特别是刘德军博士、师妹王舒婷、谢博卿、康海燕等为我论文所提供的帮助！我们的每一次学术讨论都能学问相长。

感谢我的学生陈优，她聪慧能干，在本书的资料收集、文献整理、实验设计等过程中发挥了重要的作用。感谢我的学生余安福，在他的帮助下才得以顺利完成真实网购田野实验。感谢我的学生向一彬、廖云鹏、薛贵生以及所有可爱的学生们，你们是我前进的动力！

感谢本书参考文献中的所有作者们，正是你们的智慧，我才能在学术研究的迷雾中看清前进的方向。由于时间仓促以及个人能力有限，本书难免会存在很多纰漏和不足，文责由笔者自负。

特别感谢经济科学出版社的编辑，她们耐心且专业的工作为本书增色益多。

最后，感谢我的父母、妹妹和弟弟，感谢家人们给予的无限的宽容和信任！衷心希望父母身体安康，弟妹工作顺利，事业有成！特别衷心感谢我的妻子南昌大学张明艳老师，感谢你为我们家全心全意的付出，你顶起了我们小家的大半边天！感谢我的稚子冷啸宸和冷啸渊，希望你们快乐成长，开心幸福！

此书，献给我爱的你们！

不畏浮云遮望眼，学术路上莫等闲。

结束既是开始，开始就是永远！

冷雄辉

2021 年 7 月